戦後国語(科)単元学習の出発とその去就
――山口県における実践営為を中心に――
〈本文編〉

加 藤 宏 文

溪水社

序　文

　長い年月、国文学の考究（平安朝文学、「源氏物語」を対象とした）・国語科教育の実践研究に取り組まれた、加藤宏文教授が、平成2（1990）年、山口大学教育学部に赴任されたのを契機として新たに取り組まれた、調査・研究の独自の成果を、『戦後国語（科）単元学習の出発とその去就──山口県における実践営為を中心に──』3部構成（本文編、資料編、説述編）として刊行されることになった。よくもここまでみごとにまとめられたと感嘆せずにはいられない。

　加藤宏文氏は、1938（昭和13）年、京都市の生まれ。長じては広島の地に学び、1962（昭和37）年、広島大学文学部文学科（国語学国文学専攻）を卒業された。当初は、京都府立加悦谷高等学校、ついで大阪府立豊中高等学校・池田高等学校に、合わせて28年もの間、勤められ、高等学校国語科教育の実践・研究にうち込まれた。その間、実践・研究の成果を、『高校文章表現指導の探求』（1983〈昭和58〉年8月、溪水社刊）・『高等学校　私の国語教室──主題単元学習の構築──』（1988〈昭和63〉年6月、右文書院刊）・『生きる力に培う「主題」単元学習』（1999〈平成11〉年4月、明治図書刊）など、高校国語科教育研究3部作として刊行してこられた。たえず氏独自の国語科教育を開拓し構築することに努められた。

　加藤宏文氏が山口大学教育学部に赴任された平成2（1990）年の秋、附属光中学校で、貴重な資料群に出会われたのは、偶然のようであって、研究者加藤宏文氏にとっては、まさに必然であった。この附属光中学校での出会いは、まことに地の利をも得られたというべく、調査・研究は順調に進行して、やがて28編もの論考に結実していった。それらを整然と構成し発刊される計画は既にあったが、巨大な論叢として全1冊にまとめられた場合、多くの方がそれを手にして読み取り、摂取し活用していかれるのにむずかしい面があるのではないかと案ぜられ、Ⅰ本文編、Ⅱ資料編、Ⅲ説

述編から成る3部構成にされては――と、私から申し述べたのであった。（3編のうち、Ⅰ、Ⅱ編は学位論文として完整されることも視野にあった。）

　加藤宏文氏が多くの実践者・研究者と出会われ、その出会いの1つひとつを大切に生かされながら、独自の開拓をつづけ結実せしめられる軌跡は、この道を歩まれる人々への道標となろう。

　戦後、60年を迎えることし（2005年）、昭和20年代の実相が明らかにされ、そこに生まれた実態・実質を的確に把握しつつ、わが国の現下の、さらにはこれからの国語科教育の実践のあり方への指針として提起された数々は、同じ時代を歩んで来た私共には、別して深切に迫ってくるものがある。――氏の行文もすばらしい。

　加藤宏文氏の生まれられた昭和13（1938）年といえば、私が四国の愛媛県南予、大洲中学校（旧制、5年制）を卒業した年であった。――私は『昭和前期中学校国語学習個体史――旧制大洲中学校に学びて――』（平成14〈2002〉年、渓水社刊）をまとめて報告した。

　本著本文編「あとがき」に、「六甲の坂道での励まし」（326ペ）とあるのは、昭和62（1987）年12月、神戸大学教育学部で集中講義をした折、わざわざ聴講に来られた時のことであった。

　労作・大著のご刊行をお喜び申し上げると共に、一層のご健勝、ご活動をと祈念申し上げたい。

　　2005（平成17）年10月4日

　　　　　　　　　　　　　広島大学名誉教授
　　　　　　　　　　　　　鳴門教育大学名誉教授　　野　地　潤　家

まえがき

　1945（昭和20）年、8月15日、我が国は、無謀の戦いにようやく1つの終止符を打つことにはなった。こゝにつながる「戦意」は、偏に戦前・戦中の教育を通して、鼓舞されたところが、甚大であった。従って、この「終止符」は、当然、今までの教育を心底省み、明日の教育を伸びやかに展望するはずのものであった。国民は、そこに大きな希望をつないでいた。

　それは、やがて新しい日本国憲法を始めとし、教育基本法、学校教育法等に希望が託され、こゝに言う「新教育」が、全国各地の実践人により、具体的な目的・内容・方法の模索に向け、大きく動き始めた。国語（科）教育の「単元学習」による再出発も、またこの気運の中で、(1)「教科」か「経験」か (2)「個性尊重」(3)「基礎学力」――を軸として始動する。

　しかし、実践人たちの血の滲むような苦闘の成果も、とりわけ政治や経済の側からの外発的な力によって、くずおれさせられていく。ほゞ1955（昭和30）年を境にして、「新教育」が求め始めていた方向には、決定的な転機が訪れる。それは、とりわけ「学力」観における旧弊な力の圧力である。教育は、激しい競争原理のもとで、変貌を遂げていった。

　この結果は、教育をも、「高度経済成長」の担い手の一翼として、「新教育」の理念からすると、それを決定的に空洞化していく。しかし、1980年代に入ると、「経済」の後退が省みられてか、教育における「学力」観にも、厳しい反省が広がってはいく。「ゆとり」や「生きる力」や「経験」や「総合」やの提唱が、その新たな方向であった。

　このようにして、21世紀の「新教育」は、半世紀余の試行錯誤を、その歴史と現在のしくみとから、厳しく反省し、出発したはずではある。しかし、今日、とりわけ論い直されている「学力」如何等の問題は、その「基準」を焦点として、早くも新たな「競争原理」を軸とし始めている。「ゆ

とり」や「総合」やの見直しは、「各学校」「創意工夫」を蔑ろにする。

　この性急な「変革」を身近に直視するとき、私たちが戦後目指した「新教育」の目的・内容・方法、とりわけ「学力」とは何かについての再検討が、今こそ求められて厳しい。このとき、私たちに必要なのは、またぞろの「経済原理」に主導される外発的な「学力」観ではなく、実践人としての指導者集団からの内発的な確信でなければならない。

　この確信を確固たる「見識」に止揚するためには、現在のしくみへの洞察とともに、歴史への考察が、必須である。戦後のほゞ10年、全国各地で「新教育」の理想を求め、外発的な現実と格闘をつゞけた実践人の足跡には、学ぶところがあるに違いない。この真摯な営みは、何を明らかにしてくれたのか、何がその蹉跌を招いたのか。私たちの拠点は、こゝにある。

　しかし、この貴重な「足跡」は、今日、必ずしも十分な研究を経ているとは言えない。本著でひとまずは対象にした山口県下の営為の跡も、その組織的な収集保存は、なされてはこなかった。戦後半世紀余の時間と人々の無関心とは、それらを霧散させて、今なお顧みられてもいない。多くの学校が統廃合され、当時の実践人の高齢化も、取り返しがつかない。

　本著では、微力が、この15年に亘る博捜で、極めて偶然に出会うことのできた資料にのみ拠っている。しかも、踏まえての吟味・探究・論述のあり方も、いかにも不十分である。しかし、急速に消失しようとしている「新教育」の実態を語る心と物とを、ひとまずは精一杯まとめて、なおなお足元からの展望を持ちつゞけ、今日のまっとうな「改革」に資したい。

　　2005（平成17）年　初夏に

　　　　　　　　　　　　　　　　　　　　　　加　藤　宏　文

目　次

序　　　文················ 広島大学名誉教授　野　地　潤　家 ··· i
　　　　　　　　　　鳴門教育大学名誉教授
まえがき ·· iii
凡　　例 ·· xiv

序章　研究の課題・目的・方法・意義 ································ 3

　第1節　課題 ·· 3
　　　　　──今日の国語（科）教育には、何が求められているのか──
　第2節　目的 ·· 6
　　　　　──何を明らかにすることが、できるのか──
　第3節　方法 ·· 8
　　　　　──何を対象として、どのような視点で分析・探究するのか──
　第4節　意義 ·· 10
　　　　　──今日、どのような問題点を解決するのに、資するのか──

第Ⅰ章　「新教育」の受容 ··· 15

　第1節　出発における課題 ··· 15
　　　はじめに　15
　　　1．生きたことばに培っているか　18
　　　2．教科書を捨てよ　20
　　　3．読み方は、個性をどう伸張するか　22
　　　4．「生活」指導即表現指導　24
　　　おわりに　27

第 2 節　実践の動向 …………………………………………… 29
　　はじめに　29
　　1．各校の課題意識　30
　　2．生活綜合と基礎学力　32
　　3．「中核」と「補助」　36
　　4．「地域」における「創意工夫」　38
　　おわりに　40

第 3 節　県下の営為 …………………………………………… 42
　　はじめに　42
　　1．「新教育」思潮のうねり　42
　　2．「新教育」思潮の国語（科）教育における受容　44
　　3．国語（科）教育における単元学習の模索　45
　　4．「新教育」下の営為に学ぶ　46
　　おわりに　48

第 4 節　「修正」への傾斜 ……………………………………… 50
　　はじめに　50
　　1．「修正」への理念とその構造　50
　　2．「生活拡充課程」「修正」の実際とその問題点　52
　　3．「基礎学習課程（基礎学習）」「修正」とその問題点　56
　　4．「国語（科）教育」の課題　58
　　おわりに　60

第Ⅱ章　「教科」か「経験」か ……………………………… 61

第 1 節　『光プラン』の中の国語（科）教育 ………………… 61
　　はじめに　61
　　1．『光プラン』の記述体系　63
　　2．言語活動の位置づけ　65
　　3．課題から単元計画へ　67

4．『光プラン』の実践へ　68
　　おわりに　70

　第2節　『桜山プラン』の構造 ……………………………… 72
　　はじめに　72
　　1．記述体系　73
　　2．「国語（科）教育」の位置　76
　　3．「改善」と「修正」と　79
　　4．「国語（科）教育」の実際　82
　　おわりに　84

　第3節　「阿武郡国語同人会」の営為 ……………………… 86
　　はじめに　86
　　1．受容の実態　87
　　2．構成と展開　88
　　3．実践計画　90
　　4．「国語（科）単元学習」の展開　93
　　5．状況認識　95
　　おわりに　96

　第4節　手嶋倫典氏の「表現学習」指導 ………………… 98
　　はじめに　98
　　1．単元「手紙」の場合　99
　　2．「題材」の学習　102
　　3．長文の学習　106
　　4．単元「日記」　108
　　おわりに　112

第Ⅲ章　「個性尊重」の実際 ………………………………… 115

　第1節　「生野教育」の「学習誘導案」 ………………… 115
　　はじめに　115

1．『生野教育の建設』の基盤　116
　　2．教育課程の研究と学習目標　117
　　3．「関連課程」の「誘導案」　118
　　4．「教科課程」の「誘導案」　120
　　おわりに　121

　第2節　高水小学校の「国語指導計画」 ………………………… 122
　　はじめに　122
　　1．考え方と努力点　123
　　2．「国語学習指導目標」　125
　　3．単元計画　127
　　4．単元「学級新聞を作ろう」　129
　　おわりに　130

　第3節　小郡小学校の個性尊重の教育の実際 ………………… 131
　　はじめに　131
　　1．「個性尊重の原理」と「綜合課題」　133
　　2．「綜合課題をめざして」　134
　　3．「読みの能力別指導」の実際　135
　　4．「個別指導」の実際　137
　　おわりに　139

　第4節　もう1つの「光プラン」 ………………………………… 141
　　はじめに　141
　　1．基底単元「ゆうびんやさん」　142
　　2．「学力」評価法　145
　　3．展開例　146
　　4．「目標」と評価　147
　　おわりに　149

第Ⅳ章　「基礎学力」の探究 ……………………………… 153

第1節　福賀小学校の「読解力伸張の方法」 ……………… 153
はじめに　153
1．認識体系　154
2．指導法の探究　156
3．個人差に応じた指導　157
4．考える学習　159
おわりに　160

第2節　本郷中学校の「基礎学力の指導」 ………………… 162
はじめに　162
1．基礎学力の構造　162
2．国語科における「基礎学力」　164
3．実態把握の方法と内容　166
4．基礎学力の養成　167
おわりに　168

第3節　高等学校の「基礎学力の実態と対策」 …………… 170
はじめに　170
1．短絡的な発想　171
2．要素的能力の処理　173
3．「新教育」理念の崩壊　176
4．実践の「反省」　179
おわりに　184

第4節　附属防府中学校国語科における
　　　　「基礎学力」の探究 ……………………………… 185
はじめに　185
1．「国語科における　基礎学力とその指導の一断面」　186
2．「仕事学習」における「国語教育の徹底」　188

3．「国語科における仕事（単元）学習の実際」　189
　　4．「国語科『仕事学習』における問題把握の指導の実際」　191
　おわりに　193

第Ⅴ章　「修正」営為 ……………………………………… 195

　第1節　教育研究会著『観察・参加・実習の手引き』………… 195
　　はじめに　195
　　1．「観察・参加・実習の手引き」の理念の受容と記述体系　196
　　2．「修正教科カリキュラム」の立場　198
　　3．国語科学習指導の理念　200
　　4．「教案例」に見られる国語科学習指導の実際　204
　　おわりに　206

　第2節　附属山口小学校の「生活カリキュラム」……………… 207
　　はじめに　207
　　1．「コア・カリキュラムの立場」　207
　　2．「本校生活カリキュラム構成の手続」　210
　　3．「生活カリキュラム計画案」　214
　　4．「単元展開の実践記録」　216
　　おわりに　217

　第3節　附属山口小学校の「修正教科カリキュラム」………… 218
　　はじめに　218
　　1．「修正教科カリキュラム」の理論と方法　219
　　2．「修正教科カリキュラム」構成の手続と展開　221
　　3．「修正教科カリキュラム」における「国語科単元」の位置　223
　　4．「修正教科カリキュラム」の反省と課題　224
　　おわりに　226

　第4節　『光プラン』の推移……………………………………… 228
　　はじめに　228

1．本著の体系　229
　　2．「生活課程生活科単元」の実践　231
　　3．「研究課程各科教材単元発展一覧表」　232
　　4．「国語科の実際指導上の諸注意」　233
　　おわりに　234

第Ⅵ章　「新教育」の去就　……………………………………… 237

第1節　尾崎家連氏の場合……………………………………… 237
　　はじめに　237
　　1．読解力・作文力の学習指導法　238
　　2．研究課程の学習指導　240
　　3．国語科「新教育」の反省　241
　　4．『中学　作文の力』への発展　242
　　おわりに　244

第2節　小河正介氏主担『小・中学校
　　　　　　　　国語科　学習指導上の問題点とその指導』……… 246
　　はじめに　246
　　1．問題点解決の「かぎ」　247
　　2．「基礎学力」観　249
　　3．「基礎学力」の「抽出」例　250
　　4．「基礎学力の養成」の「留意」点　251
　　おわりに　253

第3節　附属防府中学校の「自主的仕事学習」の推移………… 255
　　はじめに　255
　　1．「自主的仕事学習をめざして」　256
　　2．「国語科における仕事（単元）学習の実際」　262
　　3．「問題解決学習としての
　　　　　『仕事学習』（単元学習）における問題把握の指導」　264

4．「国語科『仕事学習』における問題把握の指導の実際
　　　　　特に文法の学習指導を中心として」　268
　　おわりに　269

第4節　附属防府中学校の「自主的仕事学習」の去就……………271
　　はじめに　271
　　1．集団思考による学習指導　272
　　2．国語科における「集団思考」の意義　274
　　3．「集団思考」の「機会・方法・留意点」　275
　　4．「集団思考」を中心とした詩の指導の実際　277
　　おわりに　278

終章　「新教育」に学ぶ …………………………………279

第1節　桜山小学校著『単元展開の資料と手引』………………279
　　はじめに　279
　　1．単元設定の理由と目標　280
　　2．「展開案」の構造　283
　　3．「資料」の詳述　285
　　4．「改善」「修正」の行方　287
　　おわりに　289

第2節　附属防府中学校の「自主的仕事学習」の変質…………291
　　はじめに　291
　　1．「仕事学習」の概念と構造　292
　　2．「仕事学習」の展開　293
　　3．「仕事学習」の到達段階　297
　　4．国語科における「仕事学習」　299
　　おわりに　302

第3節　全国諸「プラン」との比較 ………………………………304
　　はじめに　304

1．軸としての『光プラン』　305
　　2．奈良女高師附属小学校「学習研究会」の場合　306
　　3．「山形女附小プラン」の場合　308
　　4．長野師範女子部附属小学校「指導の実践記録」の場合　309
　　5．千葉北条小学校「コア・カリキュラム」の場合　310
　　6．「明石附属プラン」の学習構造　311
　　おわりに　313
　第4節　「新教育」における「国語（科）単元学習」の評価… 314
　　はじめに　314
　　1．教科と経験との狭間で　314
　　2．「個性尊重」の実際　315
　　3．「基礎学力」観　316
　　4．「修正」営為　317
　　おわりに　319

初出誌一覧 ………………………………………………………… 321
あ と が き ………………………………………………………… 325
事項索引 …………………………………………………………… 329
人名索引 …………………………………………………………… 349

凡　例

1．序章については、踏まえた資料を、章末に注記した。
2．引用すべき資料については、できるだけ原文を尊重する意味でも、第Ⅰ章以下は、別に「資料編」として示した。
3．「本文編」「資料編」「説述編」の章と節との体系は、同一である。
4．資料のうち、図書は『　』、論文等は「　」で示した。
5．年号は、西暦に元号を括弧で添えて表記した。
6．「本文編」は、主として資料の分析吟味を通して論述した。今日の課題との関係は、同じ体系での「説述編」で説述した。

戦後国語（科）単元学習の出発とその去就
―― 山口県における実践営為を中心に ――
〈本文編〉

序章　研究の課題・目的・方法・意義

第1節　課題
——今日の国語（科）教育には、何が求められているのか——

　筆者積年の「国語」教室における実践・研究は、次のような経緯を経て、現在の体系に至った。
　(1)　学習者の「理解」と「表現」との具体的な統合の場を、保障する[1]。
　(2)　学力の目標を、知識・技能から「価値」へと拓くため、主題で単元を統合する[2]。
　(3)　「価値」において語彙を確かで豊かにすることを通して、「生きる力」に培う[3]。
　(4)　対等に「きゝ」合い「問い」合うことを通して、一歩先の「価値」を追究する[4]。
　こゝには、「情報化社会」の展開の中で、ことばが、とかく狭義の伝達止まりになりがちな点への反省がある。「国際化社会」の中で、真に対等な立場で、ことばの思考・認識・創造での機能を保障するためには、このような国語（科）教育の実践・研究は、さらなる希いでもある。
　このようにして、筆者は、「主題単元学習」の構築とその深化に努める。すなわち、
　(1)　混迷を極める状況の中で、学習者と共に切実な学習（指導）目標（主題）を設定し合う。
　(2)　その下で、「生きる力」を鼓舞するに足る「価値」ある学習（教）材を、開発し合う。

序章　研究の課題・目的・方法・意義

(3)　「理解」を確かめ・深め・創るために、「表現」活動を継続的に保障する。
(4)　学習者との音声・文字両面での「対話」を重視し、支え励まし、一歩先へと問い導く。

　この構築は、「国語」の学力を、「ことばを通して生きぬく力」と規定し、状況の中で、実践を通して、やむにやまれず成った体系である。この深化発展こそが、現下の課題である[5]。

　一方、戦後「国語（科）単元学習」の意義については、真摯な実践営為にもかかわらず、その存在意義にまで及ぶ疑問・反省・批判が、出発当初から、主として「基礎学力」涵養の可否を中に、台頭していた。さらに、1955（昭和30）年頃を境にして、この批判は、「経験主義」に基づく「単元学習」を排して、知識・技能中心の「系統主義」「能力主義」「読解中心主義」へと傾いていく。しかしながら、1980年代に至ると、「単元学習」の再検討[6]とその実践が試みられ深められた。現行の「学習指導要領」が示す理念は、そこからの再出発でもあった。それにもかゝわらず、今日なおまた改めて新たな視点からの批判[7]がなされるのは、なぜか。この点をこそ、今日は、その歴史に学ばねばならない。

　この批判にも耐え、新「学習指導要領」が改めて求める「生きる力」を育むには、「学力」観を、戦後「国語（科）単元学習」の受容とその去就の実態に、具体的に学ばねばならない。そこでは、1946（昭和21）年、「米国教育使節団」[8]が覚醒させた「民主主義教育」への真摯で内発的な実践営為が、「教科と経験」「個性の尊重」「基礎学力」等、今日なおその達成への道を困難にしている諸問題を、極めて鮮明に焦点化するに至っている。新しい「学習指導要領」が目指すはずの「生きる力」につながる「問題解決学習」や、その具体的な反映であるべき「総合的な学習の時間」での「各学校」「創意工夫」も、その営為に学び、轍を踏んではならない。

　中で、山口県下における戦後略10年間に亘る実践営為が、単元学習の「意義」「教育課程」「指導法」「指導内容」との関連[9]等の面で、時代の潮流をどのように受け止め、目の前の児童・生徒の実態を拠点に、何をどのよ

4

うに創造しようとしたのか。この考察を通して「国語（科）主題単元学習」の実践内容や方法を、さらに確実で豊かなものにする道を探究する。これは、今日の国語（科）教育の改革にとっても、切実な課題である。

第2節　目的
——何を明らかにすることが、できるのか——

　まず第一に、「新教育」における「国語（科）単元学習」の理念と目標と内容と方法とは、どのように受容され、またどのような去就の道をたどったのか。その実態を明らかにする。

(1)　理念——各「プラン」等に貫かれようとした「単元学習」観を、整理する。
(2)　目標——単元目標は、「価値」としての牽引力を持っていたかどうかを、評価する。
(3)　内容——「スコープ」と「シーケンス」とによる構造のあり方を、吟味する。
(4)　方法——「個性尊重」や「協同学習」の実態を、明らかにする。
(5)　修正——どこに血路を拓こうとしたかを、批判的に分析する。

　中でも、「経験」と「教科」との一見「二律背反」するところの隘路は、どのように克服されようとしたのか、しなかったのか。その実態を明らかにする。「知識」・「技能」のいち速い獲得と集積、さらにはタイムリーな小出しを重視する「学力」は、今日、「生きる力」に培うものではないこと、衆目の一致するところである。しかし、それを突き抜けて、「思考・認識・創造」力を涵養する「学力」観は、現実には、前者との二元論の中で、改めて批判の矢面に立たされている[10]。この混迷は、すでに「新教育」受容の原点において、苦闘の焦点となっていた。「新教育」が批判され、駆逐されたかに見えるからには、この問題で、同じ轍を踏むことがあってはならない。山口県下の実践営為の跡は、今日改めて持つべき全うな視点を提供する。

　また、中で「個性の尊重」の理念は、どのように認識され、どのように実践に反映されたのか、されなかったのか。その実態を明らかにする。教

育の目的が、「忠誠純真ナル青少年学徒」[11]から「個人の完成」[12]へと転換されたとき、それは、(1) 一斉学習指導の「補完」であったのか、それともその独自の役割が貫かれていったのか。(2) それは、1人ひとりの学習内容や方法の個別化を、どこまで保障したのか。(3) 学習者の多彩な興味や関心にどのように即して、基礎・基本学力の保障へと進むことができたのか。旧教育での極端な「画一主義」への厳しい反省は、実践の場で、どのような現実にぶつからざるを得なかったのか。

　さらに、「基礎学力」は、どのような構造で認識し直され、実践の中で検証されていったのか。その実態を明らかにする。前記の「二律背反」の実態は、すなわち「学力」観、つまるところ「基礎学力」観に、収斂する。たとえば、県下で一般的に受容された「層構造」としての「問題解決の学力」・「実践的能力」と「基礎学力」、中でも、後者の「概括的能力」と「要素的能力」の認識[13]は、今日の「活用力・活動力・創造力」を中心とする「基礎学力」観[14]とどう重なるのか、また異なるのか。さらに、今日、とりわけ求められている「問題解決力」を中核とした「基本学力」[15]とは、どのような関係にあるのか。「総合的な学習の時間」が特設された今日の学習指導が、行きなずんでいる前者から後者への道筋が、基本的にはどのような問題の解決を求められているのかが、すでに孕まれていたはずである。「基礎学力」の涵養に失敗したとされる「新教育」での「単元学習」は、この「学力」観の側面から、再吟味されるべきである。

　以上の実態が、ついには「修正」[16]に赴かざるを得なかったのは、なぜか。その原因を構造的に確認し、今日貫かねばならない「国語（科）単元学習」の留意点・改革すべき点を、明らかにする。それは、「生活」・「経験」と「研究」・「教科」との一見二律背反する実践上の現実に、どのように対応するかであり、今日の「総合的な学習の時間」が、新たな「学力」論争[17]を巻き起こし始めている実態の中で、避けては通れない問題点である。

序章　研究の課題・目的・方法・意義

第3節　方法
――何を対象として、どのような視点で分析・探究するのか――

(1)　『光プラン』における「出発」とその「去就」とを軸とする。

　県下において、「新教育」の受容と展開とに、いち早く批判的に出発した「単元学習」の1つが、『光プラン』[18]である。こゝでは、益井重夫氏の理論的主導による「生活課程」と「研究課程」との「統合」への営為が、「単元学習」実践上での問題点の根幹を、すでに鋭く照らし出していた。この問題提起とその後の「仕事学習」[19]への「修正」営為は、山口県下での「国語（科）単元学習」の受容とその去就を吟味する上で、1つの構造的な軸となる。県下各地での営為を分析比較するにあたって、『光プラン』の存在を、その軸として位置づける。

(2)　山口県下の戦後「国語（科）単元学習」実践営為それぞれを、まずは個別の対象とする。

　同時代の山口県下の「国語（科）単元学習」には、『光プラン』の他に、『桜山プラン』[20]をはじめ、同人会や1学校独自の研究成果、あるいは個人の手になる実践研究の記録の一部が、管見に入っている。これらそれぞれには、独自の目標があって、それに即しての「国語（科）単元学習」における問題点が、具体的に吟味検討されている。この問題点を、まずは個別に対象として、その分析の中から、「国語（科）単元学習」の「出発」と「去就」で、必然的・普遍的な問題点を明らかにし、今日の「国語（科）単元学習」を省みる。

(3)　そこで明らかになったそれぞれの特徴により分類し、問題点の体系的な把握に努める。

　そこには、前記のように、①　「教科」か「経験」か　②　「個性尊重」　③　「基礎学力」　④　「修正」――の4つの柱が、把握される。それぞれに、同時代の実践営為は、さらに具体的にどのような根源的な問題点を、

明らかにしていったか。同一問題に取り組んだ実践を比較しながら、それぞれの問題点が孕みもつ普遍的な要点へと、絞り込む。そのことによって、今日なおなお厳しく探究しなければならない同４つの柱の意義を、明らかにする。中でも、「学力」観からのこれらの統合的把握の構造化は、焦眉の急である。

（４）　その上で、全国各地での実践営為の趨勢と比較し、山口県下の独自性を相対化する。

同時代には、全国各地でも、「単元学習」の理論と実践との齟齬から、それぞれ独自の工夫がなされていた。こゝでは、管見に入った他都県下の五つの実践体系[21]のそれぞれの独自性を明らかにする。その上で、山口県下の実践体系とを比較し、その共通した問題点、その相違した問題点を明らかにし、山口県下での「出発」とその「去就」を、評価する手立てとする。すなわち、『学習指導要領［試案］』[22]が提起した「単元学習」が、全国的にもどのように「出発」し、どのような「去就」を見せていたのか。比較し位置づける。

（５）　筆者の「国語（科）主題単元学習」実践の到達点から、総括する。

筆者には、実践・研究上で、具体的に「主題単元学習」を深化・発展させるべき課題がある。そこでは、前述のように、①　「表現」と「理解」との統合　②　主題での統合　③　ことばの「価値」での把握　④　発問力の錬磨――の４つの観点とその到達点とがある。これらの観点からすると、県下先学の営為が照らし出してくれた原理や、それに基づく実践の成果や陥穽やは、どのように受け止め直されねばならないのか。「学力」観の実践的吟味を中心にして、今日そこから生起するこれら４つの観点からすると、先学の実践営為の到達点は、「はいまわる経験主義」などと、単に揶揄するに止まるべき「捨て石」なのか、それとも、今こそ改めて学び直すべき貴重な規範なのか、筆者の「国語（科）主題単元学習」実践の立場から、吟味し直す。

序章　研究の課題・目的・方法・意義

第4節　意義
――今日、どのような問題点を解決するのに、資するのか――

(1)　今日の国語(科)教育は、どのように主導されようとしているのか。
　1992(平成4)年4月、「小学校学習指導要領」の改訂に際して、文部省は、「新しい学力観に立つ国語科の教育」の骨格として、「子供の側に立つ」べき次の4つの「問題点」と「改善点」とを指摘した。すなわち、①一方的な教え込み　②　指導目標・内容の一定・共通・効率性　③　教科書中心主義　④　ペーパーテスト中心の評価方法、である[23]。さらに改訂された現行「学習指導要領」[24]では、改めて「生きる力」が強調され、「総合的な学習の時間」に収斂される「問題解決学習」での「各学校」の「創意工夫」が、求められた。中で、「新単元学習」[25]に代表される営為が、その理念をすでに実践においても実現しようとしながら、一方では、「国語(科)単元学習」が孕む「学力」中心の問題点が、指摘される[26]。

(2)　そこには、戦後「国語(科)単元学習」の出発と去就でのどのような問題が、重なるのか。
　①　一方的な教え込みへの反省は、「基礎学力」やその「系統的」学習指導と背反するのか。②　指導目標や内容は、「個性の尊重」のもとに、どのように工夫できるのか。③「教科書で」の理念は、どのような教(学習)材開発を求めるのか。④　「相対評価」を克服して「共感的支援」を実現するには、どのような壁があるのか。これらは、本章第3節で確認した①　「教科」か「経験」か　②　「個性尊重」　③　「基礎学力」　④　「修正」――の諸点を、今日の国際化・情報化社会の条件の中で、「平等」から「対等」への理念のうちに再検討することを、求める。

(3)　その重なりの中から、何を学ぶことができるのか。
　①　「国語」の学習指導は、「ことばを通す」ことを抜きにしては、始まらない。先学の「新教育」の受容と展開の営為も、現今の「反省」も、

第4節　意義

この1点が克服できていない。②　「学習者中心」の中核には、「きく」[27]こと、すなわち、「理解」を前提とした一歩先への「支援」の力が、求められる。外発的な目標・内容・方法から、内発的なそれらへの転換が、ひきつゞき求められる。③　授業構想の力の具体的な練磨は、発問力の構造的・体系的構築に帰結する。混迷する状況の中で、なぜ的確な発問ができないでいるのか。④　つまりは、「基礎学力」「基本学力」の峻別の上での、後者の具体的・体系的指導目標・内容・方法の構築が要る。

(4)　中でも、「去就」における「修正」や「変質」からは、何を学ぶことができるのか。

『光プラン』を軸とする県下「新教育」の出発とその変容の過程では、常に理念としての経験主義に基づく「単元学習」の正当性と、それにもかかわらず実践における「基礎学力」論議とが、二元的に捉えられるきらいがあった。『光プラン』の出発における「生活課程」と「研究課程」の統合という先験的な実践営為も、やがて「仕事学習」による打開の道を模索しながら、「修正教科カリキュラム」に代表される「修正」ないしは「変質」へと流されていった。こゝには、「統合」の理念が、実践営為の中からの必然では必ずしもなかった結果が、見てとれる。今日の「改革」も、また外発的「理念」の先行からくる隘路を、拓かなければならない。

以上、現行「学習指導要領」の理念・内容・方法を真に生かすために、この研究の到達点は、どのような意義をもつのか。戦後「国語(科)教育」の歴史は、教育政策の変質に左右されてきた。その外発的「改革」の結果は、今こそ、内発的な苦闘の実態を経なければならない。本研究に示す「新教育」における「国語(科)単元学習」の軌跡は、そのための指標となる。

序章　研究の課題・目的・方法・意義

注
1)　拙著『高校文章表現指導の探究』1983（昭和58）年8月10日　溪水社刊
2)　拙著『高等学校　私の国語教室――主題単元学習の構築――』1988（昭和63）年6月30日　右文書院刊
3)　浜本純逸編『国語科新単元学習による授業改革⑨』拙著『生きる力に培う「主題」単元学習』1999（平成11）年4月　明治図書刊
4)　(1)　拙稿「何のために問うのか――模擬授業における指導目標の確認から――」『国語教育研究』第42号　広島大学教育学部　国語科　光葉会　1999（平成11）年6月刊　所収　(2)　拙稿「発問の前提――なぜ、問えないのか――」『山口大学教育学部附属教育実践総合センター　研究紀要』第12号　2001（平成13）年1月3日刊　所収　(3)　拙稿「発問の出発――『ことばを通す』ということ――」『国語教育研究』第44号　広島大学教育学部　国語科　光葉会　2001（平成13）年3月31日刊　所収
5)　(1)　注3)の拙著における浜本純逸氏の「解説」　(2)　沢田英史氏による「高等学校の単元学習　1」『両輪』第21号　両輪の会　1997（平成9）年2月刊　所収――参照
6)　日本国語教育学会編『月刊　国語教育研究』No.109「特集　国語教育の戦後と未来」　1981（昭和56）年6月15日刊
7)　渋谷孝著『国語科単元学習は成立するか』「国語教育ブックレット12」1993（平成5）年9月　明治図書刊
8)　渡邊彰訳著『米国教育使節団報告書――原文・訳文――』1947（昭和22）年6月20日　目黒書店刊
9)　鳥山榛名「国語教育における単元学習の反省」『国語と国文学』特輯増大号「戦後の国語教育の反省と批判」東京大学　1951（昭和26）年7月刊
10)　(1)　中央教育審議会答申「初等中等教育における当面の教育課程及び指導の充実・改善方策」2003（平成15）年10月7日答申　(2)　文化審議会答申「これからの時代に求められる国語力」2004（平成16）年2月3日答申　(3)　大熊徹「学力低下論争に見る国語学力に関する一考察」日本国語教育学会編『月刊　国語教育研究』No.372　2003（平成15）年4月10日刊――等参照
11)　「戦時教令」1945（昭和20）年5月22日公布　同日付　朝日新聞
12)　「新教育指針」1946（昭和21）年5月　文部省『戦後日本教育史料集成』第一巻「敗戦と教育の民主化」　所収
13)　たとえば、第Ⅳ章で紹介する山口県玖珂郡本郷中学校の「基礎学力の指導」の場合
14)　浜本純逸著『国語科教育論』1996（平成8）年8月5日　溪水社刊
15)　注14)および浜本純逸「基礎学力と基本学力の学習指導」日本国語教育学会編『月刊　国語教育研究』No.333　2000（平成12）年1月10日刊　所収
16)　山口大学教育学部附属山口小学校「修正教科カリキュラム」同校『研究紀要』第3集　1950（昭和25）年6月8日刊　所収
17)　注10)参照
18)　山口大学山口師範学校　光附属小学校　光附属中学校　共著『生活実践と実力

養成のための　小中学校のカリキュラム　第一巻　基礎篇』1949（昭和24）年11月10日刊　本著第Ⅱ章第1節参照
19)　山口大学教育学部附属防府中学校研究報告書第9号『祖国の再建をめざす　自主的仕事学習の方法の探求　単元学習の批判と検討を通して　後編　本論並に基底単元系列表』1955（昭和30）年1月29日印刷（ママ）他　本著第Ⅵ章第3節参照
20)　山口県下関市桜山小学校著『生活学習研究　桜山教育プラン』1949（昭和24）年11月5日刊　他に本著第Ⅱ章第2節、第Ⅶ章第1節参照
21)　本著終章第3節参照
22)　文部省『昭和二十二年度（試案）　学習指導要領　国語科編』1947（昭和22）年12月20日刊
23)　文部省『小学校　国語　指導資料　新しい学力観に立つ　国語科の学習指導の創造』1993（平成5）年9月発表　同10月15日刊
24)　文部省告示『小学校　学習指導要領』・『中学校　学習指導要領』1998（平成10）年12月14日　同17日刊　『高等学校　学習指導要領』は、翌年3月29日改訂
25)　浜本純逸・井上一郎編『授業への挑戦114　国語科新単元学習の構想と授業改革　上巻・下巻』1994（平成6）年7月　明治図書刊
26)　(1)　日本国語教育学会編『月刊　国語教育研究』No.215「特集　単元学習の展開」1990（平成2）年4月15日刊　(2)　同会編『月刊　国語教育研究』No.361「特集　総合的・関連的な指導の具体化」2002（平成14）年5月10日刊
27)　(1)　拙稿「『きく』ことの美しさを求めて――『初等科国語』学習体系の探究――」『国語教育研究』第35号　広島大学教育学部　国語科　光葉会　1992（平成4）年3月31日刊　所収　(2)　拙稿「発問の前提――なぜ、問えないのか――」『山口大学教育学部附属教育実践総合センター　研究紀要』第12号　2001（平成13）年3月1日刊　所収

第Ⅰ章　「新教育」の受容

第1節　出発における課題

はじめに

　敗色に覆われたま丶の1945（昭和20）年5月22日、日本国政府の意図を受けて、山口県でも、「国民学校教育の決戦態勢」【資料1】をそのま丶に、「国語（科）教育」においても、「国体顕現」を目指し、「大国民たるの資質」と「高度国防国家体制」との啓培・確立を求めた。そこでは、今日とは別の目的ではありながら、「知的なる理解」を超えて、「身につくまで修練」することが求められ、生きて働く「関連」と「統合」が、説かれている。さらに、国は、「戦時教育令」【資料2】を公布し、「朕ハ忠誠純真ナル青少年学徒ノ奮起ヲ嘉シ」（「上諭」）、学徒隊を結成し、動員、「教育に根本解決」を求めた。この不条理は、「広島」「長崎」などを経て、同年8月17日、ようやくに、「徒ニ禍害ヲ累加シ遂ニ帝国存立ノ根基ヲ失フ」を察して、「光栄アル我国体護持ノ為」、「出処進止ヲ厳明ニ」し、「国家永年ノ礎ヲ遺」す（「勅語」）【資料3】と表明するには至った。「新教育」の出発も、こ丶に拘束される。

　時に、高村光太郎は、「一億の号泣」につゞき「犯すべからず」で、こう歌い上げる。【資料4】

　○　神国日本の高さ、美しさに変りはない。／　やがて皎然とかがやき出でる　／　神聖日本文化の力をみよ。

　この「号泣」がなお「護持」しつゞけようとしたものが、払拭されないま丶であった一方で、「未来の文化」・教育を展望した具体的な指摘が、

早くも現われてくる。しかし、その拠って立つところ、「アメリカの文教政策」への「おぼろげな予想」の域を出ることができず、かつての大陸での「勝利者」の発想に、拘束されたものであった。すなわち、そこでは、「学校教育の弊である記憶万能教育」を排除しようとしながらも、「社会教育訓練機関」としては、「神社」を中心とした「国体護持」のための「郷土教育」が提唱される【資料5】、といった類のものであった。この反省と具体的な展望との齟齬が、克服し難い鬩ぎ合いを残しつづけていく。

このような試行錯誤の中で、一方では、たとえば「国際平和」「個性の完成」を「教材」とした「公民学課程の緊要」【資料6】が説かれ、他方、具体的には、「教科書から不適切な部分を一掃」【資料7】する作業が、進行していった。そこでは、「戦意昂揚」などの要素を「省略」「削除」「取扱上注意」する基準を示した上で、「国体護持」を筆頭に、「科学的精神啓培」「国際平和」など、「補充」すべき「要諦」をも、示している。注目すべきは、必要に迫られてのことではあるが、各科目での「土地の状況」「時局の現実」への配慮をも付記した上で、現行教科書中、「削除部分および取扱注意を要するもの」を、具体的に示している点である。いわゆる「墨ぬり」教科書による苦肉の策は、このような状況の具体的な反映であった。

中で、「世界情勢の真相」への新たな「認識」の要請は、「平和国家の建設」「世界文化への協力」を「目標」とすることの必然を思わせ、「良き自国語」「新時代にふさわしい新国語」への模索が、「偏狭な国語万能論の正反対の動機」から、提唱されてもきた。【資料8】

また、同年も9月に入ると、たとえば、文部省科学局では、学術研究会議・日本科学振興会・科学教育者会議に誇り、「人文科学の振興」を前提とした「科学教育の基礎」を、具体的に提起する。【資料9】中で注目すべきは、「画一教育」を解消する方法として、児童生徒が自分で工夫する自由な時間」が奨められ、さらに、「午前中授業」と「午後自由研究」の措置もが、誘われてもいる。今日提唱されている「心の教育」や「総合的な学習の時間」の発想が共有する2つの問題を、見て取ることができる。葛藤の中で、教育における普遍的な課題が、直視され始めていた。

さらに、翌1946（昭和21）年に入ると、このような「民主平和国家」を目指す教育思潮の中で、「国定教科書」の「国語」の教材が、一般募集されたりもする。【資料10】そこに見られる募集要項の諸条件には、「言語」そのもの、「文学作品」、「科学精神」、「個人の自覚」や「人間の尊重」、さらには「協同奉仕」や「人類愛」「国際平和」「国際協調」などが挙げられる。そこでは、「国民の文章を永く教材として使ふ」ことに、意義が見出されている。

　しかしながら、一方では、同1946（昭和21）年の元旦、「国運振興」を目指して「渙発」された「詔書」【資料11】は、明治の「国是」であった「五箇条ノ御誓文」を、「叡旨公明正大、又何ヲカ加ヘン」として、踏まえるに止まる。承けた「文部省訓令」【資料12】も、この「聖旨」の徹底を強調するの域を、出てはいなかった。

　このような試行錯誤の中で、1946（昭和21）年3月、あるべき「新教育」の具体的な体系を主導的に示したのが、『米国教育使節団報告書』【資料13】【資料14】であった。この「使節団」の来日が報道されると、「聖旨」の行方についての不安が、それへの強い関心となっていった。それに対して、「最高司令部」は、その目的を「討議」にありとし、「指令」ではないことを強調して、「民主主義的教育」の原理・心理・行政・機関に亘る「研究部」の編成と、1か月を目途にした計画を提示して説得する。【資料13】その上で、来日、具な調査研究を経、第1次「報告書」が、提出された。

　中で、「報告書」は、「教育の目的」の項で、「民主国家」の基礎を「個々人の価値と尊厳」とに置くことを強調し、教育における「個人」を、「責任をおもんじ（ママ）またよくそれに協力する社会の一員」と規定する。この原理は、さらに、教育行政の役割を、「教育の内容や方法やまたは教科書を規定す」べきでなく、「教師の自由にまかせ」るべきとの提唱にも、及んでいる。さらに、「報告」は、「国語の改革」にも及んで、「公民たるものの基本的な義務」に関わって、具体的に「ローマ字」書きの日常の使用を、提言するにも至っている。

　文部省は、それを承けて、同年5月以降、『新教育指針』【資料15】4分

冊を、次々に配布することになる。その「序論」では、「現状」と「反省」が、平易な表現で切々と説かれていく。中で、「どうしてこのような状態になったのか」については、「人間性」「人格」「個性」の3要素に分けて吟味する。この理念は、「後編」に及んでも、「個性尊重の教育」として、その具体的な「方法」としての各論へと展開されていく。「報告書」の根本理念は、このように「指針」として、混迷の中にあった全国の指導者たちに、一筋の道を示した。これらの潮流が、山口県下で当初具体的にどのように受け止められたか、管見に入った平群西小学校の場合【資料16】は、「御詔書」と同時に、「個性の伸張に立脚する自由民主化の徹底」を初めとする理念を説いて、実情の一端を垣間見させる。「新教育」思潮は、このようにして県下にも浸透しようとしていた。このような状況を踏まえて、初めての『学習指導要領［試案］』【資料17】が示されたのは、翌1947（昭和22）年3月のことであった。「民主国家」の建設を目指した「教育」の指針は、形をなしたのである。

　本節は、折しも、全国のこの思潮を念頭に、実践の中で吟味しながら主導する役目を果たしていった、次の2つの機関誌を通して、「国語（科）教育」がどのような課題にぶつかっていったのかを、1946（昭和21）年7月から同12月の期間で、まず吟味する。

　A　『教育研究』（東京高等師範学校附属国民学校内　初等教育研究会編纂）「復刊第1号」1946（昭和21）年7月1日刊〜同誌同年12月12号

　B　『学校教育』（広島高等師範学校附属国民学校内　学校教育研究会編）　同年7月346号〜同年12月351号

1．生きたことばに培っているか

　まず、Aで注目されるのは、森下巌氏の論文「国語教育の底辺」（復刊第3号　9月刊　所収）【資料18】である。こゝでは、「国語教育」が追究すべき「美しいことば」の条件を、「真実性」「明晰性」「平易性」の3点で確認する。その上で、森下巌氏は、「実践」を念頭に、さらに上位の「動

く図式」として、「語学的教育」と「ことばの含蓄性、洗練性」の教育とを、提唱する。この論は、児童がこのようなことばを使い、美しいと感じるように教育すること、それが国語教育の「底辺の任務」であるとする。旧来の国語教育が、この3つの目標とその「図式」とをないがしろにしてきた、という反省の上に立っている。

さらに、この論は、国語教育の構造を、こう説いている。すなわち、ことばの日常性・明晰性と芸術性・含蓄性との関係を、土壌と草花との関係にたとえて説明する。この独自の「美しいことば」観の根底には、外発的・形式的な要請への無批判な追従を排し、「生活の地盤」から、「言霊」や「含蓄性」や「漢語崇拝」が、吟味されている。

次に、Bで注目されるのは、小川利雄氏の論文「国語教育の復活」（第346号　7月刊　所収）【資料19】である。この論は、まず、「現代のわれわれはこれによって生きている」という「ことば」の「事実を率直に認識する」ことの必要性を前提にして、旧来の国語教育の具体的なありようを「反省」し、「内面的要求」の必要性を説く。その上で、小川利雄氏は、「生きた現実のことば」の「的確な把握」のために、「言語感覚を鋭敏に」することの大切さを、提唱している。

こゝには、「国語教育が一切の副次的なきはん（ママ）を脱却し、本来もってゐるそのまゝの姿に於て把握されねばならない」との確認の上に立った「音声」および「ことば自体」を見つめることへの、切なる念いがある。

AおよびBは、ともに「生きたことば」がないがしろにされてきた歴史を、国語（科）教育の基盤において、内発的に省みかつ展望するための具体的なよすがを、示している。これらに示されている理念・内容・方法には、今日、「改革」が焦眉の急とされている「国語（科）教育」が、同様に吟味し直さねばならない問題の原点を、如実に提起してくれている。

なお、Aでは、田中豊太郎氏の論文「国語教育と芸術的教養」（復刊第5号　11月刊　所収）【資料20】が、「高次な価値目的」を持つ「国語による文学的教育」と「身近な、一つ一つの能力、技術を練る」「国語そのものの教育」の統合を説いて、鋭い。そこには、「高次な価値」を「ふりかざ」

第Ⅰ章　「新教育」の受容

したあまりに、「自己陶酔」や「欺瞞」に陥ってきた教育への、厳しい反省がある。それは、「国語科独自の本領を、忠実に果たして行く」ことの大切さを、説く。その根底には、「国民全体の言語的水準を高める」ことこそが、「真の国語教育の民主化」である、という認識がある。「引きずりおろす」べき面と、「引き上げる」「役目」とが、見据えられている。

こゝには、先の２氏の論にも通底しつゝ、さらに、まもなく切実な課題となっていく「基礎」ないしは「基本」学力の構造の基盤が、明確にとらえられている。今日の「基礎学力」論が、直視し直さなければならない点でもある。すなわち、学びつゝ、国語科でしかつけることのできない独自の「基礎学力」と、国語科もが、他のすべての教科科目とともに、つけなければならない「基本学力」とを、まずは同じ必然的な地平から、認識し直さなければならない。その上でこそ、混迷する「国語（科）教育」に内発的な血路を伐り拓くための、指導者集団での共通にして確かな方向を、確認し合うことができる。

２．教科書を捨てよ

まずＡでは、石森延男氏が、論文「国語教育の門出」（復刊第１号　７月刊　所収）【資料21】において、地方の教育者たちからよく質問されたという「教材の取扱ひはどうするか」の課題について、「心のおきどころ」への反省を説いた上で、問題の核心をさらに具体的に説く。すなわち、「生きたことば」を、との理念が、「教育実際」の場においては、日々混迷をのみ生みがちであった中で、旧来の国語教育が、どこで最も大きな過ちを犯してきたかを、「教材」のありようの1点において、鮮明にしている。今日の私たちの試行錯誤の中でも、避けては通れない点である。

すなわち、学習（指導）目標は、「真実なる実生活」の営みにある。「教材」は、学習者・指導者それぞれの「真実」に直結して、「価値」あるものでなければならない。その意味で、「橋渡しにすぎない」と言う。こゝには、複数教材・関連教材をはじめ、今日なお探究されている「各学校」

「創意工夫」「地域の独自性」などと指摘される主体的な教材開発の原理が、見通されている。すなわち、問題解決的・総合的な学習の場も、内発的・具体的に、こゝに関わる。

　この観点から、石森延男氏は、旧来の「綴方教育」の不振の原因を、児童の能力にではなくして、「師自らの表現力に対する関心」や「師自身の表現力の乏しさ」に求めて、「旧き教材も、新しき観点に立てばまた閃めきもおのづから浮び出るにちがひない」ともしている。その上で、「国敗れて山河ありの感を誰が（ママ）深くする。春酣になればなるほど、わが胸をいためるであらうの胸の痛みから『ことば』が新しく誕生する。偽りのないことば、真実の叫び、どこへ出しても恥かしくない『日本語』（ママ）美しいひびき、愛のほとばし――あゝ思へば愉しいかな『日本の国語教育の門出』よ」と、結んでいる。

　一方、Bでは、先の小川利雄氏が、論文「国語の教科書と国語の教室」（第348号　9月刊　所収）【資料22】で、「教科書をどうするか」を、次のように論じている。

　小川利雄氏は、まずは、教科書が当然根源的に持っている「組織とか系統」に注目して、すでに具体的に始まっていた「削除」や「つなぎあはせ」が、本質的に「混乱をおこす」もとになっていることに、警鐘を打ち鳴らしている。その上で、小川利雄氏は、吉川英治の宮本武蔵が「剣をすてさっ」た逸話を引いて、「教科書を捨てよ」の真意を、説く。すなわち、まずは「ありたい教科書がかんがへられてゐることが大事」だとする。その上で、「その中に現在あるものをとり入れてゆく」べきとの方向を、示している。つまり、これこそが、現実をも抱き込んで教科書を「そだててゆく」ことだと、結論づけている。

　こゝには、未曾有の混迷の中で、教科書を「なくしてしまった」という事実を、「教科書をすてる」という主体的なスタンスに観点を転換して、血路を伐り拓いていこうとする意図がある。この「すてる」の真意は、今日求められている「教（学習）材」の自在で必然的な開発の基盤に据えられるべき理念を、鋭く照らし出している。すなわち、「教科書」とは何か、

「教(学習)材」を主体的にどう開発し、知識や技能やに止まらない「学力」を保障するか、の根基に関わる原則を、提示している。今日、私たち指導者は、「お互の教科書を自分の中にしっかりときめて」いるか。小川利雄氏の指摘は、今日の「新しい教育」のあるべき行方を、見据えている。

さらに小川利雄氏は、「玉石混かう」ではあるが、「われわれのまはりにあることば」を、「教(学習)材」として認識する。これは、前項で紹介した「生きたことば」にも具体的に通底する国語教育観である。そこには、「われわれは今こそ、人のことばをぢかに聞くことによって、その人の学問を生きたままうけとることができ、本をよむはがゆさをのがれることができる。人のことばにのった学問のうけとりかたをこころみることが、どんなにすこやかで、うつくしいものであるかを思ふべきである」との念いが、込められてもいる。

以上のように、Aが指摘したところの「位置づける」「価値づける」や、Bが提起したところの「すてる」・「そだてる」という「教科書」観は、ともに「新しい学力観」が、今なお確かな広がりを見せるに至っていないとき、「教(学習)材」観の観点から、その原因を吟味し直すための骨太な指針となっている。私たちは、国語(科)教育の目標を、「学力」の観点から再認識するに際し、その道行きの具体に念いを潜めて、「教科書」のあるべき位置づけを、指導者集団の連帯の中で、急がなければならない。以上の論は、今日の「改革」の拠点をも、照らしだす。

3．読み方は、個性をどう伸張するか

まず、Aでは、花田哲幸氏が、「国語授業の成立」(復刊第3号　9月刊所収)【資料23】において、従来の読解中心の国語科教育が、「新教育」における「科学的」や「民主々義」を目標にした反省と試行錯誤の中で流れがちであった実態を指摘し、その伐り拓くべき道を、説く。

すなわち、「読方は雑文集である」との「わるくち」が指摘し始めていた「時勢」に迎合した「読方」への、いち早い反省がある。この論は、そ

の上に立って、「文学的文」の「読解」によってこそ、「心の力をそだてる」ことができることを踏まえ、加えて、国語科の独自性を抜きにしては世に言うところの「関連」も、空虚なものに成り下がる、との指摘を、鋭くしている。「素材そのものにこだはり、地理的教材とか、理科的教材とかと銘打っ」たり、地理や理科にしてしまえとの論も、すでに横行し始めていたのである。今日の「単元学習」ないしは「総合的な学習」への現実的な警鐘ともなっている。

　そこで、花田哲幸氏は、「読解」の「目的」と「方法」との峻別を求める立場を強調した上で、とゞのつまりは、提唱され始めていた「個性の尊重」の前提であることを、押さえる。さらに、「文学的教養」「心の力」にこそ資する道であることをも、説いている。と同時に、花田哲氏は、その追究が、「模式的な型を要求したり、型にはめこんだりする」ことを警戒する。「おたがひちがってゐるといふことは既に各自があるものを所有してゐるといふこと」である、と再度確認する。「個性」としての「文学的教養」が「全体の中にはいりこむ」ことの必要性を、説く。

　こゝには、「模式的な型」を今なお求めがちな実情に対して、「お互がちがった観方、考へ方、感じ方をするからこそ全体的には進歩」するという原則が、強調されている。「『読方教育』において文学的教養を身につけるためには」このような意味での「個性の伸張」こそが必要であるとの謂である。その上で、この論は、その方法として、唱えられ始めていた「問答」や「討議」法による「思想的」「表現的」「研究方法的」なことの必要性を肯定した上で、その「以前」あるいは「以後」において、従来の「講読」的取り扱いが必要であることをも、強調している。

　一方、Bでは、藤原与一博士が、「日常の生活言語をみがいてゆく国語教育」（第347号　8月刊　所収）【資料24】で、「理解力と表現力とは、まとめて、一つの表現力」との観点に立ち、なお「読解指導」について、次のように言及する。

　こゝで、藤原与一博士は、「根本の考へ方」として、「読みとりの深さ浅さ」を、「生活語としてたくはへてゐる国語の自力」によるとする。その

上で、国語教育は、その「一層たけ高い受取り方をすなほに展開して見せ」ること、そして、学習者が「立ってゐる地盤から、十分なっとくさせるやうにすること」と説く。こゝには、学習者を励まし、その到達点の一歩先をも示していく指導の原理が、滲み出ている。藤原与一博士は、指導者のこのような「心持」「心しらひ」を求め、その上で、「二つのことを比べ、その一つを取る」ことにより、「今の一歩を前進する」ことだとする。すなわち、「二者択一の先をたのしむ」ことだとする。「これの方が一層よいぞといふものを示しては導く」ことだとする。「読方」には、この精神が求められている。

　すなわち、「自力」としての「生活語の出来てゐる度合」を対象にして、「一層たけ高い受取り方をすなほに展開して見せ」る指導者の力量が、前提になっている。その上で、学習者の「それ相応の自力」が尊重されて、「読方の指導」が成立すると考えられている。その「自力」は、あくまでも「生活語」に拠点を置くもの、と考えられている。

　この観点は、「読方の指導」が、えてして、指導者からの一方的な解説と、それに応えての学習者のひたすらの受容をこととしてきた「読解指導」の根本を、厳しく反省するものである。そこには、学習者それぞれの学習到達点からの出発と、「力」の高低にかゝわらず、その「自力」を抜きにしては学習指導の糸口はありえないとの信念が、脈打っている。今日言うところの「個性の尊重」「自己学習力」への、素朴にして愛情深い指導精神が、説かれている。すなわち、「責任を持った強い判定と指導」とが、求められている。

4．「生活」指導即表現指導

　次に、Aでは、小島忠治氏の「生活体験より文章表現へ」（第351号　12月刊　所収）【資料25】に学ぶ。こゝでは、「綴り方教育の重要な指導面」を、「児童に書くこと、つまり綴り方の題材をもたせること」、すなわち「生活体験より文表現へ生活を培ふ」ことにありとする。その上で、「書くこ

とがない」に対処するため、「直感」「記憶」「内省」「表現」の具体的な過程を、提唱する。

こゝには、「書くことがない」のではなく、「驚異の目」が開けば「書くこと」は必ずある、という前提に立って、「児童の心をゆりうごかし」ていく過程が、鋭く浮き彫りにされている。今日、ニヒリズムに陥りがちな学習者に対しても、このような内面の価値を信じて、そこに揺さぶりをかけていくことが、同様に求められている。

その上で、児島忠治氏は、「初等科国語三」の「くものす」の学習より刺激されて作られた作品を全文紹介し、「書くこと」が、目の前の外界に対してだけではなく、「過去の知覚」に関わることを析出している。さらには、学習者を「低学年」と「中高学年」とに分けて、「記憶を正確たらしめ、想起をうながす方法として」、「生活経験」の「かへりみ」と「日記」または「忘備録」「覚え書」「取材帳」による具体的な方法にまで、言及している。

さらに、児島忠治氏は、「必要によっては個別的に話合（暗示的）（ママ）によって、題材の取捨選択・思想をまとめる」ことの指導を提唱し、また、「綴られた文について批評して想をねりなほさせ推敲・改作せしめ、再表現させる」指導の肝要をも、説いている。今日、作文指導の実際が、なお「過程」を軽視して「到達点」をのみ「添削」風に「指導」しがちであるのに対して、この「過程」での具体的な指導法の提唱には、学ぶべき点がある。

また、児島忠治氏は、「記述」の段階での「自己批評」「相互批評」をも射程に入れた指導が、学習者の「表現意欲の持続」を支えることをも、指摘している。この具体的な指導実践がどのようになされたのかは示されてはいないが、先の４年生の実作例からすると、このような「批評」に基づく推敲が、綿密になされていたことが、窺える。この論は、その結びにおいて、「前進の過程に即しての指導」の必要性を、強調する。併せて、この具体は、個性に即しても、今日なお、具体的な課題として、実践のあるべき構造を示唆している。

第Ⅰ章　「新教育」の受容

　また、Bでは、大西久一氏の「綴り方指導の要諦」(第351号　12月刊所収)【資料26】に学ぶ。
　こゝには、「綴り方の基盤は児童の生活である」との考え方が脈打っていて、当時の関心事を代表している。すなわち、「綴り方」指導の問題点を、「書くこと」との関連での「生活指導」、「うまく書く」こととの関連での「表現指導」との「表裏をなす」「二大部門」に、まずは峻別する。こゝには、「生活より表現へ」、「表現より生活へ」との現実に即した表現教育の原点が、明確に示されている。これは、今日すでに当然とされながらも、実践においては常に課題を残しつゞけている「表現」と「理解」との通底を前提とした「関連」ないしは「総合」観に通じる。
　一方、Bでは、今石光美氏が、「綴方指導の一観点」(第350号　11月刊所収)【資料27】で、「依然として困難がられ面倒がられ厄介視されて、半ば放任されてゐる現状」を指摘し、「児童本然の姿の反映である作品を吟味するところ、そこに指導の理論も方法も」ある、と説く。
　すなわち、「生活」という観点が強調されるあまりに、国語教育が「言語の教育」であることを等閑に付してしまってはいないか、という鋭い警告が、発せられている。今日なお、「ことばそのものゝ価値、機能」が、指導者集団の中で確認し合われているか、「作文指導」にかゝわらず、具体的な学習指導の場に即して、省みられねばならない。
　その上で、今石光美氏は、「国語の一分節としての綴方」の本来の姿への復活を提唱し、「読み方」同様に、「真実を表現すること」が「一つの規範」であるとする。こゝには、「真実」とは言い条、旧来の「生きた現実のことば」を「唯外面的に」求め始め出していた実態に対する警告が、いち早く吐露されている。さらに、今石光美氏は、「ことばの機能」の観点に立って「社会性」を強調し、「主観的個人的な体験を客観的普遍的なことばを以て、如何に誤りなく真実を写すか」と指摘し、さらに、次のように締め括る。
　すなわち、「綴り方指導の中心問題は心構へを養ふこと」つまり「生活指導」である、とする。しかし、それは、「教訓的教戒的」「表現形式の指

導のみ」であってはならず、「心につながる」という1点で、「生活指導即表現指導」でなければならない、としている。「綴り方指導」における「観察」からの出発が、「美辞麗句を並べる美文形式」の模倣への反省からのものであったとしても、「まず心をととのへる」指導が、こゝに言う「生活指導」に堕し始めていたのである。この指摘は、前述の児島忠治氏の言う「直感・記憶・内省・表現」なる「過程」の指導観と併せて吟味し直してみなければならない点である。私たちは、現在もなお形式に堕したまゝの指導目標止まりにとらわれ、「価値」による自己発見を疎外していないか。

おわりに

　以上、両誌が提起した4課題は、以下の意味で、当時「新教育」推進に誠実であった先学の、等しく苦慮するところであった。これらは、今日、「国語（科）教育」の問い直すべき重い「課題」をなお突きつけつゞけている、と言わねばならない。
　その1つは、「言語教育」観の問題である。
　「平易・明晰」にして「真実」なる「美しいことば」は、今日、ことばの機能に即して、どのように認識し合われているか。「学力」観と相俟って、「思考・認識・創造」にこそ関わる「価値」として、ことばが引き据えられているか。
　その2つは、「教（学習）材」開発自在の問題である。
　「教科書を」ではなく「教科書で」との指摘は、夙に声高である。それでいて、学習指導目標への迫真が、必然的に要求する自在の教（学習）材が、「で」を実現しているか。なおなお、教科書やその指導書頼りの実情ではないのか。
　その3つは、「理解」力指導の内容・方法の問題である。
　教（学習）材のジャンルそれぞれに従った諸論は、多い。中で、「個性の伸張」と相俟った国語科独自の「言語の教育」が、「ことばを通して」

の自己変革を、目指しているか。

　その4つは、「表現」力指導の内容・方法の問題である。「理解」と通底した真実の「表現」が、個性の伸張とともに社会性・批評性を帯び、自己学習力につながっているか。

　「新教育」出発における諸「課題」は、今日を鋭く照射する。

第2節　実践の動向

はじめに

　前節で指摘したように、敗戦の翌年、1946（昭和21）年1月、連合国最高司令官は、米国教育使節団の派遣を、同国陸軍省に要請した。ワシントン、ホノルル、グアムでの中間会談を経て、一行は、2月5、6両日に分かれて到着、同月一杯滞日し、『米国教育使節団報告書――連合国軍最高司令官に提出されたる――』（同年3月30日付）を提出した。【資料1】
　こゝには、「人種」や「国民」の次元で、「差異や独創や自発性」が、「画一」を排し、「作り出す力」を求める「民主主義の精神」が説かれ、「多種多様の文化」をこそ尊重する原理が、明確に示されている。戦後「新教育」の胎動は、この理念を素直に受け止めて出発する。
　承けて、同年5月15日、文部省は、『新教育指針』（第一部　前ぺン（ママ）第一分冊）を発行し、翌1947（昭和22）年2月にかけて、「第四分冊」までを発行した。この「第一分冊」「第三章　人間性・人格・個性の尊重」の「三、個性とは何を意味するか、個性の完成と社会のちつ（ママ）序とはどのような関係にあるか」も、この理念をさらに詳細に説いている。（本章第3節【資料3】参照）
　さらに、文部省は、同年3月、初めての『学習指導要領［試案］』を示し、中で、「第三章　教科過程（ママ）」の「一、教科課程はどうしてきめるか」において、まずは、「地域の社会生活の特性」を踏まえ、「教育課程」が「それぞれの学校」で吟味された「教育目標」に基づいて、「地域の児童青年の生活」に資するべきを、説いている。【資料2】
　かくして、「画一」を排すること、「地域の特性」を考えることを通して、「それぞれの学校」が、独自の「教科課程」を創造していくことが、切実に求められた。本節は、全国の各学校が、どのような具体的「カリキュラ

第Ⅰ章　「新教育」の受容

ム」を創造していったか、典型のいくつかを吟味してみたい。

1．各校の課題意識

　本節が対象とする『全国優良小学校に於ける　最新カリキュラムの実践』は、1949（昭和24）年7月、次の7校における「カリキュラム」創造の実際を、紹介したものである。【資料3】

　　A　兵庫師範女子部附属小学校　　B　兵庫師範男子部附属小学校
　　C　新潟県十日町立十日町小学校　D　東京都港区桜田小学校
　　E　長野県松本市田川小学校　　　F　新潟第二師範学校附属小学校
　　G　東京第二師範女子部附属小学校

　まず、これらの各小学校では、どのような課題意識のもとに、「カリキュラム」の具体的な構成に着手していったのか。それぞれの小学校の「序」等における提起について、考察する。

　Aでは、従来の教育への厳しい反省の上に立った新しい学力観が、「仕事の出来る人」という表現に集約されている。そこでは、「知識」は「実践生活に活用出来」て、初めて意義を持つという考えが、確認されている。今日の「新しい学力観」も、基本的には、この1点から発想し直して、さらには、思考や認識をも踏まえた独自性の「創造」が、上述の「出来る」に学ばれなければならない。A校は、こゝを原点にして、「カリキュラム」を創造する。

　Bでは、戦後「新教育」が、やがて外発的な力の影響と内発的な力の弱さによって、二者択一の陥穽に陥っていく兆しが、すでに予見されている。すなわち、「綜合」と「基礎」との関係、および社会や児童の「要求」と指導者自身の「経験」との関係である。換言するならば、後具体的に意識されていく「教科」と「経験」、「学習者主体」と「指導」、「基礎学力」の位置と「個性尊重」の実際などが、困難な問題を内包していることを、敏感に感じ取っている。

　Cでは、「新教育」の中心に据えられた「社会科」を軸にして、「カリキュ

ラム」全体の骨子が、確認されている。その上で、「技能」を習得する「態度」に焦点が合わされ、その意味で、「社会科」が「中核」とされ、従って、他教科はそれに対して「補助」の関係に位置づけられている。この認識は、広く山口県下の「新教育」実践においても、「中心学習」と「周域学習」といった「生活学習の組織」創りの基本をも、拘束していく認識であった。

　D　先に示されていた『学習指導要領　一般編［試案］』で、文部省は、この「試案」が、文字どおり「全くの試み」であり、「完全」を目指して「続々と意見を」と切望している。こゝでは、実践の場においても、「社会の動き」と「児童の発達」とをにらんで、「展開の実際」においては、「ダイナミック」にとの認識が、浸透していることがわかる。しかし、一般的には、各学校のダイナミックな創意工夫を生かす余裕はなく、「画一」傾向が衰退の要因になる。

　Eでは、「学習指導要領」を「基準」と捉え、その上に立って、とりわけ「地域の特性」「郷土の特性」が、強調されている。これは、「生活経験」を重視する学力観を、実践の場で突き詰めていったとき、必然的に浮き彫りにされる観点である。しかしながら、この観点を貫くためには、敗戦直後の「地域」や「郷土」において確認すべき「特性」は、「カリキュラム」構成のためには、そこからの出発に膨大なエネルギーを要求したのであった。

　Fでも、「新教育」の指針が、えてして「米国プラン」の模倣に走りがちな傾向が、すでに予見されている。その上に立って、こゝでは、とりわけ児童や社会の「実態」や「要求」の調査が、重視されている。学習指導の「課題」は、その上に立って初めて独自のものとして成立するとの謂である。多くの「プラン」がそうであったように、この意味から、「実態調査」に膨大なエネルギーが注がれ、独自の「カリキュラム」構成の努力がなされていったのである。

　Gでは、「児童の生活」を学習指導の場において「再構成」することこそが、「単元学習」による「カリキュラム」にとって必須であることを、

指摘している。すなわち、「論理的」であることだけでは、各学校における実際の「カリキュラム」構成には、十全に資するものではない、との認識である。それは、具体的には、分析的であることが、「学習活動」を分散ないしは分裂させるとの認識に立つ。「経験」の「融合」や「統一」が、こゝから求められていった。「新教育」は、「理論」の斬新な理念と「実践」上の諸問題との齟齬を、すでに自覚させていた。

各小学校は、このような独自の課題意識から、具体的な「カリキュラム」創りを目指していく。以下、その実際の営為に学び、今日の「改革」の指針としたい。

2．生活綜合と基礎学力

まず、第1の課題は、A・B・Fの各小学校の営為に見られる「実態調査」の位置づけに基づく「生活綜合」と「基礎学力」との観点である。この課題は、どのように取り組まれていくか。

A 「明石附小プラン　コア・カリキュラムの構成と実践」（兵庫師範女子部附属小学校）

まず第1には、先の「課題意識」を踏まえて、「実践的人間像の養成」を強調する。【資料4】

次に、「全体計画」については、その全体像を、「一般要求にこたえる学習」と「個人の要求にこたえる学習」とに分け、前者においては、「課題解決の学習」を中心にし、これを「中心学習」と名づけている。その組織は、次のような一覧表によって、示されている。

```
┌────── 一般要求にこたえる学習 ── 課題解決の学習 ──（中心学習）
├── 情操をねる分野
├── 技術をねる分野              民主社会に │ 理解
├── 健康をねる分野              参加する望 │ 態度 │ 生活学習
├────── 個人の要求にこたえる学習  ましい生活 │ 能力
└────── 自由研究
```

第2節　実践の動向

　この組織観に立って、同「プラン」は、「中心学習」では、問題解決を中心としかつ知識技能を修練する必要から、取り出して「基礎学習」の反復練習をも求め、その成果をまた「中心学習」に生かすべきである、としている。その内容は、上の一覧の中の3つの「分野」に相当する。

　次に、「具体的教育目標」を、「歴史的現実に立って凡ての問題を民主的に解決し、処理し得る実践的人間の形成」とし、中で、「地域の特殊性」を生かすためとして、こう実践していく。

　すなわち、まず、社会機能（消費・生産・通信運輸・保健・保全・統制・教育・厚生慰安・宗教及び芸術・交際）ごとの重要施設における問題点と、そこからの小学校への要望について、アンケートを実施する。その上で、各機能毎の代表からなる協議会を持ち、ＰＴＡにも意見を求め、さらには、児童がいかなる発達段階を有するかを、(a)　地理的意識　(b)　歴史的意識　(c)　学習能力　(d)　興味の中心　(e)　社会性の発達――に分けて、系列化している。

　その上で、実際の学習内容については、「中心学習」においては、つとめて「表現構成活動」を取り入れ、学習形態として、「プロジェクト法」によっている。すなわち、児童は、まず自己の解決すべき切実な問題を持つ。しかも、多彩な構成・表現活動により、自己の全力を傾倒する「ひきしまった活動」を保障しようとするものである。

　一方、「基礎学習」においては、「中心学習」の過程で、ある部分を取り出して練習する。その「領域」は、文学・音楽・美術・言語・数量等であるとする。

　以上、Ａ　「兵庫師範女子部附属小学校」のプランは、「生活綜合」と「基礎学力」の課題を、このような「中心学習」と「基礎学習」との位置づけの中で、解決していこうとしたのである。

　なお、さらに「実践形態」等の詳細については、紹介の紙数を持ち合わせない。同プランについては、終章第3節を参照されたい。

B 「生活カリキュラムの構成と実践——我が校の生活単元学習」(兵庫師範男子部附属小学校)

このプランでは、まず、「生活単元」における「単元」の意義を説く。

こゝには、社会科の研究領域が、「科学的或は自然地理学的」要素を多分に含むがゆえに、「生動する社会」の「力動的な把握」のためには、社会の発展を基礎づける科学が伴う、との認識がある。したがって、課題「生活綜合」と「基礎学力」の問題も、この認識のもとに確認される。

中で、「基礎学力」については、特に「練習」のための「回数多く」と「循環的に繰り返す」２点を強調した上で、「総合学習」「反復学習」「基礎学習」に亘って、具体的に説いている。

こゝには、「生活綜合」と「基礎学力」との関係における重い課題が、実践をとおして、ぎりぎりのところで追究されている。そこでの「中心」は、あくまでも「学力」観や「教育目標」で確認された「生活綜合」にこそある。しかし、「基礎学力」として「回数」と「循環」とを要求するその本質は、実際上の欠落を誘発する。そこで凝らされた工夫が、「系列」や「連絡」を確認した上での「別置」観である。この矛盾を克服することが、爾後、最大の課題として残る。

次に、「生活綜合」の前提としての「社会生活機能」の分類と「社会の実態調査」に関しても、実際上の矛盾を克服するために、厳しい反省が、具体的になされている。

こゝには、先の課題意識にも見られた「反動的行き過ぎ」や「教師の経験重視」の具体的必要性が、説かれている。「新教育」は、各学校の実践営為の中で、必然的に目の前にせざるを得ない壁を、このような工夫によって克服しようとしたのである。この「課題」は、今日においても、「活動」と「指導」との問題、「個性」と「集団」の問題などにも通底して、なお解決を求めるとともに、「学習計画(抄)」が、紹介されている。

F 「カリキュラム構成と実践」(新潟第二師範学校附属小学校)

本プランは、次の構成によって紹介されている。

1．カリキュラム構成に於ける生活課題調査

(1)　カリキュラムの問題
　(2)　生活課題の調査について
　(3)　生活課題と学習プラン決定に対する教師の態度
２．児童の研究
　(1)　学習能力　(a)　科学的能力について　(b)　カリキュラムの構成と音楽　(c)　興味・関心・時間的・空間的意識の調査
　(2)　社会と情緒性の面　(a)　社会性の発達　(b)　情緒の発達

　この体系の中で特に注目されるのは、１．(2)の「生活課題の調査」が、従来、その範囲が限られたものであること、また、整理のために教師の主観によりまとめられたものであることへの反省から、出発している点である。すなわち、「父兄」対象の調査の工夫である。

　このような提起の結果を踏まえて、同小学校には、「市内有識者、各層代表」からなる「教育目標設定委員会」が設定された。しかし、その「助言」に基づく「学習プラン」決定の討議は、「主役は教師」との前提を貫く態度に、終始している。

　一方、この「主役は教師」の理念は、つゞく「児童の研究」の前提にも、反映していた。

　その上で、具体的には、「身体」「学習能力」「社会性」「情緒性」の４項目、中でも、「学習能力」以下の項目については、詳細にして具体的な吟味が行われている。ちなみに、「学習能力」は、さらに、「知能」「技能（地理的能力・国語的能力・数量的能力・科学的能力・身体機能・音楽能力・図工的能力・家庭生活の能力）」「興味」「関心」「時間的意識」「空間的意識」に細分化されている。しかしながら、その結果は、「カリキュラムを再編成する際の目やす」として、児童が「もっとも近い過去において示した生活を基礎としている」ゆえに、「指導の段階をきめる目標設定の基礎づけをする」と、位置づけられている。

　以上、A・B・F３小学校における「カリキュラム」構成の営為には、新しい「学力」観を求め、「生活綜合」と「基礎学力」の観点から、さらにつきつめて、「社会」および「児童」の要求の精査のために、「実態調査」

が精力的に行われた実態を、具体的に示している。中で注目されるのは、踏まえての各学校独自の「カリキュラム」構成にとって、指導者の「経験」が、どのように主体的に「学習目標」の創造に働くかが、常に意識されていることである。

3．「中核」と「補助」

次に、「社会科は児童教育の中核」であり、したがって、「他教科は補助的」であるとする観点に焦点を合わした例、およびその根底に関わる「児童の生活の再構成」に注目した例をとおして、「新教育」における「カリキュラム」構成上の根本問題を、吟味してみたい。

C 「社会科カリキュラムの構成と実践」（新潟県十日町立十日町小学校）

本報告は、その「結び」で、「カリキュラム」構成の実情について、述懐する。

こゝには、条件の厳しさの中で、毎日「苦心研究実施」「加筆修正」を加えながら、「よりよき」「カリキュラム」を探究していこうとする熱意が、誠実に表明されている。すなわち、根本的には、理論的には求められている「綜合カリキュラム」と、「各教科」との間の実践上の齟齬が、浮き彫りにされている。「新教育」の理想と現実との一般的な問題点が、提示されている。

以下、列挙されている各学年に即した構成例を吟味する。

こゝには、「民主主義」の理念のもと、「社会活動を通じて、あらゆる関係を知る」ことの基本が、「自治」の側面から、具体的・体系的に追究されようとしている。それは、学校教育の内部に止まらず、「町政」にまで視野を広めていく。具体的には、「カリキュラム」の系統性にも配慮して、「自覚」「方法」「立案」「決定」「分担」「発行」といった段階的な構造が、仕組まれてもいる。「中核」としての「社会科」の普遍的な方向とその内容との典型が、窺える。

一方、この単元では、「社会」を具体的な「地域」の独自性において捉

えようとする。中で、「話し合い」を中心にした「経験の発表」を出発点として、「作成」「調査」などの活動をとおして、学習者自身が、課題を発見していくための系統的な工夫が、仕組まれている。具体的な活動内容は詳らかではないが、恐らくそこには、「他教科」を「補助的」と位置づける「カリキュラム」の理念が、「学習経験内容」の要素それぞれから、必然的に求められてきたに違いない。

　「社会科」を「中核」とする「カリキュラム」の典型は、このような構造を持つものであった。

G　「我が校の教育計画と実践」（東京第二師範女子部附属小学校）

　では、このような「カリキュラム」創りの根底にある「児童の生活の再構成」ないしは「経験の統一」に焦点を当てた「計画と実践」は、どのような内容を持っていたのか。同校は、その「研究のあしどり」の中で、その姿勢を説いている。

　こゝには、自ら「特殊化」と称する「カリキュラム」構成上の独自性がある。すなわち、先の「中核」と「補助」との関係において「社会科」を中にして各教科を考えるのではなく、まず「教科」の単元を構成した上で、「連関」ないしは「融合」を考える中から、所期の目標を達成していこうとするものである。この現実から出発した発想は、「社会科」主導を前提にした「カリキュラム」創りの一般的な傾向に、発想の転換を求めるものとして、特に注目される。

　以上、同校では、「単元」構成の基本をこのように提示した上で、「社会科指導計画」を、各学年に亘って、「作業単元」および「学習活動」の2項目に分けて、詳述している。たとえば、上記の「[社会]　単元　国際親善」に相当する単元例が示されている。

　しかし、こゝには、先の「連関」ないしは「融合」の関係や過程の具体は、説明されてはいない。他校の「カリキュラム」の計画やその実践とは異なった独自性が、そこにこそあったはずである。たとえば、「国際親善」という単元題目が、ついにはどのように具体的な学力を目指すのか、その「知識」や「技能」や「態度」に止まらず、「価値」における学習指導の

目標が、具体的に設定され、それと各「教科」の指導目標や指導過程が、どのように「連関」や「融合」を必然させているのかが、見えていなければならない。「中核」としての「社会科」と他「教科」との関係は、すでに積年の営為によって磨かれてもきている指導者の「経験」をも踏まえて、「教科」の視点から吟味されたはずであった。この発想に学びつゝ、具体的な「連関」や「融合」については、今日的な課題としても、実践・探究することが、求められる。

4.「地域」における「創意工夫」

次に注目すべきは、新しい「カリキュラム」の創造が、本質的に要求してくる「ダイナミズム」問題である。その1つは、「社会」ならびに「児童」そのものが、変化・発達しつゞけるという問題、もう1つは、「地域の特性」・「郷土の特性」をどう活かすかの問題である。次の2つの小学校の営為は、それぞれこの前者または後者の課題に取り組んだ典型として、注目される。

D 「桜田教育」（東京都港区桜田小学校）

この「プラン」における各単元は、「単元のねらいの大まかな所」としての「要旨」と、「大事なアクティビテー（ママ）」だけをとりあげ、「短い解説を加え」、さらに「小さい活動に組み立てている」とする「学習活動」につながる「内容となる経験」からなっている。

この単元には、「地域」としての「東京の生活」を、「田舎の友達」および「大昔の人々」と相対化して比較することによって、まず理解させようとしている。こゝには、第3学年としての「時空的間接経験」を通しての「理解」活動を念頭に置いた学習指導が、試みられている。と同時に、「手紙」・「パノラマ」・「劇化」との段階を追った「経験」を通して、先の「理解」を確かなものにしようとする工夫が、凝らされている。「経験」の高度化が、試みられている。

こゝでは、「郷土」の文明の歴史的「発展」が、身近な「衣・食・住」

に焦点を当てて、そこから「生活向上」を展望させようとしている。中で、こゝでも、「時空的間接経験」の成果が、「理解」の確認に止まらず、その「学力」の習得が、「パノラマ」作りや「劇化」や「人形劇」あるいは「紙芝居」による総合的な「表現」活動によって、深められようとしている。以下、同 4 学年においては、引きつゞき単元「宿場」や同「江戸の商工業」へと展開し、学年としての系統性にも、考慮が払われていることがわかる。

E 「教科課程と実践概要」(長野県松本市田川小学校)

この小学校での「カリキュラム」構成の前提に、「教育基礎調査」が、重視されている。

その上で、この「教育基礎調査の実践体系」が、1．目的　2．観点　3．生活調査実施項目の「2．観点」以下、「実践様相」や「指導方針」が、詳述されている。

「教科の指導を中核」とし、「生活経験全面の指導」を目指す当校は、「郷土の特性」に適した運営の前提として、「教育基礎調査」を徹底しようとする。そこでは、「教師各自の実際体験」の継続性が、まず求められ、その具体は、以上のような 2 側面から、整理されていた。

また、「昭和二十四年度学校経営方針」にも、「教職員の生活内容・基本教養の向上」の項目には、関わって、「研鑽」「能率」「記録」「深化発展」「修養機構」「環境的特性」の諸点が、具体的に指摘されている。これらは、学習指導が、指導者集団で真に成立していくための普遍的な柱として、注目される。

以下、《作業単元の内容的展開例》として、各学年単元毎に、「要旨」および「学習活動の要領」が、示されている。上記の〈四年〉に関係する例が、紹介されている。

さらに、「展開例　第六学年　［交易］」については、(1)　目的　(2)　価値効用についての詳述ののち、「(3)　環境への反応」として、「教師」と「児童」とのやりとりが、具体的に紹介されてもいる。

その結果、そこから「必要と要求」も、具体的に確認されている。

以下、児童の発想に即して、「家」から「松本」へ、さらに「日本」・

「世界」へと調査の範囲を広げていく。中で注目されるのは、1つには、教師の発問が、児童の思考や活動の方向や範囲を目標として設定した上で、「指導」の妙を発揮している点であり、2つには、「しらべる」の構造が、「話し合う」「考える」「表にする」「発見する」「図を描く」などの多彩な「理解」活動と「表現」活動とから、系統的になっている点である。これらの思考・認識活動の上に立った「創造」としての「作文」が、単元の締め括りとして設定されている点も、注目される。「郷土の特性」に即した運営の目的は、このような構造で目指されたのである。

おわりに

以上、7つの各小学校が、独自の課題意識に基づいて、探究していった「新教育」「カリキュラム」の構成の実際は、「生活綜合と基礎学力」「『中核』と『補助』」「『地域』における『創意工夫』」の3つの課題を、今日の「改革」にも、通底して与えている。

すなわち、まず、今日、新しい「学習指導要領」が提起している「総合的な学習の時間」との関係である。「学習指導要領」は、次のように提起している。

　1．総合的な学習の時間においては、各学校は、地域や学校、児童の実態等に応じて、横断的・総合的な学習や児童の興味・関心等に基づく学習など創意工夫を活かした教育活動を行うものとする。

その上で、当「要領」は、課題の発見・主体的判断・問題解決等の資質や能力や態度の育成を求めている。これらが喚起している諸要素は、まさしく戦後「新教育」営為の具体と、通底してはいないか。あるいは、先の「歴史的現実に立って凡ての問題を民主的に解決し、処理し得る実践的人間の形成」論と、同じなのか、それとも別なのか。今日求められている「生活実践力」とは、具体的にどのような「学力」観に立つものなのか。どのような学習指導目標を目指してのものなのか。そこでの「教師の経験重視」に見合う主体性は、確認されているのか。先学の営為の具体は、私たちに、

さらに具さな照合と吟味とを、厳しく求めている。

　同じく、この問題は、「総合」の名のもとに、「基礎学力」がとかく疎かになりはしないかとの危惧を、抱かせる。すでに、「活動あって学習なし」との揶揄も聞こえる中、「総合的な学習」と各「教科」との関係は、「反復練習」や「循環」の工夫において苦闘した先学の営為にどう学ぶかを、切実に求めるはずである。「総合的な学習」を具体的「カリキュラム」の中に位置づけたとき、それと各「教科」との関係は、かつての「中核」と「補助」の関係と同じなのか、違うとすれば、どこが違うのか。現在を吟味するための1つの大きな切り口が、こゝにある。

　さらに、新しい「指導要領」は、「児童の興味・関心に基づく課題」とともに、「地域や学校の特色に応じた課題」「学校の実態に応じた学習」をも、求めている。また、「学習活動」への「配慮」として、「地域の人々の協力も得つつ」や「地域の教材や学習環境」の積極的な活用をも、求めている。これらの観点も、「実態調査」や「郷土の特性」等の実践の具体に学ぶところが多いはずである。少なくとも、今日に見合うこれらの観点を、持ち得ているのかどうか。戦後「新教育」の営為が、外発的な力によって変質させられた歴史に、学びつゞけたい。

第Ⅰ章　「新教育」の受容

第3節　県下の営為

はじめに

　1946（昭和21）年（月日未詳）、山口県柳井市立平郡西小学校を視察した高樹昌三視学は、「視察」目標につゞく「新学習指導」において、基本的な理念を「指示」していた。（本章第1節【資料16】参照）
　そこには、戦後「新教育」が、戦前戦中の教育の歪みの本質を直視し、等閑に付されてきた個別性と、なお求めつゞけねばならない普遍性との止揚の必要性とが、真理を求める科学教育の振興を軸にして、説かれている。
　一方、私たちは、とりわけこの十余年に亘り、いわゆる「新しい学力観」に基づき、こう指摘されながらも、「新学習指導要領」の施行の後にも、半世紀以上にもなるあの「止揚」を、なおなお実現しているとは言えない。
【資料1】
　私たちは、今、「問題解決的な学習」や、さらには「総合的な学習」の実を求めて、確たるものを展望できているとはいえない。こゝに、前者を率直に省み、具体的には、足下の山口県下の先学たちが、敗戦後の困難な状況の中で「新教育」の探究に苦闘した内実に、学ばねばならない。

1．「新教育」思潮のうねり

　1946（昭和21）年5月15日以降翌年2月15日に亘り、文部省は、全国の訓導・教諭および師範学校生徒に、『新教育指針』全4分冊を配布した。「反省」（本章第1節【資料15】参照）は、「個性」に及ぶ。【資料2】
　こゝでは、1つには、「個性」の「完成」が、決して「団結をくずす」ものではなく、「社会の一員」としてその「役割をはたす」ことの意義が、説かれている。従って、「教育」においては、「おしつけ」や「同じかた」

を排することなしには、「社会が進歩」することはない、とする。その上で、加えて、「科学的な方法」の尊重が、説かれてもいる。

　このような思潮は、すでに1945（昭和20）年11月20日付け文部省総務室編『画一教育改革要項』【資料3】に始まり、同年12月1日に公表された「新日本教育建設ニ関スル意見」（いわゆる『茗渓会の改革プラン』・茗渓会内新日本教育研究調査会編）【資料4】さらには、翌年3月30日に提出された『米国教育使節団報告書』（第一次）（本章第1節【資料14】参照）、それぞれの立場から主張されていた。

　一方、このような思潮を「国語教育」に限って振り返ると、次のいち早い論考が発表された。

　その1つは、青木幹勇氏の「国語教室の新しい課題」【資料5】である。こゝでは、「課業」の「注入」を排し、「自主的・自発的」への「工夫」が、切実に求められている。

　また、森下巌氏の「国語教室の新生面——主として『読み方』について——」【資料6】は、「一斉授業」から「協同学習的」な方向を指向する。そのためのいわゆる「討論法」も、当時の現実を反映して、「文表現から」の「遊離」を警戒しつゝ、「好ましい一つの方法」と認めている。その上で、注目すべきは、「児童の駄問」は、指導がそこから出発すべきものとして、重視されている。「学級児童のすべて」の「参加」としての「一斉授業」が、目指されている。

　これらの先験的な論考は、また、教育学一般の立場からの、「個性の完成と社会連帯性の強化」【資料7】こそが教育の目的であるとの論などにも、通底している。先の「視学」による「指示」は、このような「新教育」思潮の大きなうねりの一環として、及んでいたのである。承けて、県下では、極めて困難な状況の中で、「新教育」におけるとりわけ国語教育のあり方について、実践と理論との統合の道が懸命に模索されていく。

2.「新教育」思潮の国語（科）教育における受容

　当時、山口県宇部市立神原中学校校長であった岩松文彌氏は、「新教育」についての鋭い思いを、述懐する。すなわち、いわゆる「出来」不「出来」の違いがあってこその「社会の縮図」が、学級であるとする。その上で、「相互依存の社会」こそが、求められるとしている。【資料8】
　これは、発足したばかりの新制中学校の管理上の責任者が、「新教育」の理念をこのように率直に受け止めていた、注目すべき事実を示している。このような「思潮」の下で、「新教育」の内容と方法との具体を求め、近隣各地で熱心に行われていた講習会・協議会の実態は、コンパクト報告され、受け止める側の関心の在り処をも含めて、当時の雰囲気を伝えている。
　たとえば、三輪稔夫の「国語入門期の指導」【資料9】は、「ことば」と「生活経験」の関係から説き、その「発展」の「基準」としての「教科書」を前提にして、「言語能力」による「グループ編成」を提唱している。その上で、「経験カリキュラム」になくてはならない「ワークブック」などの具体的な方法も、示されている。
　また、大岡昇平氏の「国語科経営の一端」【資料10】は、「目標の把握」のため、『学習指導要領［試案］　国語科編』の徹底した考究を、提唱している。その上で、とりわけ「実態調査」を重視し、さらに、教科書の「平面的・羅列的」実情を批判し、その「立体的・有機的解組（ママ）」をと主張している。これは、小学校における「新教育」下の「国語教育」が、具体的にどのような体系を備えるべきかについて、管理者としての大局的な立場から、その実態をよく踏まえている。
　また、これと同じ1949（昭和24）年11月10日に刊行予定であった『光プラン』の推進者皆元正造氏は、「新教育」での「国語教育」の実態について、その未成熟による問題点を、具体的に示している。【資料11】すなわち、「社会の要求」と「児童の興味」との関係についての疑問が、出発点である。その結果、「新しい国語教育」は、「読書力」と「読書心」の養成にあ

るとし、「各教科学習の基礎的条件」として、「国語教育」が、いわゆる「実力低下」に対処すべきを、説いている。さらに、具体的には、「実態」調査・「標準力」・「標準の評価」の必要性が、指摘されている。

　国語教育における「受容」は、このように苦闘の実態を見せていたのである。

3．国語（科）教育における単元学習の模索

　1947（昭和22）年12月20日『学習指導要領［試案］　国語科編』が刊行される前年の9月14日、その中間発表が通達された。それをも視野に入れて、「阿武郡国語同人会」の先学たちは、「国語科教育課程」の詳細な「構成と展開」の試案を記述していった。【資料12】中で、同会会長小河正介氏による「自序」は、「新教育」がまもなく反省期を迎えようとするとき、雪深い山村で真摯に取り組まれた「カリキュラムの地方計画」の立場を、よく表している。

　すなわち、それは、「学習指導要領」を基本にしつゝ、「地域性」・「実践国語教室の実態」を重視し、児童の「個人差に応ずる作業単元」を提唱している。その上で、具体的には、「新国語教科書」を基にしての「一プラン」として、「大方の批判」を求めている。

　ちなみに、本書は、次のような構成（目次）をなしている。
　〇　総説
　　　第一章　教科カリキュラムか経験カリキュラムか
　　　第二章　国語の教育課程
　　　第三章　国語教育の範囲
　　　第四章　国語教育の目標
　　　第五章　第一節　単元学習の意義
　　　　　　　第二節　単元の計画と構成
　　　第六章　言語作品
　　　第七章　国語教育の評価

第Ⅰ章　「新教育」の受容

　　第八章　国語の配当時間
　　第九章　国語科単元の一覧表
　また、本書は、第一章で、「アメリカに於ける教育思潮の変遷」を踏まえた上で、「教科カリキュラムか経験カリキュラムか」の観点に立って、基本的な立場を明記する。すなわち、両者の「統合」と「分析」は、「止揚」しないかぎり、「現状を無視したカリキュラムの構成」に堕してしまう、と警告している。
　このような立場に立って、本書は、「第六章　言語作品」において、「国語の教育課程をするのに」として、1．指導目標　2．単元又は話題（題材）の設定　学習内容　3．言語作品（資料）4．言語要素の各系統案の必要性を説いている。すなわち、「学習内容」と「学習形態」にも言及し、「教科書」の実態に鑑み、「逆に学習経験」をこそ「組織」すべきだ、と説いている。
　その上で、本書は、教科書一般の編集上の配慮・教科書採択の観点を列挙したのち、「新国語」（光村図書）が、1．単元構成であり、作業単元の媒介役となる。2．単元相互が緊密に関連し言語経験を豊かに与える。3．文字・語彙・語法が、科学的に究められている。――と判断しながら、なお、「地域の児童の興味意欲」・「子供達の話題」・「豊かな経験」に配慮した「作業単元として構成し得る資料として」の「題材」という視点で、具体的な単元構成を試みている。模索の具体例として、特に注目される。

4．「新教育」下の営為に学ぶ

　「新教育」時代に、国語単元学習の構築に心血を注がれた先学やときの学習者を、山口県下随所に訪ね巡った。そこで接することのできた述懐の数々は、どれもが、教育または学習における純粋な献身と没入の結果の豊かさであった。半世紀以上にも及ぶ時間の経過は、事を美化へと傾けがちであると言うが、それにしても、そこでの実践と理論との統合を求めて止まない情熱には、襟を正さざるを得なかった。自らの「統合」ぶりを、鋭く照

射したからである。

　第1には、『新教育指針』の理念が説くところの「個性の完成」と「社会の秩序」との関係である。私たちは、今、児童・生徒1人ひとりの「内発的な意欲や主体的な態度」による「自ら学ぶ意欲」をと、「新しい教育」を模索している。しかし、それは、「二十一世紀に主体的に生きる」ためとは言い条、こゝに言う「社会の秩序」についての確たる目標が曖昧なまゝで、他方をのみ喧伝しているきらいはないか。このことは、「価値の多様性」尊重とも両々相俟って「多様」であることそのことをのみ評価することに、すり替わってはいないか。また、先の岩崎文彌氏の述懐にあった「社会の縮図」としての「個性」同士の「相互依存の社会性」を、欠いていないか。

　第2には、同じく『新教育指針』や引き続き紹介した3編の卓論が揃って指摘した「一定」「おしつけ」「同じかた」等々への反省が、今日言うところの「児童生徒の側に立つ」に、驚くほど酷似している点である。半世紀余の教育は、何であったのか、少なくとも、「新しい学力観」を必要とする「旧い学力観」が、何故そのような状況を生み出していったのかを、糺す責務を放擲してはいないか。そこには、先学の「同じ」理念に基づく懸命の努力を「はいまわる単元学習」などと揶揄しつゝ、机上の論に惑う姿が、見えはしないか。

　第3には、先学の具体的な実践およびそれを支える理論が、児童・生徒のあるいはその「実態調査」に膨大なエネルギーを傾けている事実である。私たちは、すでにすでに、「新しい学力観」に基づく「基礎・基本」やその「評価」にまつわって、「学習や生活に主体的に生かせるようなもの」・「自己実現に生きてはたらく資質や能力」、と唱えている。そこでは、押し寄るもののなおなお重い状況の真っ只中で、必死に生きぬこうとしている児童・生徒の「生活経験・実態」が、どれだけ具体的に把握されているか、皆元正造氏が指摘していた「郷土社会との握手」の観点も、欠落していないか。

　第4には、あの「阿武郡国語同人会」の先学たちが、「何とかして」と、

第Ⅰ章　「新教育」の受容

「経験カリキュラム」と「教科カリキュラム」との「統合と分析」との「止揚」を求めて、「教科書から学習経験を」という独自の「国語教育課程」を構築していった事実である。教科書中心主義への反省が、ともすれば「ことばを通して生きぬく力」としての国語の学力とは無縁の「活動」に、児童・生徒を駆り立て、それをもって「活性」あるいは「生き生き」と称しがちな傾向への、警鐘を含んではいないか。言い古されて長い「教科書で」の意義を、学び直すことを求められている。

　おわりに

　「新しい学力観」が喧伝され、「個性」や「興味・関心・態度」、さらには、「単元学習」が、私たちの実践の場に、具体的な「変革」を求め始めて久しい。これらへの回答は、もはや小手先の技術や踏襲・模倣などの及ぶところではない。私たちは、他のどれとも違った自身の「教室」を、どのように見つめ直し、きゝ分け直せるか。状況、すなわち歴史としくみの中に、自らの国語（科）教育をどう見据えることができるか。具体的に、厳しく問われている。何が「新しい」のか、と。
　折しも、今日、中央教育審議会は、「新学習指導要領」を、異例の早さで「改訂」しようとしている。その答申によると、「初等中等教育における当面の教育課程及び指導の充実・改善方策について」、①　新学習指導要領や学力についての基本的な考え方　②　新指導要領のねらいの一層の実現を図るための具体的な課題――の２点が、まずは強調されている。中で、前者では、「生きる力」「確かな学力」「総合的な学習の時間」「個に応じた指導」「わかる授業」といった項目が、改めて説かれている。また、後者においては、(1)　指導要領の「基準性」の一層の明確化　(2)　教育課程を適切に実施するために必要な指導時間の確保　(3)　「総合的な学習の時間」の一層の充実　(4)　「個に応じた指導」の一層の充実――の４点が、指摘されている。
　これらの柱や諸項は、帰するところ、いずれも「学力」観の実践的再吟

味を、私たちの「国語科教育」の場にこそ、すでにすでに求めていたはずのものである。この外発的な改めての指摘に対して、私たちは、指導者集団としての内発的な確認をこそ、厳しく求められている。

　その今、とりわけ半世紀余前の敗戦後の混乱の真っ只中にあって、懸命に「新教育」を模索・探究しつゞけた先学の足跡にこそ、学ぶべきである。山口県下のその苦闘の諸事実も、多くは埋もれたまゝ、「新しい教育」に生きることを求めている。

第Ⅰ章　「新教育」の受容

第4節　「修正」への傾斜

はじめに

　一世を風靡した「新教育」思潮は、1950年前後になると、実践に即した批判的な吟味を呼ぶ。山口県光市三井(みい)小学校の先学たちも、苦闘のあとを省みながら、血路を拓こうとして、『生活教育の計画』を著す。【資料1】1949(昭和24)年以来の「教育課程の構成と展開」と題するカリキュラム研究に端を発して、周密な実態調査・能力表作成を経ての営為である。こゝでは、「生活課題解決の学習」を中心にしたカリキュラムの構成の実際が、厳しく反省されていく。「改訂　指導要領」が発刊され、それに基づく「新教科書」が出版されたのを受けた1952年度の実践に即してである。そこには、講和発効、独立国への第一歩の契機が、反動化をもたらすことへの危惧と、それだからこそ、「日本自立の教育の確立」(「序」)が、求められたのである。

　この営為は、山口県下の一小学校の実践例ではあるが、「新教育」の理念を、実践の場で何とか定着させようと情熱を傾けていた全国の先学たちの豊かな実践に、通底する。「新しい学力観」の名のもとに、「新しい時代のカリキュラム」を創造しようとする今、直視しなければならない。

1.「修正」への理念とその構造

本著の体系(目次)は、次のようである。
　　　　序
　一、生活教育の意義
　二、教育目標
　三、教育方針

四、研究計画
　　五、研究組織と運営
　　六、生活時程表……一週一日の生活
　　七、教育課程の修正
　　　1　性格
　　　2　単元修正と現代の問題点
　　　　A　生活拡充課程……生活学習
　　　　B　基礎学習課程……基礎学習
　　　　C　生活実践課程……特別活動
　同校は、「生活教育」の立場を、貫こうとしてきた。「教育は学習の生活化生活の学習化である」の謂である。そこには、この原理に立っての「教育の個性化」「教育の個別化」、すなわち「徹個の教育」が、確認されている。したがって、「一人々々の子供のもつ問題を学習指導の中心に」が、「今日の課題」だ、と説いている。
　その上で、同校は、「態度」の確立を確認して、「教育目標の再検討」に乗り出した。すなわち、3か月に亘る協議検討の末、ひとまずの「教育目標」への「基準」を定める。【資料2】
　「教育理念の確立」「法的根拠」「社会情勢の実態」「学校の実態」の4視点である。この根底には子どもたちの「精進」を認め、指導者が「より高い立場に立って」、そこへ「とびこんでいく」という「子供と共に」の思いが見据えられ、簡潔な一覧図にまとめられている。【資料3】
　この確認を踏まえて、同校は、その実現のための「教育方針」に、3つの骨子を据える。
　すなわち、「歴史性に立つ教育」「地域性に立つ教育」「具体性に立つ教育」の3点である。こゝには、時代の大きな転換期に際して、「基礎学力の低下」などを初めとする諸問題を抱えた児童の「実態」に即した「教育実際家」としての使命感が、溢れている。
　この営為の持続と集積とは、すでに次の「年次計画」へと、展望されていた。

第Ⅰ章　「新教育」の受容

◇　第一次研究　昭和二十四・五年度
　　主題　教育課程の構成と展開
　　　　1　生活教育の理論と教育課程の構成
　　　　2　教育課程の修正とその展開
◇　第二次研究　昭和二十六年度
　　主題　本校教育の反省と欠陥の是正
　　　　1　教育課程の再検討
　　　　2　学習指導の研究と環境の整備
◇　第三次研究　昭和二十七・八年度
　　主題　教育課程の修正と生活教育の実践的展開
　　　　1　教育課程の修正とその展開
　　　　2　学習の仕方の学習指導法の研究
◇　第四次研究　昭和二十九・三十年度
　　主題　生活教育に於ける評価と指導
　　　　1　評価の在り方とその方法
　　　　2　ガイダンスとしての学習並に生活の指導
◇　第五次研究　昭和三十一年度
　　主題　個に撤する生活教育の実践
　　　　1　教育に於ける個性化と個別化
　　　　2　教育に於ける診断と治療

　この経緯と展望の中で、同校は、本著「七」において、「第三次研究」の成果を、「生活拡充課程（生活学習）」「基礎学習課程（基礎学習）」「生活実践課程（特別活動）」に分け【資料4】、詳細に記述していく。「修正」への傾斜の具体例が、こゝにある。

２．「生活拡充課程」「修正」の実際とその問題点

　では、本著は、新たな「生活教育計画」の立案に際し、どのような困難に直面していったのか。まずは、「生活拡充課程（生活学習）」に即して、

その具体的な実践に学びたい。【資料５】

　こゝでは、まず「研究の経過」において、「生活拡充課程」が、「生活実践」と「基礎的知識技術」との統一を図るものであるとする。そのことによって、生活が「より高度に拡充発展される」のである、と確認している。すなわち、「多様な課題の中から問題を限定して研究」し、経験を踏まえた知識や技術が、児童の個性において統一されることを目指す、とする。その結果、「いつ如何なる経験を与え」るか、それをどのように「発展」させるのかを熟慮して、「学年課題」としての縦の発展をにらんだ視点、他の２つの課程との関連への配慮が、求められている。

　その上で、従来の「研究の歩み」が省みられ、「年間単元計画表の修正」が、なされている。そこには、(1) 本来の生活単元のみの選択 (2) 学年的発達の重視 (3) 問題の一貫性をもった経験の発展 (4) 他単元との関連にも配慮した、インフォメーション的性格の単元を配列することによる経験の整理、発展──の４点が、指摘されている。この「修正」の具体には、(1) 「生活」（経験）重視の意義の再確認 (2) ６年間を見通した「発達」の重視 (3) 指導目標の体系としての求心力の確認 (4) 基礎学力との統合への配慮──が、確認されている。こゝには、「新教育」の理念が、とかく緩みを強制されようとしていたこの時期に、基本を堅持しながらも、その陥り易い陥穽を見据えた「発展」への展望が、具体的に確認されている。

　以下、本著では、「生活学習単元一覧表」につゞいて、「単元の基底(例)」と「単元の展開計画（例)」が、詳細にしめされている。【資料６】【資料７】

　これに関連して、同校では、「今後の研究課題」として、学習形態や学習経過の研究と同時に、「日本の環境条件の中に深く根をはって行くようなデモンストレーション」が目指され、そのためには、「実践記録」の「一定の角度」からの「整理分析」の必要性が、確認されている。「深く根をは」ることがなかったことを踏まえての「修正」が、真摯に目指されている。また、一方では、と関連して、「生活学習に必要なドリル」の「計画的」実践もが、求められている。さらに、注目されるのは、「社会の不合

理や矛盾が露骨に表れ」ること、そのために「児童に心理的混乱をひきおこさせ」ること、「地域社会に於ける圧力団体との間の問題」についての「共同研究の必要性」も、確認している。理念を貫こうとするとき、実践の場で具体的に当面する諸問題が、直視されている。

その上で、本著は、「生活拡充課程（生活学習）」についての「現代に於ける問題点」を、次の8項目に亘って、提示している。【資料8】こゝには、単元学習の孕み持つ根本問題が、ある。

(1)　「問題解決学習」の「問題」の意味

こゝでは、「問題」が、児童の視点に立って、どのような性質でなければならないかが、指摘されている。「生活（経験）」に立脚した「問題解決」と言い条、この「問題」そのものの内容乃至は構造が、曖昧なまゝであった。「新教育」における「単元学習」が、やがて逼塞せざるを得なかった最大の原因は、この点での理念上の共通理解および各学校ないし学級、さらには地域にも密着しつゝ、国際情勢にも目配りをした設定が、確認されないまゝになっていたからでもある。今日の学習指導目標にも通じる大事な観点である。

(2)　「問題意識の質的転換」の方法

(1)を克服したとして、児童（学習者）の「問題意識」は、その「生活（経験）」を踏まえるという原則に即するかぎり、当然「目標」としての「解決」すべき「問題点」との落差は、否めない事実である。とりわけ混迷をきわめる社会情勢の中で、児童（学習者）を取り巻く環境そのものは、それに拍車をかけこそすれ、縮め難い状況であった。「単元学習」の根本理念が、とかく批判の対象になる原因の1つは、それゆえに、指導者の「問題意識」を予定調和的に絶対的なものとして、この「差」をたゞに粉飾することにあった。「基礎学力」における「ドリル」の徹底も、そこ止まりではなく、突き抜けて「質的転換」の契機を生み出す母体として、初めて意味を持つはずであった。

(3)　「基礎的知識技能」指導の契機と方法

「生活（経験）学習」の成果を追究する観点からすると、(2)との関連に

おいても、逆に「問題意識」の独り歩きの弊を呼び易い。「問題解決学習」が空中分解しないためには、その「問題意識」の立脚点や広がりを、それに関わる「知識」や「技能」の確認によって、常に点検しつゞけなければならない。いつ、どこで、どのような方法で、という切実な問題が、指摘されている。「経験主義」に基づく「単元学習」の克服しなければならない原点がある。

(4) 「ごっこ学習」「構成活動」を素地とする「発展系列」の探究

こゝには、「ごっこ」や「構成活動」が、えてして単なる遊びや工作に成り下がりがちな現実が、直視されている。その意味で、「素地」であると同時に、「系列」としての位置づけが求められている事実に、注目したい。

(5) 「生活学習」における「資料（学習材）」の重要性

「資料」を抜きにした「生活学習」は、成立しない。先の「質的転換」を保障するに足るそれらが、前提である。しかし、現実は、学習者の基礎学力の現段階では、教科書がまずその役割を果たすには至っていない。さらに、求められている「郷土資料」が、収集・提供されるにいたってはいない。今日言うところの「教（学習）材」開発の自在が、求められる。

(6) 「環境」の貧困さの克服

敗戦後、こゝに至って、なお「施設」設備の不備は、否めない。「経費」の過重も、厚い壁となっている。この教育「環境」の中で、学習指導は、どのように実践可能か。切実な問題点である。

(7) 「教師の世界観（イデオロギー）」対立

「イデオロギー教育」は、避けなければならない。それでいて、激動する情勢の中で、「国際理解」の指導をどのように実践するかは、「社会改造の実践人を作る」目標にとっては、焦眉の急であった。しかし、現実は、「教師の対立」をどう高次に統合できるかに、かゝっていた。この問題点が直視されている例は、県下では他には管見にまだ入らない。

(8) 「学習能率」の向上

「グループ学習」の指導や「視聴覚教材」の利用などが、試みられた。しかし、えてしてこれらが必然する学習形態の運用は、いわゆる「はいま

わる経験学習」の弊を生みがちであった。「問題解決学習」が求める調査・討議・協議・発表等を前提とした学習形態には、単元計画を見極めた上での「能率」もが、必須であった。

　以上が、「生活拡充課程（生活学習）」の場合である。

3．「基礎学習課程（基礎学習）」「修正」とその問題点

　一方、このような営為が、厳しい状況の中でなされていたとき、中央教育審議会が、第1回答申「義務教育に関する答申」を提出した。【資料9】
　そこでは、「新しい制度」が、「いまだに習熟を欠」き、「効果をあげるに至って」いない現実が、厳しく指摘されている。と同時に、「わが国の実情に適するものとは言いがたい」とも言う。すなわち、「慎重」との但し書きをつけた上ではあるが、「是正」の必要を説いている。
　上に示した三井小学校の営為は、一方では、このような国家の教育政策のもとに覆われ始めていたのである。私たちは、この両者の指向するところの差異にこそまずは注目して、私たちの為自身が、「民主主義の根本観念にもとらない」ものであり得ているのかを吟味しつ、「新しいカリキュラム」創造の方途を模索し合いたい。
　そこで、翻って、私たちが今そのもとで「改革」を目指そうとしてきた「新しい学力観」の根底となった第29回中央教育審議会答申「新しい時代に対応する教育の諸制度の改革について」は、その第1章で、5項目に亘る「背景」を分析して、「新しいカリキュラム」の構造を求めた。
　こゝには、先の「慎重を期し」た諸制度の改革が、まず言うところの「産業の成功」と、表裏一体となって進められてきた経緯を、「成功」と切り離して論じようとする姿勢がある。こゝでの「反省」も、このことと深く関わっている。私たちは、三井小学校が、厳しい反省のもとに推し進めようとした「生活拡充課程」を中心とした実践営為が直視していた理念に見合う確信を、この「背景」に見るか、それとも、「新教育」「修正」期におけるカリキュラムの創造とその実践とのギャップを、批判の対象とするだ

第4節　「修正」への傾斜

けではなく、中で、どのような苦闘がつゞけられたのかに学ぶか。私たちが状況の中で、見合う営為をなしているかをこそ、省みたい。

この状況の中で、同校が実践研究に努めたのが、「基礎学力の向上」を目指した２年越しの「基礎学習課程（基礎学習）」指導計画である。こゝでは、「個々の現場より合理的に、能率的に」を念頭に、「全教科単元一覧表（単元・題材・目標・学習内容）」試案が作成され、教科主任による「系統」や「学年差に応じた内容」の吟味が、行われた。さらには、「学年別年間教育計画表（単元（題材））と時間配当」が、また、加えて、「教科別単元指導系統表」もが作成されつゝ、並行して全体での協議を通した「修正」が、加えられていった。このようにして、各教科の「基底」となる「年間指導計画（単元（題材）時間・目標・予想される指導内容・評価基準・参考資料）」が、模索されていった。

その中で、同校では、「今後の研究課題」として、(1)「年間指導計画」の作成作業　(2)「研究授業」等による指導法の具体的研究と実践面の推進　(3)「学習の仕方を学習させる指導」の重視のもとでの「自学の手引」の研究　(4)　国語・算数のドリル・コースの具体的研究──を経て「現代の問題点」を、次のように指摘している。

(1)　学年差に応じた発展的指導法と、それに必要な「能力表」の修正
(2)　「生活拡充」「生活実践」両コースから発展する単元・題材の問題への切り込みと問題解決のための指導法
(3)　ドリルのための時と場とその計画立て
(4)　「国語」と「理科」との時間数の問題

このように、「基礎学習課程（基礎学習）」の内容や方法は、さらに「修正」が目指された。

なお、本校では、「三井教育修正プラン」としての「生活拡充課程（生活学習）」の基底的な部分を、「日常生活指導要素表」として設定する。これは、学年的発達段階の面からの検討修正を加えたもので、「しつけの系統」を明らかにし、教育的価値を内包した要素を、場と機会とを選んで、いかに再編成するかに、腐心がなされている。すべての学習の成果が、児

童の「実践行動」にどう結びつくかが、目指されたのである。
　その上で、具体的な重点は、「集会活動」と「クラブ活動」とに置かれる。こゝでは、「教育の究極の目的は個に出発して個に帰するである」との観点の確認に始まり、「個別補導」に、特段の工夫が払われている。さらに、「健康教育」の面にも、具体的な計画と配慮と払われている。
　この実践の中では、各「経営活動」の中で具体的に起こる多種多様な問題を、他の２つの「課程」と、どのような関連で解決していくかが、問われている。また、「個性の伸張」を本質とする「クラブ活動」で、「個別指導」をどのように実践するか、「科学的な調査」による「個別指導」が、求められてもいる。

4．「国語（科）教育」の課題

　さて、このように学んできて、課題をわが「国語（科）教育」に引き当てるとき、外発的に押し寄せる「『国語』が、危ない」に、どう対処できるのか、具体的に吟味しなければならない。
　⑴　「国語（科）教育」にとって、「学力」とは、何か。
　この「学力」は、「ことばを通して生きぬく力」である。それは、表面的な伝達にのみ関わる「記号」を駆使できる力にとゞまらず、思考や認識や、あの「問題解決」にもつながる創造力をこそ、目指すもののはずである。
　⑵　学習目標は、知識・技能の習得止まりではないか。
　「新しい」は、目標が今なおそれらの量や速さにおける習得にのみやっきになることを、強いてはこなかったか。コンピュータによる席巻の気配の中でも、なおそれらが価値を持ち力となるための目標がほしい。
　⑶　「言語の教育」となり、系統性が目指されているか。
　文学教材での学習が、道徳教育と、説明的文章教材での学習が、社会科や理科教育と、それぞれ峻別されているのか。「ことばを通して」がふっ飛んで、設定された単一の目標での量が、注入されてはいないか。

第4節　「修正」への傾斜

⑷　「学習者主体」の活動は、⑶と一体になっているか。

「関心・意欲・態度」を重視することが、児童・生徒の諸活動や動作化を盛んにした結果、何のための活動であったのかが、忘れられていないか。常に目指されている「言語の教育」に、活きなければならない。

⑸　「基礎・基本」は、「個性の伸張」に活きているか。

学習目標を、知識・技能の量や速さに置くがゆえに、到達度の低い児童・生徒に、その意味での安易な教材が、ドリルを中心にして強いられてはいないか。個性の多様さを分断してさえいないか。

⑹　学習（教）材の自在な開発が、独自の単元を目指しているか。

価値としての学習目標が定まっていれば、そこへ向けての活動には、「教科書を」は十分ではない。学習者の個性が「ことばを通しての力」をつけるにふさわしい学習（教）材は、無限に博捜され活かされるはずである。

⑺　他教科との接点を、大胆に活かし合っているか。

「学習者主体」に立てば、現下の教育課程は、教科科目による、さらには「国語」科内部での分割・分散の弊に病んでいないか。それぞれの独自性は、目標のもとに、もっと大胆に統合されるべきである。こゝにこそ、「問題解決的な学習」「総合的な学習」も、成る。

⑻　「国際理解」と自らの文化を理解することとが、人類としての言語文化創造への可能性を、目指しているか。たとえば、「やさしさ」や「自然保護」なることばの「表現」と「理解」との統合された「価値」は、「人類愛」や「生態系」が抱える「問題」を「解決」する力の獲得へと、つながっているか。とりわけ、「古典」学習指導における目標に、この視点を再確認しているか。

以上、現下の「国語（科）教育」の抱える課題を省みた。指導者集団によるこれらの実践の深化を抜きにしては、先学に学んでの「新しい時代のカリキュラム」は、拓かれまい。

第Ⅰ章　「新教育」の受容

おわりに

　1953（昭和28）年晩秋、山口県吉城郡小郡町立小郡小学校の末廣源吉校長は、時の問題点について、的確に言及している。【資料10】すなわち、「個性を生かす教育」は、「外面的な形式を問題にする」ではなく、「児童の内心」がいかに活動しているかが問われる、としている。外面的に指導者がその活動を控えていることが、「経験学習」では決してないことを、強調している。時間数の配分・教科書の選定・進度の統一止まりを超えて、指導者集団が「新しい時代のカリキュラム」を創出しようとするとき、なお、この「新教育」確立への念いは、本節で学んだ三井小学校著『生活教育の計画』における積年の「修正」営為とともに、上記の諸点を考えさせる。

第Ⅱ章 「教科」か「経験」か

第1節 『光プラン』の中の国語（科）教育

はじめに

　こゝに言う『光プラン』は、山口大学教育学部の前身・山口大学山口師範学校の附属光中小学校におけるカリキュラム計画の通称である。敗戦直後の1947（昭和22）年6月同校赴任の益井重夫主事の指導のもとに、研究と試行を出発させ（当時は、山口師範学校女子部附属中小学校）、1949（昭和24）年11月10日に、研究発表大会と同時に刊行発表された。すなわち、次の著作がその集大成であり、さらに、のち5次にわたって、改訂された。
　◎　『生活実践と実力養成のための　小中学校のカリキュラム』（山口大学山口師範学校　光附属小学校　光附属中学校　共著）
　この『光プラン』の「序言」では、益井重夫主事が、次の5点を指摘し、「決意」の「理由」を明らかにしている。
(1)　新教育本格的実践のための理論的要請
(2)　拠りどころとしての一定の計画の必要
(3)　経験カリキュラムと教科カリキュラムとの「綜合」追究
(4)　『指導要領』の重複・混乱・不統一の整理の必要
(5)　小中学校一貫基礎教育の追究
　このような問題意識は、すでに1946（昭和21）年文部省より提示された『新教育指針』【資料1】や石山脩平氏の論【資料2】に代表される新教育思潮すなわち「個性の完成と社会連帯性の強化」が、実践の場ではどのように受けとめられていたかの一例を、具体的に示している。それは、海後宗

第Ⅱ章 「教科」か「経験」か

臣氏の指摘・「伝統の方法様式」と「新来の方法様式」との「二面性」【資料3】を直視しての真摯な苦闘の表れであった。

また、このころには、「伝統的教科カリキュラム」「広領域教科カリキュラム」「経験カリキュラム」の3つに大別される教育課程実践の実情が、比較検討もされ始めていた。そこでは、この第3の理念に基づくいわゆる「コア・カリキュラム」の流行的模倣の軽挙が戒められ、条件・指導者・実験的研究・公開検討・一般化の構想等を前提とした「地域共同体を基礎とし、経験的立場をとり、しかも広い教科のワクをたてている教育課程に国語科として実践を推進して行」くことが、すでに提唱されていた。【資料4】

一方、この時代の「経験主義国語教育」を中心とした「国語（科）単元学習」については、「しまりのない遊びの指導」とか「はいまわる実践」とかの中傷は論外として、「例外的な存在」【資料5】として否定的に評価するむきもある反面、「総合的な学習形態の中で融合的・発展的に学習する」「児童の興味・関心を重視しながらも、活動にながされること」のない点【資料6】や、懸念を指摘しつ、も「学習者中心の発想」・「社会を生きる力としての学力」指向の点【資料7】から、今日「新しい学力観」の名のもとに求められる「個性」や「自己学習力」、その実現のための「単元学習」のあるべき姿を照らし出すものとして、評価がなされてもいる。

本節は、戦後前期の国語単元学習の生成と展開をあとづけ、自らの「主題単元学習」実践の深化に資することにより、今日求められている「国語単元学習」のあるべき方向を省みるための一里塚である。当時の山口県下では、『光プラン』をはじめとして、各地で独自の「単元学習」の理論の探求と実践の試行が、青年教師たちによって情熱的に営まれていた。その一典型としての『光プラン』単元学習における国語教育の位置を、まず見究めたい。

第1節　『光プラン』の中の国語（科）教育

1.『光プラン』の記述体系

さて、『光プラン』の記述体系（目次）は、こうである。
　第一部
　　　一、教育目標
　　　二、基本的活動分析表
　　　　○　個人の基本的活動能力分析表
　　　　○　社会生活における基本的活動分析表
　　　三、教育課程表
　　　四、生活科学習単元発展一覧表
　　　五、生活科学習単元年間計画表
　　　六、研究課程各教科年間計画表
　第二部
　　　一、本校教育の立場
　　　二、教育目標
　　　三、小中学校における理想的人間像の基本的分析
　　　四、教育課程
　　　五、カリキュラムの全体構造
　　　　○　生活課程
　　　　○　研究課程
　　　六、単元の設定と展開
　　　七、教科の時間配当、日課表、運営
　　　　○　本校の時間割りの構成とその運営について
　　　　○　日課表の編成とその運営について
　　　八、本校カリキュラムと五日制
　　　九、実態調査
　　　　○　地域社会の調査
　　　　○　児童生活の実態調査

第Ⅱ章 「教科」か「経験」か

　この体系は、まず「第一部」で、その完成と強化が求められる「個性」と「社会連帯」に即して、2つの「分析表」を提示し、ついで、さきの「序言」の(3)での指摘を、「生活課程」及び「研究課程」という独自の発想において、具体的に実現している。ついで第二部では、その実際的な立案のよってきたる理念を説くことに力を尽くしている。この体系の中で、とりわけ「第二部」の第三節「小中学校における理想的人間像の基本的分析」は、具体的「効用」を指摘しながらも、「経験カリキュラム」の可能性と「教科カリキュラム」への固執の現実を直視し、独自の発想の必要かつ有効であることを、力説している。【資料8】また、こゝに示された「分析表」こそが、「網羅」と「統一」との「有機的な関連」を持ち、「指針」をなすとされている。【資料9】

　さらに、その上で、同体系は、「五、カリキュラムの全体構造」において、「生活課程」の「児童生徒の日常の生活に即して社会的実践力の養成をはかる」目的を分析し、規範を示す。すなわち、その1つは、「児童生徒の生活場面」の「包擁」と「普通の生活活動」の「網羅」である。これこそが、「実態調査」を踏まえての「教育目標」「基本分析表」「教育課程表」のための基本理念とされている。また、その2つは、その「実態調査」は、「教師の経験や観察」と両々相俟って成るものだとしている。さらに、その3つは、「社会的要求」と「子供の要求」との「統合」のために、「個人の基本的活動能力分析表」の役割を、説いている。

　中で、『光プラン』が、実情に鑑み、とりわけ重視する「研究課程」については、先の方法を追究しつゝ、(1) 過去の文化財の習得と新たなる文化財の創造 (2) このために必要な基礎的知識の習得――の理念から、「経験主義」への批判に、細心の注意を払ってもいる。【資料10】

　そこで、当時のいわゆる「コア・カリキュラム」のあり方を反省しつつ、この「課程」の意義を説明している。すなわち、世に所謂「中心教科」と「周辺教科」とが区別される考えとは異なり、『光プラン』にいう「生活課程」と「研究課程」との「同等」「並列」「相補」の関係認識こそが、後者に「中心的位置」を置きつゝも、「カリキュラムの真の狙い」であると

する。【資料11】

　その上で、「生活課程」と区別した意味においての「研究課程」が果たすべき「任務」を、端的に「経験の組織化」と「原理の経験化」の相互活動の両次元に峻別しようとしている。すなわち、後者は、前者で捉えられた原理が、ただちに「生活課程」の中でではなく、特定の「教科」の中での「十分な練習」を求めるものであるとする。

　したがって、「研究課程」における「教科」は、「文部省所定の教科」にとらわれる必要を認めない。しかし、「現段階においては便宜上」たとえば「研究科国語」と呼んでいる。なぜならば、「生活課程」で取り扱われる内容や方法とは等しくないから、とする。

　ここには、「新教育思潮」が、言語能力や言語技術あるいは文学などの人間教養の面も、「具体的生活の場（経験の場）」において練られる【資料12】としながらも、現実には、「教科主義」「セパレート・コース」かさもなくば「チャンポン・プラン」「ごちゃごちゃ教育」かと揶揄し合われる中で、「研究科国語」に血路を見いだす意図があり、その「便宜」の有効性が、問われる。

　すなわち、教科よりも経験という「思潮」の中では、「経験を与えつつ、ねらいは国語の形式におく」という単元学習における国語（科）教育の位置づけがなされにくい実情を自覚して、その打開を求めたものである。生活経験カリキュラムの中で、このいわば「練習法」は、具体的にはどのように位置づけられているのか。

2．言語活動の位置づけ

　さて、このような理念に基づいて、『光プラン』は、その「基本的活動分析」【資料13】を、まずは、(1)　個人の基本的活動分析表　(2)　社会における基本的活動分析表——に分けている。たとえば、前者の1つ「知的活動能力」については、「表現する」を、「ことばによる表現」と「ことば以外の手段による表現」とに分け、「理解する」を、「読む」「聞く」「観察す

る」「考える」に分けている。言語活動が、「個人」と「社会」の両面から、統合的に捉えられようとしている。ちなみに、「ことばによる表現」では、「会話や討議」「言語発表」「文章表現（その１作文）」「文章表現（その２書き方）」の諸項目の他具体的な項目が、設定されている。

さらに、注目されるのは、中で、「問答（質問応答）」での、次の項目である。(1) 必要なことばをはつきりいう (2) 必要な時には誰にでも話しかける (3) 話しかけられたら、きつと返事をする（他人の問にていねいにはっきり答える）（ママ） (4) 要点をとらえて尋ねたり答えたりする (5) 正しい姿勢で相手をよく見て話す (6) 適当な態度やことばづかいをする。

一方、これに関連して、「社会生活における」場合にも、「交通運輸機関」や「通信報道手段」への関心を考慮に入れて、その具体的な指導の場や方法をも、「きき方」「しかた」の２面から、「ことばの力」へと絞り込んでいっている。言語活動の位置づけの構造が、こゝにある。

なお、「個人の基本的活動能力分析表」では、最下位項目ごとに、小中学校一貫教育の立場から、９年次の段階をもつけて、「指導重点の程度」の「高・中・低」を、符号化した一覧で示し、たとえば、先の「ことばによる表現」では、「必要なことばをはっきりいう」に、至っている。

以上概観したように、『光プラン』は、その「個人の具備する基礎的な活動能力が実際にはそのまゝ抽象された姿において現われることはなく常に何等かの生活場面において、直接的にか間接的にか社会的意義をもった、具体的な生活活動として現われる」（「第二部　三、小中学校における理想的人間像の基本的分析」）とする基本分析のもとに、地域社会及び児童生徒についての綿密な「実態調査」をも踏まえて、「基本的活動分析表」をまとめている。

こゝには活動（経験）を通して言語を学ぶという「新教育」の根本理念の大きな枠のなかで、その実際上の「組織化」をどのような体系のもとで行うかが、生活実態に即し徹底的に追究されている。それと同時に、この『光プラン』では、こゝで捉えられた原理が、「研究科国語」において、「十

分な練習」を求めていたことを忘れてはならない。独自の統合が、追究されている。このような言語活動の位置づけにとりわけ配慮した国語（科）教育の出発ぶりに、注目したい。

　『光プラン』におけるこのような「基本的活動分析」の体系化には、すでに指摘されている弱点【資料14】を自覚的に克服するための方途を求めた営為が、具体的に示されていたのである。

3．課題から単元計画へ

　次に、『光プラン』は、具体的にも、A　「教育課程表」　B　「生活科学習単元発展一覧表」　C　「生活科学習単元年間計画表」　D　「研究課程各教科年間計画表」を構築し、「分析」から編み出した「課題」をもとに、詳細な「計画」を展開する。

　ちなみに、この3つの整合性如何を、小学4年生に見る。【資料15】

　まず、A　「教育課程表」では、「シークェンス」の面から、「地域社会に於ける現在及過去の生活の理解と適応」を、「スコープ」の面からは、「交通運輸通信」に焦点を当てている。次に、B　「生活科学習単元発展一覧表」では、4月に「くらしの工夫」から出発した体系が、9月には「光市の交通通信」に絞られていく過程が、Aをも視野に入れて、示されている。また、それは、巨視的には、Cの「生活科学習単元年間計画表」に、「設定の根拠」「目標」「予想される学習活動」の各側面から、周密な体系が組まれている。その上で、Dの「研究課程各教科年間計画表」での「国語」に注目してみると、教科書教材1つ1つに、学習活動とその目標との多彩な峻別がなされている。『光プラン』の追究しようとした2つの課程の具体的なありようが、ある。【資料15】

　以上、『光プラン』を、その体系・中での言語活動の位置づけ・それに基づく課題の設定から単元計画の立案において、概観した。こゝには、『学習指導要領［試案］国語科編』を範としながら、研究と試行の成果を実践の場で具体的に活かす努力がなされている。

第Ⅱ章　「教科」か「経験」か

　中で、『光プラン』の独自性は、上のCにおける「生活科」とDにおける「研究課程国語科」の関係如何にある。この点について本書は、その第二部「五、カリキュラムの全体構造」でその理念を詳述している。これについて、当時の実践者もが参加して編纂された資料は、その精神を、「文化的価値そのものに対するあこがれと興味」すなわち「研究的な態度」の重要性を強調し、「組織化されていない経験」、「たんなる（ママ）活動」の犯しつゝあった実情を、戒めている。そこには、「生活課題の解決」を「目的」とした混乱が、見据えられている。【資料16】

　このようにして、『光プラン』は、「経験の組織化」を「研究課程」において目指しつつ、一方では、そこで獲得された「原理」を「生活課程」の中で「経験化」しようと力を尽くしたのである。上の２つの「年間計画表」を中心とした具体例は、このような理念のもとで編み出された「課題から単元計画」への実際であった。

４．『光プラン』の実践へ

　以上のような単元計画の具体化をもとにして、初年度の実践が出発したばかりの1950（昭和25）年６月13・14両日に亘って催された「――本校カリキュラムの実践と反省――研究発表会」（山口大学山口師範学校光附属小学校主催）で、皆元正造教官は、「新国語教育の方向と実践」と題して発表をしている。そこでは、所謂「学力低下」の切実な問題や、とかく不鮮明になりがちであった「国語学習の範囲と目標」の問題、それに「生活科と研究科」の理念のもとでの「国語学習」の実際が、追究されたものと思われる。その口頭発表の原稿の一部によると、皆元正造教官は、現実には、「綴り方」の時間が、学習者にとっては、どのようになり下がってしまいがちであるのかを、まず自戒している。その上で、「テーマ」や「話題」による「有機的な関連」こそが、単元学習の基本である点に、立ち戻ろうとしている。その焦点は、つまるところ「基本的なくりかえしの練習」に及んでいる。【資料17】

第1節　『光プラン』の中の国語（科）教育

　このような思いから、同校では、次の実践が展開されていた。第4学年における藤岡敏雄教官の「生活課程生活科単元」「光市の交通通信」の場合を、吟味してみたい。【資料18】
　こゝで注目されるのは、「指導計画」が、同単元下、9月から12月にかけて、じつに130時間に及んでいることである。そこでは、「夏休みの作品展」に始まり、「話しあい」「見学」「研究」「劇遊戯」「手紙」など、多彩な学習活動がそこに仕組まれ、「理解」の進化と同時に「技能」向上が、目指されている。その上で、その総合的な「評価」の具体には、「紙芝居」「人形芝居」等における「演出」が、体系的にも「基準」として確認されている。
　また、同日には、山部章教官が、「研究課程国語科単元」として、教科書教材「うさぎ」中心に、その「指導案」を発表している。その「目標」には、(1)　正しい読み　(2)　自由な話し合い　(3)　対話への慣れ　(4)　書写練習――の諸要素が、多彩に込められている。この「指導計画」は4時間に及び、「話し合い」を随所に工夫しながら、「劇化」に「聴写」を重ねる可能性をも指摘している。『光プラン』の柱の1つが、「国語」において明確に示されている。【資料19】
　また、翌年、先の皆元正造教官は、その実践を改めて展開している。「第三学年　研究課程国語科学習指導案」での「単元　作文」が、それである。こゝで注目されるのは、「表現指導」の前提として、「読取り」と「話し合い」とが、確認されている点である。また、「よく見る」ことによって、「個性的表現」の大切さが強調もされ、「児童作品」を補充教材として「自発的」な「鑑賞批評」や「作文」を誘う方法が、採られてもいる。その詳細は、前提とした「読解の徹底」を目標にした「本時案」に、見て取ることができる。【資料20】
　『光プラン』が、前述のような理念を実践の場でどのように具体的に展開していったかについては、学習者側ないしはそこに密着した記録が管見に入らない現在、隔靴掻痒の感を免れない。可能なのは、上に示した指導者側による「指導計画」ないしは「指導案」を介しての吟味である。

第Ⅱ章　「教科」か「経験」か

　まず、第4学年における「生活課程」の指導細案では、(1) 地域の実態に即した教材・学習の場の設定　(2) 発表と話し合いの活用　(3) 手紙・紙芝居・人形芝居等の総合活動を通じての学習──が、先の理念をよく反映している。

　さらに、総合と分化の相互作用の繰り返しに意義を求める『光プラン』は、第1学年における「研究課程」の指導案に、その一面を実現しようとしている。すなわち、ここでは、第1学年での学習に配慮もして、(1) 挿絵と文章との交流　(2) 発表と話し合いの活用　(3) 聴写・書写による基礎的能力の錬磨　(4) 劇化への展望──が、きめこまやかに計画されている。

　一方、第3学年における「研究課程」・「単元　作文」の指導案では、「表現」と「理解」との単元化による関連指導や教材開発、さらには、文集化などを通しての自己評価や、「能力別学習」による指導の個別化もが、試みられている。

　『光プラン』は、このような両「課程」の「綜合」を目指す営為の中、苦闘をつゞけていく。

　おわりに

　『光プラン』が発表されるに先立って、同附属小学校では、各教科（但し、国語科は、入っていない。）及び「自由研究」についての「学習指導実施計画」を発表している。同書の「はしがき」で、当時すでに『光プラン』へ向けての指導を出発させていた益井重夫主事は、「学習指導の細目」の必要性を説き、その「はしがき」で、次の9項目を挙げている。『学習指導要領［試案］一般編』が出、『学習指導要領［試案］国語科編』が発表された翌年のことである。

　こゝには、当面する「新教育」実践上の理念が、(1) 地域性　(2) 普遍的原理　(3) 児童の自発活動　(4) 単元学習　(5) 社会的観点　(6) 学問的体系の論理的構造　(7) 教師の指導の設計図　(8) 融通性　(9) 能力の

練習——に亘って、「指導計画作製並取扱上の我々の立場」を、鮮明にしている。すなわち、二律背反の矛盾から、えてして一方に偏りがちな時代の潮流を見据えての模索と探究の精神が溢れている。ここから、やがて『光プラン』が、営々と構築されていく。ちなみに、『光プラン』がその実践のそここ、において活かそうとしていた「劇遊戯」等のいわゆる「劇化」１つをとってみても、当時全国各地での実践の場では、次のような問題が議論の的になっていたのである。【資料21】上の９項目から展開された『光プラン』の実践・試行は、このような根本的問題解決への挑戦でもあった。

　すなわち、たとえば、先の「はしがき」の(3)と(4)との関係に典型的に窺える実践上のむずかしさは、右に言う「おとし穴」への危惧に通底する。それは、今日私たちが、「表現」と「理解」との関連・統合を目指したり、児童の「興味・関心・態度」を重視するのと、１つである。

　私たちは、今日、改めて「学習者主体」の国語教育をとりもどそうとしている。そのとき、『光プラン』が実践と試行の中で探求しつゞけたものは、尊い。敗戦直後の極めて厳しい状況の中で、先学が求めてやまなかったものの意義を率直にとらえ、押し寄せるものなお重い教室の中で活かすべく、さらに学びつゞけたい。

第Ⅱ章　「教科」か「経験」か

第2節　『桜山プラン』の構造

はじめに

こゝに言う『桜山プラン』は、山口県下関市立桜山小学校が、敗戦直後の1948（昭和23）年4月から、「新教育」の課題解決に踏み出し、年次を追って発表した次の諸成果の総称である。

A　『生活学習研究　桜山教育プラン』1949（昭和24）年11月5日刊
B　『生活学習の改善　桜山教育修正プラン』1950（昭和25）年12月5日刊
C　『単元展開の資料と手引』1951（昭和26）年11月3日付け序文以外発行日未詳

これは、『新教育指針』に始まる「新教育思潮」が、『学習指導要領［試案］』を通して、各地方の学校に浸透し、先学者たちの営為を求めていた時期である。やゝ正確に言えば、そのような営為の中から、実践に根をおろした批判や工夫が、すでに萌芽しつゝあった時期でもある。同じ山口県内でも、別の独自性に基づいて、『光プラン』等が実践と試行の中からすでに発表されようとしていた。中で、Aは、県下では最も早い例の1つであった。

Aの冒頭、当時の同校藤田博文校長は、「この書のはじめに」の一節で、「新教育」が一世を風靡する中で、「真実の教育」の求め難さとともに、そうだからこそ、「日々」の「実践」の「手がゝかり」と「階程」を求めて「絶えず成長発展する」という原則を、再確認している。【資料1】全校一体となっての謙虚にして真摯な実践研究出発の様子が、窺われる。

また、ひきつゞき示されている「本校教育の目標」は、次の4点を確認してもいる。すなわち、(1)　社会・国家・世界の要求　(2)　父母の要求　(3)　教師の教育的な信念　(4)　児童の欲求――である。こゝでは、これを

もとに、「性格を把握し、生活の更新と文化社会建設の実力を養う」という遠大にして切実な目標を、確認し合ってもいる。

　このような目標のもとに、試行錯誤を経ながらＢ・Ｃの改正ないしは修正への道を歩んだ『桜山プラン』の軌跡は、戦後国語単元学習史の貴重な一頁をなしている。そのあとを具に辿り、「新教育思潮」の洗礼を受けた山口県の一小学校が、その中核をなすべしとされたいわゆる「経験カリキュラム」について、どのような批判的試行錯誤を示さざるを得なかったかを、検証する。

1．記述体系

　『桜山プラン』Ａの記述体系は、次の通りである。
　　桜山プランが出来るまで
　　本校の生活単元学習
　　生活課題表
　　学習計画表　第一学年　第二学年　第三学年　第四学年　第五学年
　　生活単元学習実践記録（抜粋）（ママ）　第一学年　第二学年　第三学年　第四学年　第五学年
　　（加藤　1947（昭和22）年４月１日開校。『プラン』Ａ発表時は、第五学年まで。）

　中で、「桜山プランが出来るまで」の概要は、次の通りである。【資料２】すなわち、1948（昭和23）年度当初、「新教育」が、新しい教科・社会科を重点にして始まったこと、「討論と実践研究」とが、全国的な視野のもとに展開し始められたことが、まず顧みられている。さらには、社会科においても、早くも「教科の生活化」と「生活の組織化」とが、具体的に「教科カリキュラム」「生活カリキュラム」かの壁を、自覚させるに至っている。この原点から、同校の「実践技術」と「カリキュラムの改革」との統合による『桜山プラン』確立への営為が、始まった。

　さて、このような経緯の下に、『桜山プラン』Ａは、「生活教育の組織」

をまとめている。すなわち、問題点を「学習領域」の確認に求め、「生活カリキュラム」は、「生活経験を体系化する」ことにより、それが可能になる、としている。その上で、「生活行動」の「組織化」こそが、こゝに言う「学習領域」即「生活領域」の確認につながる、との整理をしている。この意味での「化」こそが、後、現実の中で、困難な状況を生むことになったのである。【資料3】

その上で、「生活学習の組織」を、a 「社会学習」 b 「自然学習」 c 「基礎技能学習」に分け、さらに、とりわけcについては、「理解」を主とした「用具の学習」としての「言語」と「数量形」の「形式練習」の必要性を、特記している。また、「表現の学習」として、「情操の学習」と「技術の学習」とを挙げて、従来の教科科目との対比の一覧をも、示している。【資料4】さらに、加えては、「自由研究」としても、「一般的な学習に対して個人の要求にこたえ内在する個性を充分に伸ばしまたは一般的学習に於ける個人的欠陥を補う」との説明をも、示している。

こゝでは、生活を社会・自然・技術に適応する活動と規定し、この3つは総合的に生活に影響するゆえに、それらの融合過程の中に生活問題をとらえ、生活を構成させるのが理想だとしている。すなわち、これが、言うところの「中心学習」であり、「周域学習」と峻別されているのである。「周域学習」として大別された3つの基礎的技能の学習は、相寄って中心学習を助け、助けられもする。また、(1) 中心学習に直結しその中で解決されるもの (2) 中心学習と関連づけられはしないが、推進はしていくもの——の別はあるものの、これらは、できるだけ中心学習に吸収・融合されるべきだとし、峻別したのは、文部省教科書を活用し、機能別に大別したにすぎないとする。中で、「国語」に関わっては、「言語と美的情操訓練の文学」を合わせて「国語」とし、同時に、その「文学」は、「音楽・美術と融合して」生活学習の本来の姿としての「情操学習」となるとしている。すなわち、従来の「国語」は、「周域学習」——「基礎技能の学習」の系列の中で、「用具の学習」と「表現の学習」とにまたがって位置づけられている。

このような考え方の根底には、「生活カリキュラム」が最も重視する児童の「日常経験」についての次のような試行錯誤がある。すなわち、「日常経験」は、「中心学習」における「トピック的な行事、季節的な躾、道徳的な躾等のガイダンス面」として取り上げたが、「やゝもすれば生活カリキュラムの混乱を来すおそれ」ありとして、特に研究中であるとしている。ここには、「生活カリキュラム」がよって立つべき「日常経験」が、矮小化されたきらいがありはしないか。

その上で、『桜山プラン』Ａは、「学習の時間」なる項で、「中心学習」と「周域学習」との関係を、改めて説明し分けている。すなわち、前者では、「児童の生活の社会問題を解決する」ことを、「社会と自然との綜合」でまず構成し、「課題解決の単元学習法」が、目指されている。そのためには、「社会と児童の生活の実態」を調査把握することが、その「意欲」の「誘発」には必要であるともしている。また、後者では、前者からの「派生」ないしは「先行」として位置づけられ、「基礎的な知識・技能・態度」の「反復練習」に十分な時間が、考慮されている。この両者における「生活実態」と「基礎的な知識」との統合こそが、この後の重い問題となっていく。【資料５】

このような体系のもとに、「生活カリキュラム」が実践に移されるためには、(1)　調査に基づく　(2)　スコープと　(3)　シーケンスとの設定が、求められた。【資料６】

『桜山プラン』Ａは、以上のような理念と体系との下で、実践に付されたのである。その中で、すでに次のような問題点が、自覚されていた。すなわち、「生活の単元の排列即生活学習のコース」といった理念は、「人間形成」へと直結されてはいるが、他方では、「周域学習」における「教科書」の拘束という現実に当面して、なおかつ、「中心学習」から「周域学習」へとの理念が、再確認されてもいたのである。【資料７】

このような理念に基づいて、『桜山プラン』は、「生活課題表」「学習計画表」「生活単元学習実践記録」を詳細に記述している。中で、(A)　「学習計画表」と(B)　「生活単元学習実践記録」のうち、第３学年の見合う「表」

第Ⅱ章　「教科」か「経験」か

では、上記の「綜合」の実際を、多彩にして詳細な形で、具体的に紹介している。「中心学習」としての「教育目標」を見据えながら、細心の注意を払って、「反復練習」の実際が、体系的に示されている。【資料8】

以上が、『桜山プラン』Ａの構造とその内容の骨子である。

2．「国語（科）教育」の位置

では、『桜山プラン』Ａのこのような構造において、「国語（科）教育」は、どのような位置を保証されていたのか、いなかったのか。その実態を、(1)「生活学習の組織」(2)「学習計画表」(3)「生活単元学習実践記録」──の内容において、吟味してみたい。

まずは、「生活学習の組織」における「国語教育」の位置について、吟味する。

大きくは、「中心学習」に対応する「周域学習」、すなわち「基礎技能の学習」に位置づけられて、それは、さらに、生活構成に必要な知識技能を習得するための「用具の学習」（「言語」）と人間形成のための情操的修練をはかるための「表現の学習」のうちの「情操の学習」（「文学」）とに、細分化されている。つまり、この「言語」と「文学」とを合わせて「国語」としている。その上で、注目すべきは、これらをできるだけ「中心学習」に吸収・融合すべしとする点である。

ここには、戦前からすでに考えられてはいた「国語教育」と「生活」との関係に意図的に有機的な関係を持たせて、「国語教育」の場を「新教育」の理念にふさわしく変革しようとする考えの具体的な吟味とその体系化がある。そして、ここでの「国語教育」の位置を基本的に特徴づけているのは、「周域学習」としての「国語」の、「中心学習」への「吸収・融合」の理念である。

ちなみに、『桜山プラン』Ａ構築に際してその指導的立場にあった小島忠治氏は、新教科書を手にした段階で、つとに「国語教育」の進むべき方向をこう主張している。すなわち、「国語教育」は、児童の生活を中心に

して、指導者が、⑴　そこにとびこむ　⑵　そこから引き出す　⑶　そこでひろげる——力を求めるとする。【資料９】『桜山プラン』Aにおける「吸収・融合」は、このような関係において初めて成立するはずのものであった。

　しかしながら、全国各地の先進的な学校ですでに試みられた「国語(科)単元学習」の実際は、児童・生徒の意欲・関心・態度における顕著な「効果」が報告されている反面、反省されていた。

　たとえば、新潟第一師範学校男子部附属小学校での実践例を踏まえた「実際」では、「中核としての学習」の重視が、相対的に「他の学習がおろそかに」なる傾向を生んでいた。つまり、「基礎的な能力の指導」などの「計画」のさらなる「精密化」が求められていた。また、「行動的な学習」が、好ましくない「態度」を惹起し、「活発な意見」発表が、反面「理屈」に偏していくことも、指摘されている。さらには、「生活」や「経験」を重視することからくる「道程」の意義が、「結果」を求める児童には、理解されにくい現実もが、指摘されている。その結果、いわゆる「能力」の「優劣」格差が、ますます広がることへの懸念もが、示されている。【資料10】

　これらの諸「反省」点は、先の「効果」と矛盾する面を見せながら、さらに「児童生活全般」及び「計画の精密」化に一層の力点を置いた実践が、目指されている。『桜山プラン』Aにおける先の「吸収・融合」の理念も、また実践上では、このような困難に直面したものと想像される。

　また、このような実践上の「矛盾」については、大局的な論評が、すでになされていた。【資料11】

　すなわち、こゝでは、現実には、「国語指導」が、⑴「コア・カリキュラムの立場に立って」「基礎的（道具的）訓練」　⑵「教科カリキュラムの立場に立って」「並列する一教科」とする２つの考えに、とかく分離しがちであったことを、反映している。その上で、この論は、「言語」が「なまの形」と「系統」ないしは「標準」との峻別と、同時に、「中心」と「周辺」との関係をどのように認識すべきかの論点が、明快に示されている。すなわち、「求心力」と「遠心力」の関係である。この２つの「力

第Ⅱ章 「教科」か「経験」か

学的関係」が、求められている。

　すなわち、『桜山プラン』Ａ言うところの「吸収・融合」と、ここに言う「求心力と遠心力とが同時に」との間の微妙な差異の中、『桜山プラン』Ａが孕み持つ問題が、潜んでいたのである。

　次に、『桜山プラン』Ａの「学習計画表」「周域学習」での「国語」に関する項がある。【資料12】こゝには、第３学年におけるシークェンス（生活領域＝私達と自然、興味の中心＝自然環境と人間生活、社会性の発生＝社会生活がやゝ著しくなる、歴史的意識の発達＝英雄偉人の話〜宇宙の生成動植物の発生〜身辺自然の事象の由来、学習能力＝情緒的行動的性質が尚著しく自己中心的傾向が離れはじめる）とスコープ（通信運輸＝手紙はどうしてとどくのだろう　等）に基づく単元・「ゆうびん」から析出された「課題」・「手紙はどう書いたらよいか」等、その下での「中心学習」「ゆうびんやさんはどんなに苦労して働いていられるか」等にたいする「周域学習」として設定された項目である。先の「吸収・融合」的観点と「求心力・遠心力」の実態との関係は、どうか。

　国語（科）教育の視点から見ると、上記のａの「直結――用具教科」に最も配慮がなされているのがわかる。そこでは、たとえば、教科書教材「感謝の心持」を洞察し、「中心学習」で示した「苦労」と対応させたり、同じく教科書教材での「旅」と「手紙」の関係を意識させるなど、工夫がなされている。さらに、注目されるのは、単元のしめくゝりには、電話を使っての「はなし言葉の学習」が、ｄ　「基礎――表現教科」における「電話つくり」とも緊密な連携をとって、活かされていることである。総合と分化との典型的な構造は、現代の「新しい学力観」にも通底する。

　一方、同じくｃ　「基礎――用具教科」では、前学年度の復習をも配慮しつゝ、教科書教材を中心に、句読点や語句といった技能的な側面での訓練学習が、算数の学習ともバランスをとり、丁寧に指導されている。さらに、ｄ　「基礎――表現教科」の音楽との連携ぶりも注目される。

　次に「生活単元学習実践記録」での「国語（科）教育」の位置について、吟味する。

この記録には、「単元設定の立場」等の項目があって、「児童」および「社会」の視点を踏まえた上で、「展開のあらまし」が示されている。【資料13】中で、「国語」との関連が示されているのは、次の記述である。(1)　空のうた（国）「おちば」「かきの秋」読みと詩情把握　(2)　空のうた（国）「海」「空のうた」読みと詩情把握　私たちもならって詩を作ろう　(3)　「空のうた（国）既習した詩を暗唱しよう　(4)　小さなねじ（国）擬人的な表現になれさせる　新字の練習　文の内容を理解させると共にこのようなものを作らせる　(5)　私たちのために働く人々にどのように協力したらよいか　警察の人、郵便屋さん、電車の運転手、車掌、炭坑の人々（国）　(6)　ありがとう　規りつ（ママ）を守った喜び、よいことをした喜びを読み通して味わせる　(7)　石炭　石炭はどのようにして出て来るか、それにたずさわる人の仕事について話合いをする　(8)　ありがとう　読むことにより公共道徳のしつけの徹底をはかる　(9)　たこ（国）作文としての内容の要点をとらえ、たこの作り方をよみとる。

　以上が、第3学年4月当初の「生活単元学習実践記録」における各項目の例である。このような体系の下に展開された「生活単元学習実践」のなかで、「周域学習」・「用具の学習」と位置づけられた「国語」は、その理念の下に、「吸収・融合」・「求心力と遠心力とが同時に」という苦闘の中では、それのみの単元的体系を把握することが困難である。

3．「改善」と「修正」と

　このような『桜山プラン』Aを受けて、翌年上梓された『桜山プラン』Bは、『生活学習の改善　桜山教育修正プラン』と銘打たれている。その「改善」「修正」ぶりの中に、どのような問題点が浮き彫りにされていったか。その構造と内容とを吟味し、「生活単元学習」における諸問題のありどころをまずは考察してみたい。『桜山プラン』Aは、どのような壁にぶつかっていたのか。

　『桜山プラン』Bの記述体系は、次の通りである。

第Ⅱ章　「教科」か「経験」か

　　"生活学習の改善"の発表に臨んで
　　推薦の辞
　　桜山校の生活学習に望む
　　　第一章　本校教育の立場
　　　　第一節　生活学習をどんなに研究して来たか
　　　　第二節　本年度修正の根本的態度
　　　第二章　本校教育課程の構成
　　　　第一節　教育目標の設定
　　　　第二節　基盤方式
　　　　第三節　学習の全体構造
　　　　第四節　生活単元の設定
　　　　第五節　運営
　　　　　別表　目標・課題表・単元一覧表
　　　第三章　本校教育課程の展開
　　　　第一節　学習計画案（別冊）（ママ）
　　　　第二節　学習展開案
　　　　第三節　律動課程基準表
　　　第四章　本校経験要素表

　中で、注目すべきは、第一章の２つの節にまとめられた「反省」と「態度」とである。【資料14】

　前者では、各地で実践されていた「新教育」が共通して抱えていた問題が、提起されている。すなわち、現象的には、言うところの「生活単元」が、子供たちにとっての「自発的な学習活動」では必ずしもありえず、「教師の意図」に基づく「内容」や「スコープ」に左右されがちであったのである。それは、とりもなおさず、児童の「経験」と「行動」に鑑み「教育の目標」を確立することであるとする。また、後者では、「行動の目標」となる「経験」をこそ、とりあげるべきであることと児童の「生活力」の「価値的」拡充発展の２つの観点から、「カリキュラムの構造」を考えるべき「根本的態度」が、確認されている。教育における「根本的態度」は、

こう問い詰められて、再出発が図られたのである。

　その上で、この反省に基づく展望は、「児童の行動」との結びつけることに焦点が合わされ、かつ「児童の要求」即「社会の要求」という「関連」を、再確認し【資料15】、具体的には、「児童のもの」との観点から、「教養娯楽の向上」における例が、示されている。【資料16】こゝでは、「健全な娯楽施設」のない環境の中で、「Ｐ・Ｔ・Ａの民主化」とともに、「学校の開放」が求められながらも、現状での児童への一方的な要求に終始してしまっている。『桜山プラン』に限らず、「教育」営為の限界の１つは、このような「課題」や「目標」の内容にもよっていた。

　このような「目標」観に基づき、『桜山プラン』Ｂは、「基盤方式」の考え方を示す。【資料17】こゝでは、「生活学習」は、「経験」を通して、「能力」のみではなく「態度」をも一体として考えねばならないとする理念が、「主体的な行為の方式」として確認されている。すなわち、「方式」が明らかにされ、どんな「経験」が取り上げられるべきかが見通されるべきだとする。その上で、「カリキュラムの構造」について、「日常経験」の秩序づけ、「日常的なもの」の克服、「技能的」な練習習得、「うるおい」の４点で、未体系化と概念止まりとが、省みられている。

　その上で、「学習全体構造」が、(1)「単元学習（推進課程）（ママ）」(2)「生活律動課程」(3)「生活技能課程」(4)「生活滲透課程」──の４課程で、説明されていく。

　すなわち、(1)では、「現実の社会生活」が、(2)では、「児童の日常的な生活のリズム」が、(3)では、(1)および(2)での「経験に関連」した「基礎」が、(4)では、「全体的調和的」「発展」が、それぞれ指向し分けられている。こゝには、「単なる日常生活に順応」させず（推進課程）、「組織化」「秩序づけ」をし（生活律動課程）、「経験を成立させる要素」を重視し（生活技能課程）、「生活の淳化」を具体的に目指す（生活滲透課程）ことによって、「反省」点の構造的な超克が、懸命に目指されている。この「学習全体構造」は、具体的生活経験として「教育目標」「基盤方式」と「児童生活現実」を踏まえてのカリキュラムを紡ぎ出していくとする。さらに、そこでの「運営」

上の方針は、「週教育計画」「学習指導記録」「経験要素表」を紡ぎ出す。

この提起によると、かつての『桜山プラン』Aには、「経験」の取り上げ方・「個々の児童」に即した「毎日の学習の実際」・指導の「基準」に、厳しい反省が加えられている。中で、「国語教育」は、その位置をどのように占めていったのか。以下、『桜山プラン』Bに、それを吟味したい。

4.「国語(科)教育」の実際

『桜山プラン』Bは、上のような反省に立って、「本校教育目標」「本校の学年目標」「課題表」「単元一覧表」を「別表」として掲げた上で、前記第三章での「本校教育課程の展開」「律動課程基準表」を経て、同じく第四章での「本校経験要素表」へと、周密な提起がなされている。ここでは、第3学年の「本校経験要素表」を中心に「国語(科)教育」の実際を吟味したい。

まず、「本校の学年目標」において、第3学年の場合は、「本校教育目標」を受け、次のようである。(加藤抄出。)

スコープ	①健康の増進	②知能の陶冶	③道義心の涵養	④美の創造	⑤社会施設の改善
基盤方式	自覚	合理創造	真実	審美	健全
三　年	身体を丈夫にする	色々工夫する	きまりを守る	みだしなみを良くする	学校のまわりをきれいにする

次に、「課題表」は、この「スコープ」に即して、第3学年の場合を、こう示している。

① 　〇　大昔の人はどのようにして食物や着物を求めてきたか
　　〇　家はどのようにしてつくられるか。
② 　〇　生きものはどうして冬をすごすか。
③・④　(注　原文空白。)
⑤ 　〇　下関にはどんな建物や公共施設があるか。

さらに、「単元一覧表」は、同じく第3学年の場合を、こう示している。
〈四・五月〉郵便　〈六・七・八月〉日和山浄水池
〈九・十月〉役に立ついきもの　〈十一・十二月〉冬じたく
〈一・二・三月〉私たちの下関

さて、その上に立っての「学習展開案」は、先の「律動課程」・「推進課程」・「技能課程」・「滲透課程」に加えて、「健康課程」に至る5項目を縦軸として、細案を提示している。中で、11月中旬から12月にかけての単元「冬じたく」においては、「国語」に関っての具体的記述は、「技能課程」・「滲透課程」に、示されている。【資料18】

また、「律動課程基準表」では、先の「話すこと」に関しては、第1学年の目標「何でも話す」、第2学年の目標「ご挨拶ができる」を受け、第4学年の同「他人の意見を聞く」、第5学年の同「正しい討議」・第6学年の同「進んで発表する」へと発展することを念頭にして、「目標」と「内容」とが、全体の詳細な「基準」記述の中で、関連と系統化に細心の配慮がなされている。

このような手順を踏んで、第四章「本校経験要素表（律動課程基準表は除く）（ママ）」は、第3学年における「国語（科）教育」の具体を、詳細に示している。それは、「話す」「聞く」「読む」「書く」「作る」「文法」「ローマ字」の7項目に、整然と分けた体系をなしている。【資料19】

このような「生活単元学習」における「国語（科）教育」の具体的な位置付けは、先に見たように、「中心学習」に対する「周域学習」「用具の学習」「情操の学習」として、前者に「吸収・融合」すべしとしながらも、「国語科」の独自性は、周到な配慮の下に系統化されてもいた。ちなみに、出発点においてその規範とされた『学習指導要領［試案］国語科編』【資料20】に照らしみると、本プランが、実践の中から厳しい反省を重ね独自性を獲得した跡が、わかる。

このような規範の下に、独自の実情の中での実践を踏まえつゝ、厳しい反省を加えて成立した『桜山プラン』Bのとりわけ「本校経験要素表」は、当時としては、「国語指導目標」ないしは「国語能力表」の規範がしきり

第Ⅱ章　「教科」か「経験」か

に求められた中、1つの具体的な提起の役割を果たしている。それは、『桜山プラン』Bが発行された1950（昭和25）年12月5日に先駆けて、同年3月1日発行の『実践国語』に発表されて論議を呼んだ佐藤茂氏の提案【資料21】への答えでもある。すなわち、このような提案が中央でなされ、そこでも、言語能力の資料の欠如や実態調査そのものの困難さから、単元計画と指導目標の実践上の関係が議論されていたとき、『桜山プラン』Aから同Bへの「修正」の試みは、机上の論議を越えて、具体的にして抜き差しならない提起をしている。こゝには、敗戦直後の「新教育」思潮のもと、生活経験を体系化することによって、学習領域を定めるという困難な道に分け入り、その中での伝統的な「国語（科）教育」をどのように位置づけるかに情熱を傾けた県下先学の足跡は、今日の「新しい教育観」の営為への教訓を孕む。

　おわりに

　『桜山プラン』は、このような真摯な探究をさらにつゞけ、『桜山プラン』Cへと改革を推し進めていく。この成果は、基本的に次のような厳しい反省に基づいたものとなっていて、「単元学習」への飽くなき実践への情熱を表している。【資料22】
　こゝには、(1)「単元」(2)資料 (3)学習法——といった根本的な問題についての基本的な探究を目指し直す精神が、よく表れている。その上に立って『桜山プラン』Cは、①　単元の目標　②　教育的効果　③　予備調査　④　評価の諸点にわたって、それぞれ次のような項目を共通に立てゝ、まずは詳細に基盤固めをし直していく。
　　○　社会的　○　言語的　○　数量的　○　科学的　○　音楽的
　　○　造形的　○　体育的
　その上で、『桜山プラン』Cは、「行事環境」に即しつゝ、「日常生活」の確認の下に、「作業単元」としての「展開（学習活動）」を詳述していく。さらにこれは、「関連する問題」として、「国語」を初めとする各教科（教

科書教材に即している。)の学習活動を、具体的に位置づけている。さらに、並行しては、「基礎技能」として「国語」を、「表現鑑賞」として「文学」を、それぞれ別に位置づけてもいる。すなわち、大きくは、「日常生活」をまず基盤に置いて「作業単元」を具体的に設定し、それに並行して、「関連する問題」として各教科の受け持つべき学習内容を、具に位置づけていくのである。『桜山プラン』A・Bが試行錯誤を繰り返す中でやむにやまれず突き詰めていったところは、実践に即したこのような体系であった。

時に、「新教育」理論に先導的役割を果たしていた石山脩平氏は、こう論じていた。【資料23】

すなわち、「新教育」が求めた(1)　社会及び学校と教育との関係　(2)　生徒の活動の多様性と指導過程との関係　(3)　目的・順序・手段・全力　(4)　評価──の根本的かつ具体的問題点である。『桜山プラン』A・B・Cの試行錯誤の中での探究は、このような要請に実践の中で応えつゞけてきた優れた成果であった。

中で、(1)には、言うところの「中心学習」が、「児童の生活の社会的問題を解決する」を目的とするがゆえに、とりわけ「社会」と「学校」との関係において「教育」を見据え直そうとする観点がある。今日、えてして短絡的に「社会」の限られた観点から、「学校」「環境」の「改革」が具体的に推し進められようとしているとき、この原点に学び直すことが、求められる。

また、(2)の実践には、今日「個に応じた指導」の一層の充実が求められながら、一方では、「指導要領」の「基準性」の一層の明確化が求められている実情を、これも、原点から照らし出してくれている。「生徒の活動の多様性」が、「平等」から「対等」への認識を求める今、こゝからの具体的な「指導過程」の改革が、その焦点になるはずである。

さらに、(3)(4)での「評価」につながる各項目が指摘する「指導過程」も、『桜山プラン』の残した試行錯誤のごとき実践の中でこそ、改めて工夫されるべきものである。「教科」か「経験」かに帰結する「単元学習」の実践的探究が、改めて求められている。

第Ⅱ章　「教科」か「経験」か

第3節　「阿武郡国語同人会」の営為

はじめに

　敗戦直後の1946（昭和21）年5月15日付刊行の『新教育指針』で、文部省は、特に「個性の完成」の真意を説いて、「新教育」の出発を促した。それは、「社会におけるその人の役割を完全にはたすことになる」【資料1】に力点を置いたものであった。この理念は、いち早く国語教育にも新生面を求めさせ、従来の歪んだ一斉授業は、協同学習的な性質への変革をも目指させた。たとえば、具体的には、「駄問駄答を排せよ」とのスローガンは、「児童の駄問は必ずしも排斥すべきではない」という反省にも至るといった具合であった。「学級児童のすべてが関心をもって参加する一斉授業とならなければ」【資料2】の謂からであった。

　しかしながら、その上で各教室で探求された「単元学習」は、「単元論争」のくり返しよりも、「『学習』の問題を実践的に解決したい」との思いが、実践人とともにそれを直視する研究者の間にも、指摘されていた。【資料3】現実の中からの苦闘が、始まっていたのである。

　このような時代の単元学習の評価は、現在それほど分析的・具体的ではなく、単に「はいまわる単元学習」とか「ゾウスイ学習」とかと当時揶揄されたのをそのまゝに、「今日の単元学習の理念からすると、少なくとも実践のレベルにおいては、昭和20年代には国語科単元学習はごく例外的存在であった」【資料4】と、否定的にあしらわれるにとゞまっている。果たして、そうなのか。

　中で、管見に入りつゝある山口県下の同時代の「新教育」実践の主なものは、次の3つである。

　　A　『生活学習研究　桜山教育プラン』下関市立桜山小学校著　1949
　　　（昭和24）年11月5日刊

B 『生活実践と実力養成のための　小中学校のカリキュラム　第一巻　基礎篇』山口大学山口師範学校　光附属小学校　光附属中学校　共著　1949（昭和24）年11月10日刊
　C 『新国語教科書を基にした　小学校国語科教育課程の構成と展開（中学年）』山口県阿武郡国語同人会著　1951（昭和26）年５月16日刊
　本節は、前２節にひきつゞき、山口県下の「新教育」実践に学ぶべく、Cについて「単元学習」における国語（科）教育の位置を中心に吟味する。

１．受容の実態

　では、このような「新教育」理念は、山口県下では当時どのように受け止められていたのか。
　敗戦直後から、全国規模の講習会・研究大会・発表会・種々の雑誌・著作を通して、「新教育」の理想を情熱的に探求し始めていた県下の実践家達は、その中で、カリキュラムの「作成」そのことと「如何に」学習させるかの問題に、いち早く苦闘していた。【資料５】
　それは、突き詰めれば、過去の文化と伝統に重点を置くか、それとも、現在と未来の社会に重点を置くかに至る。先学は、それを見抜いていた。煎じ詰めれば、「教科の教材は生活改造の手段」、すなわち、「文化財を手段として」生活の問題を解決するの謂である。「国語（科）教育」も、このような意味での「生活経験学習」の主導のもとで、試行錯誤を始めていく。【資料６】
　このような葛藤の中で、先学達は、仕事や問題を解決する力を高め、推論し実証した知識を獲得させることに、努めていた。思想・感情をはっきりさせる。その力を育てるために、順序・方法を探求することによって、「読む・わかる」をも実現しようとしていた。【資料７】
　このような苦闘の中で浮き彫りになってきたのが、生活体系による経験だけでは獲得できない、重要な学習内容が、各科目別個の問題としてある【資料８】、という実情であった。このような切実な問題意識の中から、県

下各地で紡ぎ出されたのが、本章第1節・同第2節で紹介したふたつの『プラン』を初めとする諸「プラン」であった。

　中でのいち早い例は、新設されたばかりの下関市立桜山小学校の『プラン』である。こゝでは、「国語」を「中心学習」に対する「周域学習」下の「基礎技能の学習」とし、「用具の学習」(「言語」)と「表現の学習」(「文学」)とにまたがるものとして、位置づける。「中心学習で切実な必要感を起した時に、周域学習をする」との考えに基づく。(4)の問題解決への一方法であった。

　一方、ほぼ同時期に発表された『光プラン』も、同じ問題にぶつかり、それを「生活課程」と「研究課程」との2本柱の「相補」という「学習指導の実際」に即した理論の開発によって、解決しようとしていった。

　山口県下における「新教育」のこのような受容の実態は、なお資料の博捜と比較分析に待たなければならないが、こゝには、夙に倉澤栄吉博士が指摘されたように（本節【資料3】参照）、理念に傾きがちであった「単元」作りの側面と実践に直面した時の「学習」の側面との、葛藤があろう。県下におけるこれらの苦闘は、「ゾウスイ学習」とか「今日の単元学習の理念から」とかと一蹴するには、あまりにも重い問題を今日の「新しい教育観」論議にも提起していることは、確かである。そこで、この時点からほゞ1年半後の県下の動向の1つを具体的に吟味し、その意義と学ぶべき点を明らかにしたい。

2．構成と展開

　山口県阿武郡国語同人会著『新国語教科書を基にした　小学校国語科教育課程の構成と展開（中学年）』は、次の目次を持つ。

　　総説
　　第一章　教科カリキュラムか経験カリキュラムか
　　第二章　国語の教育課程
　　第三章　国語の教育範囲

第四章　国語教育の目標
　　第五章　単元学習
　　　第一節　単元学習の意義
　　　第二節　単元の計画と構成
　　第六章　言語作品
　　第七章　国語教育の評価
　　第八章　国語の時間配当
　　第九章　国語科単元一覧表
　　単元展開案
　山口県阿武郡は、島根県津和野に隣接する地域である。そこの徳佐小学校・亀山小学校を中心とした実践家の研究・実践集団が、「国語同人会」である。同会は、敗戦直後から、夙に大きな視野に立って研究・実践・討議をつゞけてきて、当時の「新教育」の思潮や動向をも批判的に受容しつゝ、実践の中でそれを吟味していった。「国語」が単独で対象になったこと、「新教科書」への対処の関係を具体的に突き詰めていったことなど、その独自性が注目される。中で、「何とかして阿武郡の国語教育を」の真摯な思いが、「本当の単元（題材）学習」を追究させている。
　それは、理論的な説明によってなされるものではなくて、多くの実践上の問題を解決していくことの中でこそ、達成されるものであるとの信念に基づいている。「実践の場に於いてその課題を解決する努力を」は、その謂である。同著の「自序」は、その決意を述べている。【資料9】
　すなわち、「何とかして阿武郡の国語教育を」との思いは、「単元学習」の「理論的説明」に頼るよりも、「実践の場において」こそ、その「課題」は解決されねばならない、との謂である。この信念は、「新国語教科書」を手にした時、「カリキュラム構造に於ける統合と分析という２つの相反する概念」を確認させた上で、「教科カリキュラムの伝統を是認しながら、これに経験的色彩を加味して行く」行き方を採らせる。「第一章　結語」は言う。
　「統合」と「分析」とは、止揚されて初めて「教育課程」を生み出す。

第Ⅱ章　「教科」か「経験」か

そのためには、「各教科がそれなりに、単元的に再編成」されることと、その「相互に関連」を持つこととが、求められるとする。この誠実な営為の中に、唯一の血路を拓こうとしていたのである。【資料10】

この考え方は、「学校や先生の責任に於て地域や学校や個人個人に即する学習指導の計画」を、目指させた。【資料11】各項は、その上に立った「国語の教育課程」の「構成手続」の具体である。

中で、⑥「児童の発達段階と言語能力」・⑦「単元と教科書との関係」・⑧「言語要素」——の3点については、現実的な「手続」を選択している。すなわち、「実態調査」「教科書研究」「検定教科書依存」である。これは、①②で突き詰められた1つの見識に基づくものとして、実践上の具体の国語科学習指導法に及ぼした現実的な影響が、想像される。

「山口県阿武郡国語同人会」の苦闘の中からの真摯な企図は、このような理念と体系づけによって示された。以下、その具体的な実践計画における国語（科）教育の位置づけ方を、吟味する。

3．実践計画

同著では、その第四章で、国語科学習指導の実態が、まず厳しく反省されている。すなわち、「学習指導要領［試案］」に言う「国語科学習指導の目標は、児童生徒に対し、聞くこと、話すこと、読むこと、綴ること、に依ってあらゆる環境に於ける言葉づかいに熟達させる様な経験を与えることである」に注目して、今迄の実態が、「狭い教室内の技術」「窮屈な読解」「形式に捉われた作文」であったことを、直視して出発する。第四章では、昭和22年度「学習指導要領［試案］」と「新指導要領（中間発表）」とを対比し、国語（科）教育の目標を再確認する。【資料12】

こゝでの比較は、それぞれの文末に注目すると、「習慣と態度を養い、技能を磨くこと」は、「只単なる知識でなく、人間として、知性豊かなること、共に、技能をもち態度、習慣に於ても遺憾のない人間像」の追究である、と見ている。

さらには、この４項目が、ことばの働きという点で一体であることをも強調し、国語科学習指導においても、相互の関連学習が求められ、総合された学習の中にこれらの諸要素が織り込まれて、機能的に、総合的に、無理なく展開されるべきであるとしている。さらに、関わっては、地域・学校・学級・児童各自に応じた具体的目標もが、求められている。特に、単元学習の実際に際しては、児童の側からの観点に立って、その目標が多彩であるべきはずの実態を指摘し、具体的目標を独自に選ぶべきことをも、改めて強調している。

　次には、「能力表」の問題が提起されてもいる。【資料13】すなわち、いわゆる「能力表」を、「社会の要求に基いた教育目標設定」にとって必須なものとした上で、まずは、「現場で具体化される」べきものだとしている。「担任が受持ち児童の個々の実態に即して、現場の実績に於て具体的に構成」されるものの謂である。この「動的なものゝ把握」を重視した考えは、さらに、「具体的な実践記録こそ、もっとも立派な能力表である」との見識を、導き出すに至っている。机上での綿密な「能力表」の作成作業に膨大なエネルギーが費やされがちであった中で、この見識は、普遍の原理をも浮き彫りにしたものとして、注目される。

　さらに注目されるのは、これが、「実践の過程に於て漸次改造して行く」べきものとしている点である。敗戦直後の混乱の中で、教育のあるべき理想像を唱える思潮が、「新教育」の名の下に押し寄せてきていたとき、その理念の正しさには深い理解をしめしつゝも、毎日目の前にする児童・生徒達の実情・実態を直視して、敢えてこのような困難な道を選択したことは、特筆に値する。「漸次」と「改造」との間に、同人諸賢の苦悩と情熱の跡が、見て取れよう。

　この厳しい観点に立って、国語科単元学習の実際は、具体的に探究されていくのである。第五章は、次のように突き詰める。すなわち、「単元学習の意義」が、再確認されている。【資料14】

　単元学習とは、教材を中心に考えれば、教材の組織を論理的・学問的体系に従って、分節ある構成とすることであり、学習者の興味を中心に考え

第Ⅱ章　「教科」か「経験」か

れば、その言動を重視して、発達段階に応ずる興味と要求を中心に、学習のまとまりを見ていくことである。――本著は、このような考え方に立って、単元学習の意義を、学習者の側からと、教材を準備する教師の側とから、まずは分析的に考察した上で、その心理的側面と論理的側面との統合を目指すことに、意義を見出そうとする。「新教育」は、この意義の具体化を通して、「従来の課章的方法の誤」りを乗り越えるべきものとの考えである。

　本著は、その上で、自主的作成たるべき「作業単元」の性格を吟味し、アメリカにおける単元学習の考え方をも紹介し、わが国において求められる国語単元学習について、①　教材陶冶の系統を考える。②　児童の実際生活から来る興味や必要に立つ。――の2つの面の交渉の止揚された座標の上に、その組織はうち建てられるべきであるとする。即ち、国語（科）単元学習においても、「何を」学習するのかということと、「どう」学習するのかということとの統合が、目指されている。以下、その具体的な計画とその構成とは、この考えの下に展開される。【資料15】

　この具体的な「単元の計画と構成」に関して、本著は、「現段階では全学年を通じてはっきりした経験単元で貫くことは適切ではない」とし、低学年では「生活単元的なもの」を多く、高学年になるに従って「言語単元的なもの」が多くなることが自然である、としている。それは、単元の選定が、えてして子供の広い経験領域から興味ある話題を捉えると言いながら、「興味と必要（要求）（ママ）」及び「能力（程度）（ママ）と言語発達段階」の関係が混乱している実情を、直視している。実践の場からのやむにやまれぬ認識である。

　その結果、「新国語教科書」教材を中核にしつゝ、③のような7項目を念頭に、教材単元から経験単元までに亘る各種の単元を、月1～2単元選定することにしている。「7項目」においては、一～四までと五～七までとの要素が必然する関係を直視して、①に言う「指導の実際を日々記録し単元計画改善に資して」いこうとする態度を貫こうとしている。その理念体系は、⑧の図式に簡潔に纏められている。「単元の計画と構成」につい

ての見解である。

　次に本著が問題にするのは、「新国語教科書」への対応如何である。【資料16】即ち、学習内容に関しては、「先ず教科書を取り上げて」研究し、基にし、即して「単元を設定する」としている。とりわけ、採用の教科書が、「各教材は作業単元の展開え（ママ）の媒介」たり得る特色を持つことを洞察し、さらに、単元間の連関・言語経験への配慮をも持つことを指摘してのことである。

　この方向は、本著が随所で主張してきたように、「新教育」思潮のもと、「児童の個々の実態に即して、現場の実績に於て具体的に」「国語の能力表」を構成することが、体系や論理の観点においてとかく十分な学力涵養にはつながらないという反省に、厳しく基づいている。これは、前述の倉澤栄吉博士の指摘【資料3】における、「『単元』の問題よりも『学習』の問題」にも通底した見識であったといえよう。即ち、地域の実情をも考慮に入れて、体系的な計画・法則・規範はひとまずは「新教科書」のそれに糸口を求め、その実践過程に即して、「経験的色彩を加味して行く」と言うのである。本著の独自性の１つが、こゝにある。

　さらに、本著では、「評価」の中核を「学習とその指導」にあるともする。【資料17】即ち、「なされた」こと・「なされつゝある」ことの発見であるとする。こゝには、「成長の価値」と「遂行の結果・完成の如何」とを峻別しようとする見識がある。これは、先に紹介した森下巌氏の言う「協同学習的性質」が求められ、教師中心の一斉授業が根本的に反省されるに至った「新教育」の根本に関わるとともに、かつ日々の実践に直結した問題であることを鋭く提起し、今日の「新しい学力観」にも、深く通底している。

　以上が、本著における「国語（科）単元学習」の実践計画である。

4．「国語（科）単元学習」の展開

　では、本著に見られる「国語（科）単元学習」の指導の展開は、どのよ

第Ⅱ章　「教科」か「経験」か

うに具体化されていったのか。それを吟味してみたい。

　本著では、先に、「新国語教科書」(光村) の単元構成の特徴が紹介されていた。この「展開」は、それに即して設定されたものである。こゝには、即しつゝも、児童にとっての地域の自然や生活やが、学年の段階を勘案した上で、具体的に組み込まれている。敗戦直後の混乱の中で、「教材」や「資料」にも極端に恵まれなかった「国語教室」が、「新国語教科書」の優れた体系に学びつゝも、自らの独自性を、その理念に即してでき得るかぎり実現しようとした跡が、よく窺われる。今日の単元学習にも求められる、年間はもちろん、6年間を通しての体系が、しっかりと構築されている。【資料18】

　次に、中から、3年生の「単元展開案の例」を吟味する。【資料19】

　すなわち、この例では、「単元設定の理由」によると、本単元は、「子供への期待」を「子供達の生活の中に食い込んで祝福し」つゝ、「友愛と協力」との実現を目指すものである。同時に、具体的には「教科書資料」を活かして「言語活動の実際活用面」とを錬磨しようとする。中で、〈目標〉は、「話す」・「聞く」・「読む」・「書く」・「文法」にわたり、「実際活用面」にこまやかな心配りがなされていることがわかる。また、〈予想される学習活動〉では、徹底した「話し合い」を通して、仕事や問題を解決するための基礎的態度が、錬成され、具体的な活動を経て「教科書資料」に至っている。また、その「五」の3つの「資料」は、それぞれ、先の2つの学習目標の達成の場として、総合的な学力をも視野に入れた周密な「展開案」になっている。その上での、学習指導過程に即した「評価」の諸項目も、多岐に亘って目配りがなされている。

　本著では、「新国語教科書」に即してのこのような学習指導計画を、年間・各学年に亘って網羅している。ちなみに、第3学年末の「単元設定の理由」には、1年間学習してきた諸記録・諸作品を整理して、文集を作り、さらに、第4学年に備えての自己学習力に期待して、学習計画作成への誘いをも展望している。各地域の実情に期待しつゝ、山口県阿武郡における「国語(科)単元学習」の実践的規範を示したものと言えよう。

第3節　「阿武郡国語同人会」の営為

5．状況認識

　さて、阿武郡国語同人会では、本著刊行（1951（昭和26）年5月16日）に先駆けて、『阿武郡教育年報（小学校の部）』に、その理念と調査に基づく具体的な提案をしている。その冒頭には、同人代表であった小河正介亀山小学校校長が、「小学校低学年に於ける文法学習」と題して、その理念を具体的に述べている。【資料20】

　すなわち、「さしみのつま式」であってはならないこと、「自然に子供の語法的現象をとらえる」と、その上で、「経験に基づいて整理」すること、つまり「規則を教えるのではなくて、練習の中で規則をつかませる」ことの肝要を説いている。しかしながら、現実にはそのような規範は「皆無」であるからとして、当面、「学習指導要領」「文部省の能力表」「教科書」の研究が必要であることを、結論としている。

　このような理念に基づき、本「年報」は、Ａ　「教科書（光村図書）にはどう提出されているか。その指導はどう考えたらよいか」の表題の下に、11の「要素」別に1～3学年までの事項を、具体的に列挙している。すなわち、それらは、「言語の有用性」に始まり、「品詞別の具体的理解」の「要素」に至るまで、詳細に及んでいる。【資料21】

　また、同じくＢ　「学習指導要領及能力表（文部省中間発表）にはどう示してあるか」の表題の下にも、同じく3つの学年に亘って、「特殊目標」に引き続き「きくこと」「話すこと」「読むこと」「つくること」「書くこと」の、各「指導の目標」「指導の要領」が、一覧表で示されている。【資料20】で示された理念が、具体的に展開されている。【資料22】

　その上で、本「年報」は、「国語カリキュラムの構成に当って教科書（資料）をどう見るか」について、採用教科書（光村図書）の特徴を5項目に亘って列挙した上で、(1)　そのまま単元学習になりはしない。(2)　作業単元構成のための資料である。(3)　低学年では砕いて生活単元的に、高学年では、題材単元に近く。――と提起して、「同人会」の立場を具体化して

第Ⅱ章　「教科」か「経験」か

いる。【資料23】

　その上で、本「年報」は、「更に構成に当り教科書を縦に分析研究して」とし、「スコープ」と「シークェンス」との組合せの一覧表を示している。【資料24】

　即ち、本著刊行に先立つ前年、同「同人会」では、すでに「新教育」の理念を受け止めて、このような具体的な学習指導計画を立案していたのである。こゝには「新国語教科書」の系統性に学びつゝ、児童の生活経験に密着した指導体系を求めて止まない姿勢が貫かれていたのである。

　おわりに

　「国語科の新しい学力観に立つ教育」を目指して、今日、特に次の４点が指摘されている。言うところの「一人一人」とは、何か。【資料25】
　①　基礎的・基本的内容は、一定の知識や技能を中心に考えるのではなくて、意欲・思考力・判断力・表現力等の資質・能力の育成を図るに必要なものである。
　②　それは、自己実現に役立つものとしての工夫を求める。
　③　そのためには、個性の重視の考え方に立ち、その資質・能力を発揮できる場・時間を位置付ける。
　④　さらには、学習者の側に立った共感的理解・支援に基づく評価を進める。

　このような「今日的な」目標を実践指導の場に密着して探究するについて、「阿武郡国語同人会」が残した足跡には、学ぶべき点が多い。それは、単純に時の「経験主義」の側面を踏襲することでもなく、また、「はいまわる」批判に窺われる側面を反面教師とすることでもない。その真摯な情熱を、どこで捉え学ぶのか。倉澤栄吉博士は、夙に「教科書」の「体系を十分に研究し、足らざるを補い生徒の実情に応じて」の「適切な取捨」の必要を説いている。その指摘は、「教材カリキュラム」と「日常のことば」との統合を通して、「ヒューマニズム」をも展望し、さらには、「地域」へ

の配慮や「ワークブック」の有効な活用にまで及んでいる。この指摘は、本節で吟味してきた「阿武郡国語同人会」の営為にも、通底するところである。【資料26】【資料27】

　と同時に、これらの営為は、野地潤家博士が説くように【資料28】、専ら「国語科学習指導の計画・方法に注がれ」、「その根底」にある「目標そのものの検討・吟味」が疎かになることへの戒めが、なければならない。「新教育」が、隘路で呻吟した最大の原因は、「目標」における「価値」としての確たる展望が、指導者集団の側に成立していなかったことである。「阿武郡国語同人会」の実践研究も、今日、この観点から評価されなければならない。

　私たちは、「新しい学力観」の思潮のもとに、今日、例えば、「一人ひとり」・「自己実現」等のスローガンのもとにあって、すでになにがしかの「混乱」を経験しつゝありはしないか。「阿武郡同人会」の「苦闘」の跡は、そこに「価値」を探究する精神と方法との可能性と限界とを示してくれている。学んで、伐り拓きつゞけたい。

第Ⅱ章 「教科」か「経験」か

第4節 手嶋倫典氏の「表現学習」指導

はじめに

　1947（昭和22）年4月から翌年の6月までの間には、国語科指導原理上、3つの具体的改革が、展開された。すなわち、①　新国定教科書の出現　②　学習指導要領国語科編の出現　③　単元的方法の提唱（再教育指導者養成協議会国語科部会）である。と同時に、中で、とりわけ②と③との間の齟齬が、早くも指摘されつゝも、コア・カリキュラムの原理に基づく「単元学習」が、実践人の間では、なお真摯に追究されようとしていた。【資料1】

　また、一方、「経験単元」の必要性も、中央からは、上記の事情を意識しながら、次のような論調のもとに、説かれていた。すなわち、「伝統的なカリキュラムは新時代の亢奮（ママ）の余勢のもとに崩れ去るには、余りに多くの先哲の叡知によって研磨され彫琢されている」とし、なお「生活現実の多彩な豊かさと逞しい力動に目を蓋ってはならない」、といった類である。

　このような「新教育」推進の中での苦悩は、山口県下においては、やがて次のような実践研究成果として、公刊されていく。（本章第1節・第2節参照）

　A　『生活学習研究　桜山教育プラン』下関市立桜山小学校著　1949（昭和24）年11月5日刊
　B　『生活実践と実力養成のための　小中学校のカリキュラム　第一巻　基礎篇』山口大学師範学校　光附属小学校　光附属中学校　共著　1949（昭和24）年11月10日刊

　このような潮流の中にあって、「国語」が、「生徒の生活や行動に表現されて」、「実践され」て、「言語と生活とが互いに転換され合」うべきであ

第4節　手嶋倫典氏の「表現学習」指導

る【資料2】、と励まされた誠実な実践人手嶋倫典氏は、「児童たち、また児童は自分たちや自分にとってやりがいのある目標を発見すること、ことばの読み方や、使い方を進んで学び、且つ練習しようとするものであることを、私はこの年になってはじめて理会した」と確認した上で、基本原理を提唱する。【資料3】すなわち、「何等かのかたちを創り出すために、言いかえると表現を中核とすることばの学習」こそが、「有力な一方法である」との「勇気を持って」の考え方からである。

手嶋倫典氏の著『表現学習の進め方』は、このような理念に基づく9つの実践を踏まえた授業研究として、今日、「新教育」時代の実践営為の典型として、学ぶべき沃野をなす。

本著は、次の体系からなる。
　　一、社会科と表現学習
　　二、文字板と表現学習
　※三、国語の生活単元と表現学習
　　四、制作と表現学習（其の一）
　　五、制作と表現学習（其の二）
　　六、劇と表現学習
　※七、読解と表現学習
　※八、長文と表現学習
　※九、普段の指導と表現学習（日記）
中で、本節では、※印の4点に限って、吟味する。

1．単元「手紙」の場合

「第三章」の初めには、「児童の切実な言語経験を組み立てる」ことと「教材」との関係が、1頁を占めて大書されている。その上で、単元「手紙」の例で、この理念が実証される。【資料4】

すなわち、手嶋倫典氏は、まず、国語（科）教育の実情についての基本的な問題点を指摘する。すなわち、「新教育」の潮流の激しさにもかかわ

第Ⅱ章　「教科」か「経験」か

らず、現実には、「生活すること」「問題を解決すること」より、「教科書のつめこみ主義」が未だに「横行」している点である。【資料5】

すなわち、手嶋倫典氏は、たとえば、「ほんとうに手紙の書きたい時に、手紙文の指導がなされると、児童のあくびはでないはず」との思いのもとに、児童が、「自ら目的や結果を達成するために営む一連の活動」を、次の2通りに峻別している。

(1)　それが必要であるから読解や言語活動を営むのか。
(2)　連鎖反応的に生まれた興味から読解や言語活動を営むのか。

そこで、手嶋倫典氏は、「国語学習の『場』」を、この2つの仕事を「児童と教師と協力して計画の中に織りこみ、日課を作ってい」くことである、と規定し、「合理的な教科課程の設定」を展望して、「作業課程」の中から、必然的に「言語単元を派生して国語科の目標」を、と確認している。「教科」か「経験」かの隘路での現実の混乱に対しての構造的な見識である。

【資料6】

しかしながら、手嶋倫典氏は、単元「交通運輸」における読解の場合を例に引いて、①　交通運輸の機関などに関するもの。②　交通発達の歴史に関するもの。③　道徳面から「汽車の中」を読む——のうち、①や②やは、「おいそれとできない」とし、③は、「全学級」、①や②は、「一部児童の自由研究」と区別した上で、③での読解指導の問題を重視している。

さらに、手嶋倫典氏の苦悩は、その先を次のように求めさせる。【資料7】

すなわち、「組織」や「原理」と「どたんば」との関係が、かならずしも整合性をもたない、という実感、また、「経験」重視と言い条、一方では、当然「読書」即「読みあてる力」をも、「目標」とすべきであること、つまりは、「全体的教科課程の立場」を堅持しつゝ、同時に、「言語」のものへの「専門的操作」が、求められてもいる。苦悩を直視したればこその諸点である。

すなわち、この苦悩は、えてして社会科中心の中心的単元課程が、たとえば「語法」学習の主体性をないがしろにしてもよいのか、というところ

第4節　手嶋倫典氏の「表現学習」指導

にある。国語としての主体性を持つべき独自の単元が、保障されにくい実情があったのである。そこには、「言語のはたらきは決して画一的に発達するものではない」との理念がある。

さらに、手嶋倫典氏は、言うところの「中心単元」とは「別途に」、「治療単元」「言語生活単元」としての「国語科」の「指導場面」が、ただし、「児童の言語活動」を前提にして、求めていく。【資料8】その上で、手嶋倫典氏は、「必要に応じて手紙が書ける」「社交を深めるために親身のあふれる手紙も時に書いて出すことができる」能力について、国語科の果すべき指導の内容と方法とを、追究していく。【資料9】そこには、「子供らしさ」や「生気」や「個人差」という表現に如実に表れているように、終始、児童生徒の「言語生活」の実態そのものからの発想が、確認しつゞけられている。手嶋倫典氏の学習指導の基本精神である。この原則は、ひきつゞき、具体的な学習指導の「過程」を、確認させていく。

すなわち、「基礎調査」「予備調査」を前提にして、「単元」の目的・内容・方法・形態、さらには、「評価の具体的着眼点」が、追究されていく。【資料10】

このようにして、手嶋倫典氏は、「読むこと書くこと話すことが、ばらばらの目的のためにはたらくのではなくて、りっぱな手紙を書くという作文の手足としての機能をはっきりするのでなければならない」とし、児童のための「評価」であるからには、児童が「本腰をいれて活動する分野」すなわち「作文」に目を向けることの必要性を、説いている。その中核には、「態度」への細心の心くばりが、確認されている。【資料11】さらには、「作文」の単元として捨てることのできない点を、「要点をまとめ、具体的に、語の重複などがなく、意味のとれるように書けるかどうか」の「基本的能力」もが、この「態度」とともに、一般的普遍的なものであるべきであるともして、具体的に、「用語」や「表記の約束」にも及んでいる。【資料12】

以上を踏まえて、手嶋倫典氏は、単元の学習目標を決定する尺度についても、「評価」の具体的な観点をも加味しながら、確認している。【資料13】

こゝには、児童の主体的な目標設定と、それを中心にした言語活動が、単元としての「全一的」「発展的」組織が目指されていると同時に、しかも「国語科の目標をその学年や児童の個性という地盤にたって果し得る一連の指導学習場面」の創造が、「単元的方法」である、との考えが、強調されている。その上で、さらに具体的な動機づけや誘導の工夫が、示されてもいる。【資料14】
　その上で、児童との「相談」の上で立てられた「計画」は、【資料15】の通りである。
　このように、単元「手紙」は、先の6つの「過程」に端的に述べられていたように、経験主義に基づく「作業課程」の展開そのものと、「国語科の目標とする諸活動」とを、「言語経験」の具体的な「場」で、児童とともに具体的に設定することに、腐心している。すなわち、「言語技能の獲得に意味のある経験を積んでいく全体的教科課程」と「言語機能の発達や言語の社会性の上からの専門的操作」との統合が、目指されていたのである。「はじめに」で述べた「新教育」出発時の思潮が、一実践人によって、現実を前にして格闘の対象になっていた事実が、具に示されている。「単元学習」が孕み持つ基本的な問題であった。

2.「題材」の学習

　次に、手嶋倫典氏は、本著の「第七章」で、まず、自らの「国語」教室の実情を、謙虚に反省していく。【資料16】【資料17】すなわち、まずは、「才能」の「ある者」「ない者」それぞれへの自らの「指導法」へ、さらには、各学習者の「全我活動」にとゞまらず、「社会的生活様式」の「実践」の実現の可否へである。すなわち、集団学習における「学力」の意義の原点が、押さえ直される。こゝには、民主的な人格の育成を目指しつゝも、実践や行動に結びつくことばの力を涵養しようとして、なお、中での「個性の尊重」の真意、一人ひとりの学力が保障されるべきことの構造的な意義が、学習指導の具体的な場において、鋭く省みられている。

第4節　手嶋倫典氏の「表現学習」指導

　さらに、手嶋倫典氏は、「豆電球をつけて遊びたい」という児童の要求を糸口にした「豆電球の街を作る」理科の単元学習の必然的な構造を紹介した上で、「民主的生活経験を通して」、「このようにして理解も技能も知識もはじめて身についたちからとして児童の中に形成されるのでありましょう」と結んでいる。
　こゝには、経験主義に基づく単元学習が、「理解も技能も知識も初めて身についたちからとして児童の中に形成される」という原則を、再確認する意図が、明確に表れている。今日、改めて求められている「基礎・基本」と「生きる力に培う学力」も、この構造に学ぶべき点が多い。
　その上で、手嶋倫典氏は、「必要と興味とに満ちた児童の生活構造の研究」の必要性を指摘し、「学年や個人差に応じて」、「話し方をきたえる」「聞き方をきたえる」「読み方をきたえる」「作文をきたえる」ことを、主張している。こゝには、「読む」「話す」「作る」「聞く」を、児童の持つ「目的」の手段としての「機能」と見、「生活」を、児童とともに協力して、まず構成することが、握り締められている。
　すなわち、具体的には、「何人ずつかの児童の日記を毎日読んでい」る中で「気付いたことをメモしていますがとうていこのまま放って置けないあせりを覚え」つゝ、その指導のためには、どうしても「単元構成」としての「日記のつけ方」が必要となる、としている。そのための学習活動として、「話し合い」「工夫」「読み合い」「研究」「文字文法」「発表会」「体験談」と、7項目に亘っての細心の配慮が、確認されている。【資料18】こゝには、「読むこと話すこと自体に目的があるのではなく、日記をよりよくつけるための手段としてその活動が求められた時一層効果的にそれを学習し得る」との考えが、脈打つ。そこには、「表現」と「理解」との統合において「ことば」を認識し、そうであって初めて「国語」が「生活カリキュラム」たり得るとする「絶対の原則」が、握り締められている。【資料19】
　この原則に基づいて、手嶋倫典氏は、具体的な指導法を、「場面」に求めていく。すなわち、「一人一人」の、「みんな」の、そして、それらが両々相俟って「国語の力」とする、3つの「場面」の峻別である。【資料20】こゝ

103

には、受動的・機械的な学習を何とか克服しようとして、「教材が教材として与えられるに止ってはいかにあせっても児童は真の実力を獲得するには至らない」との切実な思いが、吐露されてもいる。手嶋倫典氏の「表現」を指向した出発点である。すなわち、「表現することは国語指導計画の中核であり児童も亦表現することの楽しさの中に、全一的言語機能を磨いていくことができる」が、実現されようとしているのである。

　さらに、手嶋倫典氏は、その「所以」を、「国語　第四学年、下の㈠」の「組みあわせ」を例にとって、次のように説いていく。すなわち、色や音やことばの「組みあわせ」を説いた教材を、学習目標解決の手段そのものとしてではなく、「言語活動を修練する媒材として」生かすとすれば、どういう意義があるのか。──こう問い詰めて、児童の「言語行為」の欲求・能力に即した「活力構成」への「効果」が、求められていく。【資料21】

　すなわち、教材の価値は、こゝで初めて決定され、児童にとっての「自己創造の世界」を保障する謂である。そこには、「児童の現実」と「題材の機能」との関係を見つめ、「自己創造学習」の主要な一環としての「表現学習」に意義を見出そうとする意欲が、見て取れる。本著の精神の真髄が、こゝにある。

　その上で、手嶋倫典氏は、この題材「組みあわせ」の具体的な取り扱い方については、どのような見解を持っていたのか。まず、「自習の時間」による各児童の出発点の自己確認、そこでの指導者による「診断」と「激励」、「話し合い」による「さぐり」入れ、その上での「班学習」や「全級学習」の４つの段階が、押さえ直されている。【資料22】

　さらに、「表現」と「指導計画」との関係の観点から、「読解過程」の意義についても、具体的な例を挙げて、「わかる」ことと「わからぬ」こととの関係を、鋭く説いている。【資料23】

　以上からわかるように、手嶋倫典氏の「読解指導」観は、「問題が生まれるということ」・「問題を文の中で解決していく場面」こそが、「読解の仕事」である、とするところにある。その上に立って、「表現の仕事」とは、「読解を行動によって確かめたり、確かめたことを自分の研究によっ

て実証し更に進んで心理を得ようと創造活動を展開していく」ことである、とする。

　たとえば、教材㈡の「音の組みあわせ」と㈢の「ことばの組みあわせ」とに即しては、「創造活動の展開」の実際を具体的に示し、「読む」ということが「空念仏の域を脱する」さまを、説いている。「身近な一つことに思索の眼をむけ」る「体験」の大切さである。【資料24】

　このように提示した上で、手嶋倫典氏は、「表現」を「口ことばの表現」に限定して、その指導のうち、「クループ活動における研究問題」を、提起していく。【資料25】

　これをグループで討議させて、手嶋倫典氏は、その成果を発表させるについて、「評価の着眼点」を、「思想を明確なことばで正しく豊かに表現する欲求と能力」に置き、具体的には、「です」「ます」「でしょう」の使い方の3点に置いている。

　このように、手嶋倫典氏は、「題材の学習から児童は表現の世界をいかに学ぶか」なる命題についての論を、このような具体的な提示によって、締め括っている。この前提として、手嶋倫典氏は、先に、この単元学習指導を吟味するに先駆けて、次のように現実を直視しながら、「学力」観を吐露する。【資料26】

　こゝには、「新教育」の出発にあたり、「実力」（「学力」）とは何かについての、学習者に即した吟味がある。すなわち、
　⑴　「読む」（「理解」）することの本義が、究められようとしている。
　⑵　「話す」（「表現」）することの本義も、究められようとしている。

　それは、「批判」できるまでをも求め、「生気を吹きこみ」「人を動か」す言語活動をこそ、「学力」観の拠点にしているのである。また、「生活の見方感じ方」と「表現技術」との統合もが、目指されている。と同時に、この指導目標が、児童の「学力」の現実からは、あまりにも遠いことをも、また自覚している。上記の一連の「単元」構想とその実践上の留意点とには、このような理念と現実との格闘があったのである。

　今日、私たちに求められている「生きる力」に培う「学力」観とその開

第Ⅱ章　「教科」か「経験」か

拓法が、指導者集団によってどのように錬磨されようとしているのか、いないのか。手嶋倫典氏の実践研究の成果から、私たちは、何を学ぶことができるのか。それは、「学力」観の「内発的」吟味である。「理解」と「表現」との「統合」は、どのような「学力」の涵養を目指してのそれでなければならないのか。さらには、その「学力」が、どのような社会観や文明観に裏打ちされたものであるのか。それは、「人を」どの方向に「動か」すことのできる「学力」であるのか。まずは、こゝからの吟味が、求められよう。「新教育」における「生活」と「ことば」との関係は、「経験」と「学習」との関係とともに、今日の私たちの状況を、深く省みさせる力を持っている。

3．長文の学習

次に、「第八章」は、次のような見出しで、書き出されていく。
○　長文の学ばせ方読ませ方を、理解の学習と表現の学習とにわけて考えてみました。／児童が、自分達で長文をこなしていく道についてのこれは一つの進め方と思います。
　この方法を追究するについては、手嶋倫典氏には、次のような葛藤が出発点にあったことが、わかる。すなわち、作業単元の中で、まず原本を読み、劇化や紙芝居化をすることが、「よりゆたかに児童の経験学習を肉ず（ママ）ける」、つまり、「用具教科の使命」だと考えることと、「紙芝居も劇も一つの表現形式」であり、「要は形式を学ぶことが国語教育のねらい」と考えることとの間でのことである。この点について、手嶋倫典氏は、次のように整理する。【資料27】
　(1)　表現にまで育つ理解　(2)　練習場面の設定　(3)　理解と表現との全一性　(4)　個性と教材の取り扱い――の４点である。こゝには、「貧弱」な「練習場面の設定」止まりの「読む」ことの指導を否定し、「全一的経験」としての「言語活動」を保障するためには、「個性を生か」す「表現学習」が必須であるとの考えが、再確認されている。その上で、手嶋倫典

第4節　手嶋倫典氏の「表現学習」指導

氏は、第3学年の「うさぎさん」を教材とした「国語学習計画」を、提示する。【資料28】

　この中で、手嶋倫典氏は、まず(6)の「動物についての本を読もう」に児童の欲求が集中していると見て取る。と同時に、読書能力からして、この題材を「ぐっと読み通せる児童は十人に満たない」現実を直視する。そこで、「練習教材」の「基本訓練の場面」の「力だめし」として活用すべきであると考える。つまり、単なる「長文の読解指導」に終らず、「表現」にまで至る「ぎりぎりいっぱいの言語行為」を、と念じているのである。

　この段階で、手嶋倫典氏は、「学習の形態と組織とを決定していく」ための児童の感想を、まずは予測する。【資料29】その上で、「もっとつきつめて文の表現を調べ、全文の心に食いつこうとする問題」点を、念頭に置く。また、一方では、たとえば、

○　「負けることがわかっていながらどうして兎さんは鹿さんとスタートに並んだのでしょうか」

については、「表現学習以前に、こうした問題学習は一次二次三次と相当深刻に学習形態と組織とを決定していくであろう」と、「読む」ことと「表現学習」との関係を説き、その上で、「目標（期待される学習の効果）（ママ）」が、10項目に亘り具体的に示される。【資料30】こゝには、「表現にまでそだてていく言語行為」への階梯が、具体的に示されている。さらには、「評価」の「方法」が、「観察」や「読書カード」などの工夫を踏まえて、示されてもいる。【資料31】

　さて、手嶋倫典氏は、児童に、徹底的に議論をさせる。結局、多数の落ち着き所は判然としたのだが、意見を出さなかった人にも出せる配慮をしている。その結果、多数派が、少数派の気持ちを斟酌して、2つの班で両方をともにやろうと、提案するに至っている。その「指導計画」は、「綜合評価」に至るまでの4次に亘る「時間配当」の中で、周密に確認されている。【資料32】

　この「計画」に基づく実践記録は、児童の随所の発言をも含み、「指導上の留意点」として、5項目に亘って、具体的に整理されている。【資料33】

第Ⅱ章　「教科」か「経験」か

【資料34】なお、手嶋倫典氏は、中での「グループ学習」における相互評価の実際をも、具体的に示している。【資料35】
　その上で、「要するに、長文の指導は、表現の世界と密接に関連していくと、ときにたいへん効果のあるものである」との付記で、とじめられている。
　この指導案を通しての「長文の学ばせ方読ませ方」には、「目標」の10項目が、(1)～(5)と(6)以下との段階の違いにはっきりと意図されていたように、国語科独自の基礎的な学力を一人ひとりにつけていくことと、そこにも、積極的に「表現学習の世界をとり入れて」いくことによって、「全一的経験」を踏まえての「言語行為」を実現することとを、何とか統合しようとする熱意が、貫かれている。中でも、両段階に共通して、集団思考の場を充分に保障するとともに、そこでの「個性的表現法」の体得もが目指されていることが、注目される。手嶋倫典氏のこの満を持した指導法には、学ぶべき点が多い。

4．単元「日記」

　その上で、手嶋倫典氏は、「第九章」（終章）を、次のような見出しで展開する。
　○　表現指導には継続するという根気がいります。単元「日記」を例に
　　とってその様相を説明してみました。
　さて、この章は、全体が、指導者集団による共同討議の記録という形式で、「国語科の単元学習について今から話しましょう」から始まり、記述されている。こゝでは、中での手嶋倫典氏の発言の角々を中心に、吟味していく。「不断の指導と表現学習（日記）」である。【資料36】
　こゝでは　まず、「飼育日記」「学級日誌」「観察日記」との関係についての質問に答える形で、国語の単元学習としての「日記」の継続的な指導の必要性が、再確認されている。すなわち、「社会」や「理科」での共通する学習も、この学習でこそ、「一年間かかさぬように努めて書いていく

態度・習慣・能力」が、「価値」あるものとして確認されている。そこには、重ねて、「社会の要求」の「分析」の必要性もが、説かれている。今日言うところの「基礎学力」と「基本学力」とを統合した関係が、具体的に示されてもいる。また、毎日寸暇を生かして継続してきた素地があったればこそ、その「資料」が「単元の計画」に役立つともされている。そのためには、児童の日記の「実態」を、6項目に亘って調査し、単元学習の始まりのと終了後のとを比較することにより、「効果」が吟味されている。【資料37】【資料38】これも、今日注目の的になっている「総合的な学習の時間」が実あるものとなるための原理をも、示唆している。

その上で、「社会を代表する親の意見」と「教師が日記に持つ目標」とは、単元「日記」に関するかぎり、近いものだとの判断が、下されている。この事実は、一方では、両者に齟齬が生じる場合が、意識されていることをも、示唆している。「学力観」の場合にも通じ、注目される。

このような児童の実態を踏まえて、手嶋倫典氏は、児童が日記を見せることを喜び、昼休みは丸つぶれであっても、簡単な批評や感想に強い関心をしめすことに、胸を熱くしている。

また、児童が、日記を可愛がって、表紙に字の工夫をしていること、日記を書くことがまったく嫌いな者は皆無であることを挙げ、「自己を育てるための方便」として、この単元の可能性や有効性に、確信を持つに至っている。【資料39】

この諸事項に関して、「新教育と日記の指導」は、との質問に対して、手嶋倫典氏は、毎日児童の日記を読むことを通して、指導上の参考資料がつかめ、児童の生活の実態にいつもタッチしていることができる点を、強調している。さらには、それを通して、偽りのない児童の要求をも知ることができ、思わぬ着想を提供してもらえる、とも述懐し、さらに、ひきつづく「単元の展開」に関しての質問については、まず、「誘導と計画」段階について、児童の関心や意欲の深め方の工夫に、「上級生の日記」を学習材にすることなどが、挙げられている。【資料40】【資料41】

しかし、この点については、「解決したい課題に直面することが単元学

習」という指摘に対して、手嶋倫典氏は、理詰めでいくよりも、児童の切実な要求を板書して、その順序に添うか、グループ学習に委ねるのが、この学年では精一杯の「誘導」であるとしている。出発点における児童の素朴な「課題」意識と、「誘導」しようとするその「目標」との関係が、曖昧なまゝであるとも言えようか。たゞし、手嶋倫典氏は、「ずっと高学年になりますと、もっと幅のある学習活動の見通し」が可能である、とも述べている。しかし、その内容も、「日記の文学上の役割」「著名人の日記を調べて」の発表などに、限定されている。

　すなわち、こゝには、「少しでも自分達の日記をよくしていくにはどうしたらよいか」といった「目標」観が、見据えられてはいる。しかし、「よくしていく」の内容が、児童の「切実な要求」の価値的な側面を疎外して、「日記」としての形式の「改善」に終始しようとしている向きがある。児童の「言語生活の実態」を、どのような観点で捉えるかが、問われてくる。

　このような学習指導について、手嶋倫典氏は、その「問題点」を、一方では具に紹介する。すなわち、まず「グループ学習」と「全級学習」との関係が、的確に説かれている。つまり、「練習」の「動的な構造」化、という観点からである。さらに、「評価」の「重点」を、「作文の態度や能力」の「実相」に置いてもいる。そこには、指導者自身の「自己評価」への道筋と、学習者が学習者自身の「自己評価」への実際が、見通されてもいる。その上で、「進歩の証拠」を「綜合採点」するための8項目が、具体的にしめされている。【資料42】

　また、中で、「殊更にくっつけたような形式的練習を重くみるといういき方が、過去には相当はびこっていたのですね」という発言がなされている。「動的構造の中」の「練習」と「形式的練習」との対比の中に、問題点が浮き彫りにされていく。手嶋倫典氏は、これに対して、「単元学習」の「機能」あるいは「価値」が、「巧妙に練習の機会と方法」とを考えるところにある、としている。児童が、意欲をもって「動的」に「練習」を積み重ねていくためには、「形式」としての「技能」や「知識」を超えたどのような目標が、自覚的に設定されていったのかは、明確には示されて

第4節　手嶋倫典氏の「表現学習」指導

いない。

　一方、この「評価」観で注目されるのは、まず、その対象が、「態度」や「能力」の「実相をつきとめる」にあるとする点である。中で、こゝに言う「能力」が、どちらかと言うと「技能」や「知識」に限定されてきた経緯に鑑みるならば、そもそもの「社会的要求」をこそ重視した「学力」観との実質上の齟齬は、否み難い。こゝに提起されている2つの方法も、この点からすると、「幾つかの進歩」の「実相」が、さらに「価値」にこそ向かって求められる。ひきつゞく児童による「評価」も、「統計」や「資料」の形式によって、色褪せたものになることが、懸念される。すなわち、「進歩の証拠」が、極めて限定された項目となっている。「表現活動」にこそとして目指された、児童の「生活や行動に」という観点とのつながりが、希薄になっている、と言わざるをえない。この傾きは、県下の「新教育」実践の場が、「教科」か「経験」かの葛藤の中で、大きく揺れ動くに至る淵源を、浮き彫りにしていると言えよう。

　さらに、議論は展開されて、「中心単元」と「国語の学習」との関係が鋭く問われ、この場合「国語の単元学習」とは何か、という疑問が、鋭く提起されている。これに対して、手嶋倫典氏は、単元「冬のくらし」を例にとって、「本を読む」「手紙を書く」という「目的に関連しておこる言語生活の諸想（ママ）のまとまり」としての「大単元」が、個々の「単元」の「連鎖」として、位置づけられている。これは、「新教育」課程の中で、「国語科」が「用具教科」として位置づけられていた実情が、具体的に反映している、と考えられる。【資料43】

　今日、新しい視点から、「総合化」が唱えられ、実践され始めている。この「新教育」における「中心学習」としての「社会科」が、「綜合学習」（「内容学習」）に位置づけられ、「国語」は、「基礎技能の学習」の中でも、「用具の学習」としての「言語の学習」としての「文学」に位置づけられていた（「資料編」第Ⅱ章第2節【資料4】参照）ことを考えるとこゝに言う「単元の連鎖」が目指した学習の実態は、「生活カリキュラム」の目的を、全体として覆い得ているかどうかを直視し、その轍を踏まないための吟味

が、強く求められる。「国語科」が、単元学習としての主体的にして独自の学習指導目標を持ち得てこそ、内発的な「総合」が、初めて可能になる。その根底には、「言語観」や「学力観」の吟味が、今こそ求められる。

以上、継続的表現指導としての単元「日記」の例に即して、「表現学習の進め方」の実践の実態を、吟味した。「新教育」が出発して間もないこの時代に、「表現」の中でも「日記」指導に注目しての手嶋倫典氏の探究には、その精神として学ぶべき点が多い。と同時に、「どのような力をつけるのか」についての具体的な目標の設定とその指導法のあり方については、学びつゝも、今日の「単元学習」指導には、批判的に生かさなければならない。こゝにも、根底には、「教科」か「経験」かの実践上の課題が、横たわりつゞけていく。

おわりに

以上、本著の4つの章に亙り、手嶋倫典氏の「表現学習」指導の理論と実践とに学んだ。今日、「表現」活動を軸や目標にした「国語科単元学習」の実践研究は、枚挙に暇がない。しかし、上の「新教育」出発期の具体的な実践に学ぶとき、照らされて、私たちの実態は、どのような反省と前進とを求められてくるか。手嶋倫典氏の苦闘の跡は、私たちによっては、すでに克服されているのか、いないのか。今こそ、謙虚に反省し、自己変革のよすがとしたい。手嶋倫典氏は、本著「第一章」の「社会科と表現学習」の冒頭で、「新教育」における「国語（科）教育」の改革に触れて、説いている。【資料44】

すなわち、こゝでは、「つくるという活動」が、「新教育」における有効な手段として、見据えられている。それは、「言語教育」の「効果」を目的としたものである。本節で吟味してきた「表現学習」は、この「手段」と「目的」とに即した多彩な「進み方」を提起したものである。中で、その1つ、「手段」としての「表現活動」は、単元展開の角々において、「切実な言語経験」を尊重したものであったし、さらに、「目的」としての「言

語教育」も、「全我活動と社会的生活様式」との「綜合」を目指したものではあった。

　しかしながら、「切実」さが、児童の「価値」としての自己変革を涵養するものであったか、知識や技能を踏まえた「全一的経験」を、社会的に開かれたものとすることができていたか。また、「社会的責任」と「個性」との「綜合」を目指して、「言語」による「全我活動」になっていたのか。「将来の民主主義社会の形成者」への展望につながる言語主体としては、指導者の確たる指導目標があったとは、言えない。そこが、惜しまれつゝ、今日を照らし出す。私たちも、「ことばを通して生きぬく力」を育む「国語（科）教育」を求め直すならば、現代のこの重い状況の中では、この先学の営為に何を学ぶのか。独自の「手段」と、意欲にささえられた「目的」とを、「教科」か「経験」かを「統合」して、内発的にこそ、創り合わねばならない。

第Ⅲ章　「個性尊重」の実際

第1節　「生野教育」の「学習誘導案」

はじめに

　「新しい学力観」の下に、従来の一方的な教え込み・指導内容の画一性・教科書中心主義・ペーパーテスト中心主義等が、厳しく反省されてはいる。それは、「自ら学ぶ意欲や思考力、判断力、表現力などの資質や能力の育成を学力の基本」とする観点に立つ。即して、「基礎・基本」「自己実現」「個性尊重」「共感的評価」が、目指されてもいる。【資料1】「教室」は変わったか。

　このどこに力点を置くにしても、その中核には、「学習者主体」の学習指導が、「教室」の独自性において自立していなければならない。そのための今日的課題の1つは、「ことばの力を育てる」における「育てる」の構造の解明であり、2つは、その内容の体系化とそれに即した指導の系統化である。【資料2】私たちは、新しい「単元学習」の構築を、このような方向で探究したい。

　その私たちには、受け継がねばならない山口県下国語教育実践史の貴重な遺産がある。すなわち、敗戦直後の先学が、「新教育」の名の下、経験主義に基づく「単元学習」の構築に情熱を傾け尽くされた足跡である。本節では、第Ⅰ章第3節を承けて、同じ頃、県下下関市立生野小学校の先達が、鋭意構築し発表された『生野教育の建設』に、学ぶ。

　本著は、奥書を欠いている。中で、提示されている「国語科能力表」が、1951（昭和26）年12月15日文部省発行の『小学校学習指導要領［試案］国

語科編』のそれを踏まえていることなどから、翌1952（昭和27）年2月16・17両日、研究大会とともに発表されたものと推定される。「和の生活教育（反省と希望の教育）（ママ）」を原理とする「生野教育」は、当時の山口県下の「新教育」を反省する実践営為の中でも、具体的な記録の1つである。

中で注目すべきは、「国語（科）教育」に関わって、詳細な「学習指導計画」が、それぞれ「関連課程」と「教科課程」とに峻別して、準備されていることである。私たちは、「新しい学力観」に揺さぶられ、先の反省に立つとき、他の教科・教育活動全般を視野にいれた「関連」「総合」および国語科独自が担うべき「ことばの力」の観点から、「統合力」としての「国語科学習指導力」（「国語教育力」）の錬成を、求められる。『生野教育の建設』の先達が探究しつゞけた国語（科）学習指導（誘導）の体系化と系統化の跡に、学びたい。

1.『生野教育の建設』の基盤

「生野教育」は、「和の生活教育」を原理とする。こゝでの「和の生活」には、「対象」「姿」を初めとする5項目に亘る説明が、加えられている。その「理念」は、(5)で、「同行考」「帰依考」「随順考」の3つの表現で、説明されている。【資料3】

その上で、「和の生活」は、「教育は、人格完成をめざし平和的国家社会形成者として心身共に健康な国民の育成」を目指すものとして、この(4)の「実践」に到達するよう、図示されている。

また、その「展開の姿」では、曜日ごとに、「希望の日（やるぞ！）」・「自治の日（私達の手で）（ママ）」のように工夫がなされ、「希望」と「反省」とが、「会」や「記録」などの具体的な体制によって、具体化され【資料4】、さらには、「希望と反省に生きる　品性教育の学年別実践目標」によって、それらは、周密な系統化がなされている。

次に、本著では、「郷土の声（世論調査）（ママ）」の一節を設け、課題毎

に、⑴ 改善の着眼 ⑵ その理由 ⑶ どのように改善したらよいか――の3項目に分けて、調査の結果が詳細に記録されている。例えば、その「課題」の1つ「学校や教護施設で改善すべき点はどんなことでしょう」の場合【資料5】には、「運動場の拡張」に始まり、具体的な「改善法」に至るまでが、詳細に示されている。また、「郷土の声（世論調査）」は、同様に、保健衛生・住宅・災害防止・資源保護・産業復興等々、12項目に亘って詳細にまとめられている。

　さらに、本著では、「子供の生活の場（環境実態調査）（ママ）」に関しては、24点に亘って、「調査」項目が示され【資料6】、「国語科」に関しては、「山口県国語標準テスト成績比較表」を示して、「本校児童の教科に対する傾向（好きな教科）」のデータが、まとめられ【資料7】、さらには、「学習方法についての児童の関心」が、6項目に亘ってまとめられ、その「結論」では、「終末」での注意、好悪の「理由」、「自学の態度」と「補説補導」の要が、指摘されている。【資料8】

　以上、『生野教育の建設』の基盤には、「和の生活教育」の原理に始まり、「郷土の声（世論調査）」「子供の生活の場」の両面に亘る周密な調査と、さらには、「学習え（ママ）の関心」に焦点を当てた考察もが加えられて、実践への展望が伐り拓かれていった。

2．教育課程の研究と学習目標

　この研究大会では、金田単次教諭の「本校教育課程について」と題する報告が行われた。【資料9】

　なお、この資料には、「行事行動」を基盤にし、それらに即した多くの目標が確認され、その上で、「関連される課程」が交差し、さらに、突き抜けた位置に、「教科単独の課程（分科の課程）」がそれぞれ独立した形で示された図が、載せられている。

　この報告の詳細は、残念ながら管見に入ってはいないが、『生野教育の建設』の理念と実践への展望とを、よく示唆している。

次に、本著では、全学年に亘っての「関連されて出来た単元名一覧」が、具体的に示されている。その一部を、次に示す。なお、時間数は、「国語」における「関連」のそれである。【資料10】

これによると、「国語」は、1年生ではすべて「関連」、6年生では逆にすべて「教科」としての学習時数が確保されていること、また、3年生の場合のように、必ずしも取り立てては「関連」主題のもとには、参画してはいないことなどの実情が、窺える。

次に、本著では、「学習活動展開案にあらわれた主なる学習目標（頻度数三以上のもの）」として、その詳細が一覧されている。中で、「国語」科に関する「目標」は、詳細である。【資料11】

すなわち、《第二学期》の例でみると、〈一年〉では、「家庭」「社会生活」「習慣や生活態度のちがい」へと、また、〈二年〉では、「ことば」への関心から出発して、「人情」や「詩情」にも配慮しながら、たとえば「要約」力へ、そして、「役に立つよろこび」に至るまで、「国語科」独自の学習内容が、多彩にかつ体系的に網羅されている。

こゝには、教育課程の研究に基づく「関連」と「教科」の2本柱のもとに、「国語」科独自の学習（指導）目標が展開されている。すなわち、経験主義に基づく「単元学習」が、「新教育」思潮のもとに模索されつつあった時期に、この両者への目配りは、「国語」科の独自性をも貫こうとした数少ない実践の1つである。

3．「関連課程」の「誘導案」

さて、本著第4章では、冒頭に、三宅久蔵教諭による「本校に於ける国語学習のねらい」なる研究発表の要項が、掲載されている。これは、「生野教育」における国語教育の理念をよく表している。すなわち、ことばそのものの機能における「個人」と「社会」との関係が、まず「倫理性」として洞察され、「生活」におけることばの「領域」とそれに即した「学習形態」とが、単元学習の構造として、確認されている。その上で、「学習

活動」の３層が、「生活」「修練」「力動」によって、構造的に捉えられている。【資料12】

　また、同要項には、「なまのことば」→「おぼえる・わかる」→「ねる・なれる」→「生かす」といった平易な表現で、「生活経験」の「拡充」へ至る過程が、示されてもいる。【資料13】

　このような理念に基づいて、本著は、次に、「国語科能力表」を、「学習指導要領　国語科編［試案］」に基づいて　(1) 聞くことの能力　(2) 話すことの能力　(3) 読むことの能力　(4) 書くことの能力（書き方）　(5) 書くことの能力（作文）――の５つの「能力」に分けて、詳細に記述している。これは、前年末文部省から発行された「小学校」でのそれを、踏襲している。

　その上で、「生野教育」が伐り拓いた「国語（科）教育」の具体的な学習形態は、大きく２つに分けられる。１つは、「関連」におけるそれであり、２つは、「教科」としてのそれである。その実態は、研究発表会当日の「指定学習誘導案」中の例に見ることができる。【資料14】

　この三宅久蔵教諭の「関連課程」の単元「私たちの研究」にみられる「誘導観」は、「科学的な観察考察の態度」を育成することを基本としている。これは、「人間と自然の基本的関係」や「社会生活の根本的構造」を理解させることにより、「経験の伸張と拡充」を通して、「生活態度と能力」の「啓培」を展望している。

　このように、『生野教育の建設』における「関連課程」の「単元学習誘導案」は、いわゆる「新教育」が具体的に目指しつづけてきた「生活経験」を設定することによって、児童の学習活動を「探求的」「自主的」たらしめようとしている。さらに注目すべきは、この単元学習活動の随所で、具体的な「記録（文）」「まとめ」や「話し合い」「発表」等が、体系的に試みられている点である。私たちは、「ことばの力を育てる」中で、「育てる」内容や方法の構造化・体系化を求めるからには、先達が精力的に探求した児童の言語生活に密着した観点からの再出発に、血路を見出す必要がある。

第Ⅲ章　「個性尊重」の実際

4．「教科課程」の「誘導案」

　一方、「教科課程国語科」の「学習誘導案」の中で、同じ第3学年の場合には、嶋田友二助教諭による次の例がある。【資料15】
　この嶋田友二助教諭の「教科課程国語科」の単元「紙芝居と劇」にみられる「誘導観」は、具体的に「学芸会」行事を視野に、国語科独自の「ことばの力」の1つ「長文読破」力に焦点を合わせて、出発している。しかも、このことは、単に「ことば」の技能としての「能力」に止まらず、それが「人間の思想を高め」「人間としての正しい生活」を目指してもいる。さらには、具体的な教科書教材にも即して、「親しみ易さ」の中での「平和」や「社会性」が、きちんと目指されてもいて、「目標」を支えている。
　また、単元名がそうであるように、この一連の学習の目標は、「紙芝居」や「劇」による総合的な「言語活動」の成就にある。このことは、「本時の学習誘導」からも窺えるように、「経験主義」に基づく学習指導（誘導）がとかく陥りがちであった散漫の弊を、具体的な「学習活動の展開」によって、よく克服しようとしている。
　私たちは、今日、「新しい学力観」の下、「教室」の「活性化」を求めては、児童・生徒の「活動」や「動作化」にとかく力を注ぎ過ぎてはこなかったか。「ことばの力を育てる」とは、「学習指導目標」を確かな軸として、「精選」された「学習（教材）」の「ことば」を通して、自己変革を自己発見させることでなければならない。そのためには、嶋田友二助教諭が着実に設定した「第一次」から「第五次」に至る周密な「学習誘導」体系に学ぶところは、大きい。
　すなわち、その1つは、「主眼」が、「ことばの力」に具体的に即して設定されていることである。「誘導観」の理念に裏打ちされた「話の要点をまとめて話すことができる」「学習活動の展開」の随所に行き届いた配慮に支えられて、とりわけ「第四次」の「表現活動」へと統合されている。「紙芝居」や「劇」は、「主眼」にしっかりと確認されていた「目標」を

求心力にして、総合的な「ことばの力」を発揮する「実の場」として、狙い澄まされていた。

　嶋田友二助教諭の示した「学習誘導案」は、一面「長文読破」であり、一面「要点をまとめて話す」であり、私たちが求めつゞける「表現」と「理解」との「統合」を、見据えていた。

おわりに

　県下下関市における『生野教育の建設』が、「関連課程」と「教科課程」の両面から、「新教育」思潮に基づく「単元学習」の実践と構築とに力を尽くしていた頃、義務教育における学力不振と道徳低下の問題は、県下でもいち早く「中心的研究問題」として、「実践的究明」を目指させていた。中で、県下玖珂郡本郷中学校の1954（昭和29）年度『本校の学習指導――基礎学力の指導――』は、「学力の層構造」を、「上層」「中層」「下層」に分けて、「問題解決」のための「実践的能力」へ向けて、「基礎学力」が、構造的に「概括」と「要素」とで、厳密に腑分けされている。【資料16】（第Ⅳ章第2節参照）

　「ことばの力を育てる」を共通の願いとする私たちは、「ことばの力」とは何かを、認識・思考・創造としての「言語活動力」にまで突き詰めてきた。同時に、「育てる」ことを目指すからには、それが、日々の学習指導の場において、どのような構造認識のもとに捉えられていなければならないかにも、考え及んできた。この「究明」は、『生野教育の建設』が、「和の生活教育」を通して、「個性」をどのように「誘導」していったかに、通底する。

第2節　高水小学校の「国語指導計画」

はじめに

　1947（昭和22）年12月20日、文部省から発行された『学習指導要領　国語科編［試案］』【資料1】に導かれた「新教育」における国語（科）教育は、1951（昭和26）年12月15日改訂の同『［試案］』により、大きな転機を迎える。すなわち、「用具教科」として、生活単元による「問題解決学習」では周辺に位置づけられていた「国語科」基礎学力低下批判の下、教科中心のカリキュラムの充実、従前の理念の具体的吟味が求められる。

　ちなみに、改訂『［試案］』では、まず、「国語の教育課程」の現状について、次のような確認をする。すなわち、「新教育」は、「社会的要求」に応えて、前進しつゝあること、しかしながら、「言語経験」を目標とした「総合的」「展開」や、その中での「固有の地位」、あるいは、「個人的必要」への対応、さらには、「価値の体系」が、「なければならない」を繰り返す文末表現に、なおなお問題点を克服できなかったことを、如実に示している。

　これらの現状認識は、これまでの成果が、全体として「前進」と受け止められながら、各論では、「目標」と言い、「望ましい」と言い、以下、「国語科」学習指導の現実が、どのような苦悩のもとに試行錯誤をつゞけていたかを、如実に反映している。「能力表」の付載も、言語経験単元における「個性尊重」の学力の具体を、敢えて提示しなければならない実情の反映でもあった。「国語科」は、なお深化を求められていた。

　このような転機にあたって、山口県下でも、さまざまな努力が積みかさねられていた。本節でとりあげるのも、その1つ、熊毛郡熊毛町立高水小学校著『昭和二十七年二月　本校の国語指導計画　高水小学校』である。以下、全体像とともに、先の改訂［試案］に示されている具体的指導計

画案との比較によって、その独自性を吟味し、今日の「新しい学力観」に基づく学習指導法探究の指針としたい。

１．考え方と努力点

本著は、Ｂ４版111ページから成り、次の体系を持つ。
　一、本校の国語教育について
　　⑴　国語教育の課題
　　⑵　国語教育の目標
　　⑶　国語教育の範囲
　　⑷　単元的学習の必要性
　　⑸　本校単元構成の立場
　　⑹　本校国語学習の構想
　　⑺　本校国語指導の留意点
　二、実態調査
　三、国語学習指導目標
　四、国語指導計画
本著は、まず、「学校の国語教育」の当時の「仕事」として次の３つの点をあげて、「課題」のありどころを構造的にとらえていく。【資料２】
①　めいめいの言語能力を発達させる。②　これまでの言語文化を伝達する。③　言語生活を改善する。
これらは、ことばを、働きではなく静止的な物として見、日常生活に必要な読み書きの力をつけるため訓練の対象とする「語学主義」と、標準語の確立と国語の純化を目指す「文学主義」とを踏まえ、その上で、各自の言語生活を高め豊富にする「言語機能主義」を念頭に、詳説の結果を「総括」したものである。こゝには、戦前の言語観をも視野に入れながらの、独自の「課題」意識が、窺える。
また、本著は、「国語教育の目標」を、まず教育全体の目標との関係において、捉える。すなわち、「社会形成」「個人形成」「文化獲得創造（職

第Ⅲ章 「個性尊重」の実際

業）（ママ）」の３本柱においてである。その上で、「国語教育一般目標」を、義務教育全体を展望した上で、「ことばの使用を効果的にする」に置く。さらに、「国語教育の範囲」については、「音声言語」「文字言語」に分けた上で、たとえば、「書くこと」では、「字形の書写」と「各種の文の記述」といった具合に、「働き」よりも「静止的」に力点を置いた設定が、なされている。【資料３】

　以上を受けて、本著は、単元的学習の必要性を次のように説く。すなわち、「国語指導」の「観念」化を省み、「日常」化への指向を確認するとともに、「ばらばら」を回避し、「一つの機能的主題」の設定を、と強調している。そのためには、「児童の現実の生活」に即した「学習活動の自然の場」での「言語技術」の錬磨が前提となって、初めて「言語経験の組織の方法」としての「言語学習」が成立する、との謂である。【資料４】

　こゝには、「機能的主題」「自然の場」「現実の生活」の三位一体の関係が、「国語指導」の構造として、端的に説かれている。これらは、学習指導目標としての「主題」の確立、個性を前提とした学習集団のありよう、さらには、学校教育が等閑に付しがちな「家庭」や「社会」での生活が、見据えられている。「言語経験」や「単元学習」は、それらを前提として成る。

　この理念に立って、高水小学校では、単元構成の立場を、構想図で提示している。【資料５】

　これは、児童の興味・必要・能力・学習活動の内この４条件を基準にした一般的単元構成観を、①　生活の面　②　国語の面（教材の面）の２面から考察した結果である。

　すなわち、児童の興味・必要を中心に、社会の要求・国語陶冶の系統を噛み合わせることによる生活単元の構成が、困難であるとの認識に立ち、「教材単元」を眼目としていく。その上で、その欠点を補うために、子どもの生活を取り上げて興味深くし、現実の生活を価値的にするようにして、単元を構成するというのである。具体的には、教科書で指導目標をどのように言語の経験をさせるか。言語の働きを内的に支持している言語要素を、

考慮するものとする。

　その上で、本著は、「留意点」を、「Ａ　一般的」「Ｂ　国語指導について」の２つに分けて、具体的に示している。すなわち、前者では、「生活経験」「国語環境」「能力」「教師自身」の４つの基本的な「留意点」が確認され、その上で、「聞くこと」「話すこと」「読む」「書くこと」の指導の４領域に分けて、先の「目標」に即した具体的な提起が、なされている。たとえば、「読む」の「⑵　読解力の要請に努める（ママ）」では、「文章種別」「音読・黙読」「書く機能」の関連、さらには、「落後者（ママ）の救済」にも、配慮がなされている。【資料６】

　以上が、本著にまずまとめられた「国語教育に対する考え方と努力点」である。こゝには、「本校単元構成の立場」に如実に表れているように、「新教育」の理念である経験主義の原則は堅持しながらも、なお、「教材単元」によってその困難点を克服しようとする営為がある。指導要領がなお目指そうとする方向と比較して、このやむにやまれぬ努力と工夫の具体は、「新教育」実践における「国語科教育」の一典型をなしている。高水小学校の先学たちは、このような課題意識のもとに、以下のような極めて具体的な「学習指導目標」を設定していった。

２．「国語学習指導目標」

　本著は、その上で、学年別に詳細な「国語学習指導目標」を、①　聞く　②　話す　③　読む　④　書く　⑤　作る　⑥　語法――の各項目に亘って、一覧表にしている。たとえば、「第一学年」の場合は、【資料７】に示したように、詳細かつ具体的である。たとえば、「聞く」では、「なかま」「人の顔」「だまって」「伝言」「しずかに」「たのしんで」「言える」にまで及ぶ。

　ところで、1951（昭和26）年12月15日改訂の『小学校学習指導要領　国語科編［試案］』の特徴の１つは、経験主義に基づく児童の生活重視のカリキュラムへの反省を、「能力表」の提示によって活かそうとしている点

である。本著は、翌年の２月（注　日は未詳）に「計画」として著されたものであるから、当然、示されたばかりの本『[試案]』を、具体的な参考にしたものと思われる。

　たとえば、『[試案]』では、①「聞くことの能力」における１～２ないし３（継続）学年の「能力」を、【資料８】のように示している。比較してみると、高水小学校の場合は、踏まえながらも、実態に即した改良が、具体的に試みられていることがわかる。

　このように、本著では、「能力表」に網羅されている項目が、２学年に亘って流動的であるものの中から、①の場合のように、当校の第１学年の実態に見合う項目を摘出し、計画に系統性をもたせようとしたものと思われる。

　また、同様に、高水小学校「第四学年」の場合は、【資料９】のように示されている。

　一方、同様に『要領[試案]』では、「第四学年」における「聞くことの能力」が、８項目に亘って、まず【資料10】のように示され、さらに、「継続学年」としての他の学年との系統性【資料11】もが、具体的に指摘されている。

　前年に示されたこのような「能力表」に基づき、高水小学校では、その「教室」の実態に即して、前記の独自の「能力表」の記述に、まずは膨大な力を結集していったのである。

　ところで、『要領[試案]』における「国語能力表」は、何を目標にして示されたものであるのか。同案第三章「国語科学習指導の計画」第二節「国語能力表とは何か」は、次のように説く。

　まず、「能力表」の現在における必要性について、「児童の立場に立って」の「学習の目安」が求められるようになったこと、「学習指導の目標」が「児童の学習の結果」で押さえられていること、「学習の範囲や程度」に幅があること、「可能な一般的な力」であること、「地域社会」「特殊性」が考慮されていること――を確認した上で、「国語能力表」の「特質」、さらには、活用の観点や留意点についても、具体的に示している。【資料12】

児童・生徒の生活経験を重視した「新教育」は、その試行錯誤の中で、「国語」によって習熟せられるべき「能力」を、確たるものとしてその指導目標に据え難くさせた。すなわち、「能力」と「生活経験」との統合の困難さの壁にぶつかっていたのである。その上、児童・生徒の「発達段階」に即した学習指導計画を具体化することが、焦眉の急でもあったのである。「能力表」は、このようにして、「新教育」での「学力」への不安に応えるものとして、『[試案]』によってしめされ、県下にも及んだのである。
　たゞし、この説明にもあるように、「能力表」の作成は、県下でも、すでに『[試案]』提示の前年、1950（昭和25）年には、次のような試みとして、「作製」されてもいた。【資料13】
　そこでは、「能力を教科の枠で分類し直した方が実際に利用し易いという見地」から、「恒常的生活場面」の見地からと同時に、「国語生活の場面を国語科に」との観点から、「生活場面的分析を教科の枠の中に取り入れる」とし、いわゆる「生活カリキュラム」や「コア・カリキュラム」も、その「中心学習」において活かすことができるもの、としている。「第一学年」の「聞くこと」集の例は、当時の山口県下での１つの規範として、高水小学校での立案にも、影響を及ぼしていたと考えられる。
　高水小学校の先の「国語学習指導目標」は、このような先行の「能力表」にも導かれて、その実情に即して、組織的・系統的な「能力」のありようを示したものであった。

3．単元計画

　このように、『[試案]』を参考に「学習指導目標」を具体化した本著は、次にそれを受けて、各学年各月に亘り、詳細な単元計画を記述している。これも、先の『[試案]』が示した「国語学習指導の具体的展開例」を、参考にしたと思われる。中で、『[試案]』が示した中に、①　「うんどうかい」（第一学年の例）と、②　「学校新聞を編集しよう」（第六学年の例）の２例がある。そこで、本節では、①に見合う同学年同題目の単元と、②に

見合う、別学年ではあるが、同題目の単元を取り上げ、その対比を通して、高水小学校の「展開」例【資料14】の独自性を吟味する。

　すなわち、その「単元の意義」に示されているように、「子どもにとっては最大の楽しみ」という観点から、「小学校教育上」の「大きな役割」が、まず確認されている。それは、「目標」で確認されているように、状況の中で、「精神の明るさ」を目指しての具体的な「言語活動」が、計画されていったのである。

　以上が、本著における「第一学年」の単元「うんどうかい」の体系である。一方、『[試案]』に示されている同学年の例「うんどうかい」は、次のような体系になっている。【資料15】

　高水小学校の「単元計画」「展開」例は、『[試案]』に示された先の「能力表」とこのような「国語学習指導の具体的展開例」などに学んだものと思われる。比較してみると、高水小学校の「単元計画」の独自性は、次のようになろうか。

(1)　「単元の意義」では、体験としての最大の楽しみが、教育上の絶好の機会である、とするに止まっているかに見える。

(2)　また、「目標」においては、「伝言」のような具体性は欠くものゝ、「言語要素」と児童の「能力」の実情に即した配慮がある。

(3)　とりわけ、「学習活動」は、㈠～㈢への単元的構成に体系的工夫がなされ、たとえば、「話し合い」1つをとっても、段階的に多彩である。

(4)　したがって、『[試案]』のそれに見られる「伝言」「絵本」編集のような目に見えた達成感は想像できないが、基礎的な「能力」に習熟するための学習過程は、実情を踏まえた堅実なものとなっている。

　高水小学校の先学たちは、このようにして、「新教育」の曲がり角での困難な状況を、何とか克服しようと、日々の営為を重ねていったのである。

4．単元「学級新聞を作ろう」

　次に、「第四学年」「十一月上旬まで」の単元「学級新聞を作ろう」の展開例を、示す。【資料16】

　こゝには、この単元の「意義」を、「情緒的、知的、社会的、身体的」な「健全」さに置いている。中で、第4学年での「かべ新聞」との系統性をも考慮して、その「作り方」に重点を置いた指導が、「集団的」な「発展」に「意義」を認めて、追究されている。さらに、「目標」としては、具体的な諸項目に「綜合的」な「言語活動」という観点が、貫かれている。すなわち、「学級新聞」作りそのものを、「記録文」「会議記録文」としての「言語作品」として、そこに「綜合」としての求心力を持たせ、同時に、「言語要素」の体系の中では、「発音」で「なぞなぞ」などのくふうが、具体的に採られている。さらに、「学習活動」のとじめには、「ドリル学習」が据えられ、「評価」の観点や「他教科との関連」もが、確認されている。

　以上、学年に違いはあるが、同主題の単元のもと計画された両者を比較してみると、『[試案]』【資料17】に導かれての県下での実践が、どのような問題をはらみつゝの営為であったかが、窺うことができよう。

　このような体系および内容のずれの解消は、後者から前者への学年的発展に待つべきことであるとも言えようが、前述のように、「新教育」の理念を少なくとも精神としてはなお堅持しようとする前者と、現実に直面して、試行錯誤の上具体的な「計画」に及ぼうとした後者の立場上の違いを、表しているものと思われる。

　さらに、「評価」の観点についても、前者が、「興味・関心・態度・能力」に繰り返し言及した上で、「一般新聞・辞書・参考書」への関わりを問題にしているのに対して、後者は、「協同」を踏まえはしながらも、具体的な「書く」や「編集」へと収斂させている。

　両者のこのような関係は、1952（昭和27）年当時の県下の「新教育」受容の一側面を、如実に表しているものと言えよう。

第Ⅲ章　「個性尊重」の実際

おわりに

　1952（昭和27）年、県下高水小学校の先学たちは、このように「新教育」を受け止めつゞけつゝ、学校教育の「仕事」をどのように構築し直すかに腐心していた。それは、先の『[試案]』が、児童中心の経験主義の精神をなお強調しつゝも、一方では、教科書中心主義の立場からの「学力不振」批判に応えんとして示した「能力表」が求める、系統性への対処の困難さからきている。県下の多くの実践家たちは、「新教育」の精神、とりわけ「個性の尊重」を、何とかして地に足ついたものにしたいと、児童の視点に立って苦闘をつゞけていた。

　中で、高水小学校での「学習指導目標」および「単元計画」は、率先してその意味での新しい地平を伐り拓こうとした、血のにじむような営為の賜である。ちなみに、当時同校での青年教師としてこの偉業の主導者であった末本博司氏（県下熊毛郡熊毛町清尾）は、1950（昭和25）年からの２年間の研究指定校としての営為の中で、本著が、未曾有の情熱を傾けた実践をこそ踏まえた結晶であることを、述懐されている。末本博司氏は、復員直後の困難な状況の中で、戦前に心酔された芦田恵之助国語教育学の精神を心に、この難局を何とか切り抜けようと、寝食を忘れてこの集団作業を主導されたという。このご回想には、なお学びつゞけたい。

　私たちは、「新しい学力観」の名のもとに、新しい「困難」を、今こそ克服すべき使命を帯びている。このとき、県下高水小学校の先達が残された本著が導くことがらは、多岐に亘って、しかも豊かである。関係資料をさらに博捜し、現下の国語教育実践のための確かな指標としたい。

第3節　小郡小学校の個性尊重の教育の実際

はじめに

　1996（平成8）年に文部大臣に提出された「第15期中央教育審議会　第1次答申」は、その第2部第1章「これからの学校教育の在り方」の「三　一人一人の個性を生かすための教育の改善」の項において、従来も指摘されてきた「個性の伸張」を、学校教育が育成すべき基本的な観点としての「生きる力」に密着させて、改めて次のように説いている。【資料1】
　すなわち、この「観点」からは、必然的に「教育課程の弾力化」や「指導法の改善」、さらには「特色ある学校づくり」等が、提唱されている。さらには、「厳選」からの「ゆとり」を前提とした「発達段階」に即した工夫、すなわち「ティーム・ティーチング」や「グループ学習」、さらには「個別学習」による指導法の改善、また「問題解決的な学習」や「体験的学習」の充実が、図られている。
　私たちは、「情報化」「国際化」が強調される状況の変化に対応して、従来から追究してきた「個性の伸張」の目標を、その内容や方法とともにどのように吟味し直すべきか。
　このとき、県下吉敷郡小郡町立小郡小学校が、1952（昭和27）・1953（同28）年研究指定校として研鑽を積み、刊行した『学級における　個性尊重の教育の実際　第一集』は、いわゆる「新教育」の転換期にあたり、さまざまな試行錯誤を経つゝも、1点「個性の尊重」に焦点を合わせ、全校一体となって指導の「実際」を探究した成果として、教えられるところが多い。中での「国語科」における営為を中心に、その足跡を吟味し、「個性の伸張」の方向を展望したい。
　本著は、次の体系からなっている。
　　序文

第Ⅲ章　「個性尊重」の実際

　　Ⅰ　個性尊重の教育の原理
　　Ⅱ　綜合課題を目指して　全校研究経過の概要
　　Ⅲ　グループ指導
　　　　A　読みの能力別指導
　　　　B　文字指導をいかにするか
　　　　C　ローマ字教育における能力別指導と文法指導
　　　　D　社会科におけるグループ指導
　　　　E　算数科における能力別指導
　　　　F　運動能力の助長について
　　Ⅳ　個別指導
　　　　A　私の学級の創作（詩、綴り方）に観る子供
　　　　B　児童画の観方
　　　　C　音楽学習における創造的表現の指導
　　Ⅴ　生活指導
　　　　A　学習活動に現れる児童の習慣態度
　　　　B　私の学級の日記指導
　　　　C　低学年の生活指導
　　　　D　叱り方　ほめ方の児童に及ぼす影響
　　　　E　三年生のしつけ方
　　　　F　特異児童（ママ）の指導

中で、当時の小郡町村田繁樹教育長による「序文」は、当時の教育における「個性」の歴史的意義を、次のように説いている。【資料２】

　すなわち、戦前すでに喧伝された「個性教育」は、「君主国に適応する」ための「方法的なもの」であったのに対して、こゝに言う「個性教育の尊重」は、「目的としての個性教育」である、とする。つまり、「個性の完成」こそが、教育の目的、との謂である。したがって、この理念の下では、「児童中心」と「経験学習」とが、「教師中心」と「形式教授」に対して、「民主的な個性」を求める教育である、とする。

　本節は、戦後県下の「新教育」実践の中で、その経験主義単元学習が批

判の矢面に立とうとしていたとき、「個性尊重」の１点から実践的研究を深めた同校の営為に、学ぶものである。

１．「個性尊重の原理」と「綜合課題」

　本著の冒頭には、時の末廣源吉校長の論考「個性尊重の教育の原理」が、据えられている。
　まず、末廣源吉校長は、「個性の意義」のうちの「個人差と個性」について、区別する。【資料３】
　すなわち、「個性」とは、「心身諸機能における個人差の統合されたもの」であり、「分割することの出来ない全人間としての差異」としての「独自性」である、とする。こゝには、個性における価値の多様性が、相対的な比較や競争の原理にとかく支配されがちな現実への、鋭い警告がある。「個性」を「部分変異」ではなく、「統合」された人格として把握すべき根基が指摘され、「全く同じ人間はいない。かけがえのない存在ばかりである」とも、説いている。
　さらに、末廣源吉校長は、本著の表題についても、次のように説いている。
　すなわち、先述のように、「目的としての個性教育」は、「個人差に応ずる指導」ではない。その謂でこその「個性尊重の教育」である、と強調している。【資料４】その上で、さらに、この「個性尊重がかつての教育史上の社会的教育学の前の個人的教育学に逆戻りして、社会化を考えない個性化ではない」(ママ)ことを強調した上で、方法としての体系を展開する。【資料５】
　中で、「１　個性の理解」においては、まず「教師の根本的態度」を、「診断」観の確立の上に立って、児童の「ユニークな存在」を把握すること、諸隣接学の「綜合的な立場」に拠ること、「一般化」を戒め、「活用される調査」の必要の５項目が、確認されている。中でも、「条件」「結論」との性急な「一般化」や自己目的化されがちな「調査」への自戒は、当時の実

践がとかく陥りがちであった陥穽を、鋭く捉えている。

また、「2　個性を生かす場」においては、まず、学校生活の中で、1日、1度も、「教師から励まされ」たり、「友だちからほめられ」たりすることのない日は、「獄中」生活に等しい、とさえ喝破している。

さらに、「4　個別学習と集団学習」においては、たとえ「旧式の授業形態」であっても、「長所利点があらわれるものである」とし、上の理念への深い配慮がある限りは、「個性尊重の教育」可能であるとし、具体的にその「方法」を提示している。それは、「練習問題等」の「準備」等にまで、よく工夫されている。

その上で、同校長は、学習形態如何に関わらず、「個性尊重」の精神があるならば、方法は「弾力性をもった学習活動」を目指すべきで、「教師の個性にあったもっとも得意とする一手」にのみ拠ることは、「新教育」の理念に反すると、主張している。

最後に、同校長は、「7　評価」において、次のような卓見を述べて、本論考をとじめる。すなわち、その根本には、「児童の前後の進歩発達のあとを比較」することにおいて、その「原因をたづ（ママ）ね、怠慢をいましめ」、「努力を賞賛する」ことこそが、「個人をいかすよい評価法」との信念が、脈打っている。それは、「自己評価」への「発展」を必然し、「個性完成」を保障するとの謂である。こゝには、「個性完成」への深い認識の構造が、よく説明されている。

2．「綜合課題をめざして」

本著では、次に、第Ⅱ章で、表題の下に、「全校研究経過の概要」と題して、研究目標・設定の理由・研究の経過・反省評価について、詳細な吟味の結果を記述している。

まず、研究目標については、表題の意義をも含めて、次のように説いている。【資料6】

すなわち、「概念的」にながれがちである現実への自戒から入って、ま

ず「担任学級の児童に限定」すること、その上で、「綜合課題」として、「学級における個性尊重の教育の実際」を策定し、次に、その下に各指導者が「副題」を設定する、としている。【資料7】

その上で、本著は、次の6領域の課題を指導者集団に課している。

すなわち、「精神」の「体得」、児童への「啓培」、「理解」と「伸張」の「方法の研究」、「切実な問題」の採用、「教師自身の個性の伸張」である。中で、教師集団が、「切実」と「自身」との交点において、各々が、「副題——直接研究の題目を決定する」こととし、担任学級のない指導者は、その「担任事務」と「自分の個性」との反省とにより、題目を決定する。「学級の個性」と「教師の個性」とが、見据えられているのである。

以下、本著は、各章に亘り分析・体系づけを詳細に記述した上で、「反省評価」する。【資料8】それは、「研究上の困難点」と「成功したと思われる点」、さらには「今後の課題」とに分けられている。中で、指導者集団自身の問題としては、「全員の意欲」や「全員の研究授業・研究協議」の不徹底が確認され、お互いの「異質の個性に学びつゝ」、「二教科くらいは専門研究を」との意欲を示している。

こゝには、困難な状況の中で、何とかして指導者集団としての「個性の尊重」の教育の実践をとの理念が、指導者自身の「個性」をも念頭にして、具体的に反省・展望されている。

3．「読みの能力別指導」の実際

以上のように、「綜合課題をめざして」、同校では、各教科においては、具体的に「グループ指導」が展開された。中で、国語科においては、中井美智子氏が、「読みの能力別指導」と題し、次のような実践研究（授業研究）を、克明に記述している。【資料9】

まず、中井美智子氏は、「Ⅰ　研究目標」において、全児童の「能力に応じた力」の発揮と、それぞれの「自主的に読みぬく習慣」の定着とが目指され、「よく読み得る児童」および「読み方不振児（ママ）両面への配慮

が、確認されている。

　また、同氏は、「Ⅱ－3　研究動機」については、次の2項目を挙げて、出発している。すなわち、「能力差」の放置は、「ものたらなさ」と「困難」との両極をもたらし、特に後者は、「各教科の基礎」となる「読み方教育」にとって重要な問題である、としている。

　その上で、同氏は、「Ⅳ　研究経過及び実践記録」の項では、【資料9】に示したように、「(1)　実態調査」に始まり「(5)　反省評価」に至るまで、具体的な体系を記述している。中で、「(4)　能力別指導」においては、その具体的な「学習指導計画」の必要性を説き、「教師」「父母」「児童」3者への考察の必要性が、見据えられている。その「入門期における読みの能力別編成」の実際には、グループ相互の「手助け」、「読みの速度」への配慮による指導対象「能力」の限定等に見られる細心の配慮がある。それは、「(3)　原因」としての(a)　身体及び感覚・器官の困難　(b)　知能の点で困難な児童　(c)　心理的に異常な児童　(d)　不十分な学習指導法　(e)　不適当な学習指導──の諸点を踏まえた上での工夫であった。

　この表にまとめられた「能力別指導」の実際は、これ以上には詳らかではないが、先の(1)～(4)に見られる工夫が、3つの「グループ」を通して「個性尊重」の指導を試みつゝも、同時に、集団の中でそれらを活かそうとする姿勢が、窺える。同氏は、次のように評価する。【資料10】

　すなわち、「能力別指導」は、「益々差を」と「思う時もある」。しかし、各班が、それぞれ「能力に応じた活動」をすることによって、「喜び」や「心の安定」や「自信」を持つに至ったし、「全く読み得ない児童」は皆無になった、と述懐している。

　同氏は、このように評価し、さらに、①　入学前の家庭教育　②　能力別による劣等感　③　A班にもある意欲の欠如──などにも言及して、「Ⅵ　今後の計画」では、①　能力別ワークの研究　②　絵日記・劇等により興味を発表させる能力別指導──の必要性を確認している。

第3節　小郡小学校の個性尊重の教育の実際

4．「個別指導」の実際

　本著では、前節「読みの能力別指導」の「国語」における実践例として、他に、石川幸子氏の「文字指導を如何にするか」及び田中行成氏の「ローマ字教育における能力別指導と文法指導」が、克明に記述されている。こゝでは、紙数の都合で割愛して、次に、本著の終の目標である「個別指導」による「個性の尊重」の実際を、国語科における藤間孝氏の「私の学級の創作（詩、綴り方）に観る子供」に学んでみたい。同氏の論考は、次の体系を持つ。
　まず、同氏は、「1、研究目標」において、次のように記述する。【資料11】
　こゝには、「直接経験」における「せきららな子供のすがた」「率直に表現された感動の真実」を土台にして、「想像性」「創造性」を培おうとする思いが繰り返し述べられている。「学習者主体」を標榜する私たちにとっての「新学力観」も、この原点にまずは学びたい。
　同氏は、さらに「3、研究の動機」において、旧来の教育が「文化遺産・文化財にふれて」を、「新教育」が「直接経験」を、それぞれ眼目にしてきたことを指摘し、「現代」では、さきの目標に即して、この「二者を連用」するためには、子供の「内的経験」をもっと知る必要を強調している。そこで、同氏は、「理解することはそれを認識し把握すること」とし、子供の創作活動に「においと声と息吹を聞き」ともに生長したいと述懐している。
　次に、「4、研究経過」は、①　実情調査　②　文集『日輪』への歩み　③　『日輪』の作製　④　『蓑虫』の誕生　⑤　現状――の構造で、詳述されている。【資料12】
　こゝでは、「存分」な表現の場を保障し、技能面での指導をも押さえ、学習（教）材として「白秋」「山びこ学校児童詩」を開発して、「話し合い」に供している。また、具体的な学習目標として、文集『日輪』の制作を目

137

第Ⅲ章　「個性尊重」の実際

指し、そこでも、「話し合い」と同時に、個人の学習活動にも、具体的な指導段階が、確認されている。

　同氏は、このような周密な指導を通して１人ひとりの「個性」の把握に努めつゝ、「全日本児童詩集」を学習（教）材化、作品は、「綴り方コンクール」や中央誌『少年と四季』へ掲載する。

　中で、「Y（男）の作品」および「I（女）の作品」とそれへの解説と述懐と付言【資料13】とは、貴重な実践記録として、真摯な国語科学習指導の成果を、如実に示している。

　こゝには、詩や文章による児童の表現活動の成果に、じっと心の耳を澄ます指導者の姿がある。藤間孝氏は、述懐の中で、「余り多くて気があせるあまりに」「要約してしまった」と受け止め、「書けない」の「裏には」「複雑な『思い出』や『お話』が踊っている」、と受け止めている。こゝには、児童の内実に「きゝ入る」指導者のひたむきな情熱が、溢れている。「個性尊重の教育の実際」から学ぶべき精神の真髄が、こゝにはある。また、あるときは、１人の児童の蓑虫についての発言に「ハッと思ってすぐ手帖に書きとめ」る姿もある。そこから、この児童の「次」の発展の姿を展望する姿勢が、文集『日輪』から同『蓑虫』への確信を持った展開の原動力となったのである。

　藤間孝氏は、こゝに至って、百田宗治の『児童詩のために』に導かれて、「独言或は独白的な言語発想には純粋な、それ故独創的な言語内容が伴いがちである」なる観点に注目し、このような「言葉の培養」だけが、「その人間の個性的な表現をひき出し、やがてその表現生活を個性あるものに育てて行く糸口になる」を、自らの実践研究に引き付けて、学習指導の精神とそれに基づく方法に、強い確信を得ることができている。藤間孝氏のこの一連の実践と研究のみごとな統合の世界は、すべて児童の表現に「きゝ入る」ことの中で、結実したものである。

　その上で、同氏は、このような具体を核とした学習指導の現在について、こう付言する。こゝにも、「もっと子供をとらえて」の熱意に基づく具体的なさらなる工夫と「反省評価」とが、述べられている。藤間孝氏の念頭

には、「創作活動」を通しての「永遠」と「永続性」の「夢」が、握り締められていたのである。

以上、藤間孝氏の「個別指導」「私の学級の創作（詩、綴り方）に観る子供」を通して、同校における「学級における　個性尊重の教育の実際」に学んだ。

おわりに

以上、本著に結集された小郡小学校による「目的としての個性教育」は、「児童中心」「経験学習」の原則を堅持しつゝ、なお児童の実態にきゝひたる中で、その指導者集団としての営為を重ね、試行錯誤をつゞけてきた。その特徴の第1は、「全校研究課題をめざして」で明らかなように、学級の実態を直視し、その独自性や指導者の個性をも尊重しつゝ、「全校」として貫く目標を設定し得たことである。この事実は、今日、学ぶべき点である。

また、本節で紹介した２つの実践研究は、各氏のやむにやまれぬ「教室」からの問題提起の典型的な２類型を代表していて、私たちの実践営為を双方から省みさせる。

すなわち、中井美智子氏の「読みの能力別指導」は、どちらかと言うと、技能的な面での「基礎学力」の涵養を目指したものである。そこでは、えてして「能力」による選別が進行しがちなところを、「班」相互間の助け合いの中で、集団思考力の錬磨へと導く工夫と配慮が、所期の目標に沿ってなされている。この実態に即した具体的な努力にも、学びたい。

一方、藤間孝氏の「私の学級の創作（詩、綴り方）に観る子供」は、前者とは対照的に、細心の配慮をしつゝも、いかにも伸びやかに児童たちの表現を引き出す工夫に徹した実践である。しかも、学ぶべきは、その表現にきゝひたり、きゝ分けて、そこから尊重すべき「個性」の核心を、鋭く深く捉え切っている点である。

このように、１つ目標のもとに、各「学級」とその指導者との「個性」

第Ⅲ章　「個性尊重」の実際

もが尊重される中でのそれぞれの営為が保障されたことは、当時の県下の諸実践の中でも、特筆されるべきであろう。

　私たちは、「新しい学力観」のもと、「個性の尊重」を目指しているはずである。中で、私たちの指導者集団は、この先学たちのように、「原理」の確認から始めて、「全校研究」の実をあげつゝ、なお、各指導者の独自性が、活きのよい「学級」を成立させているか。今一度、「学習者主体」の学習指導の構造を、各学年それぞれの横の、そして学年を超えての縦の系統性をも目指しつゝ、確かめ合いたいものである。県下の「新教育」実践に、学びつゞけたい。

第4節　もう1つの「光プラン」

はじめに

　1952（昭和27）年4月、山口県光市の8つの小学校では、前年鋭意まとめることのできた『新カリキュラムの設計　基底単元　第一集』を受けて、『新カリキュラムの設計　学習展開　第二集』を編んだ。【資料1】「光市小学校教育課程構成委員会」の編による。その「あとがき」には、「第一集を手許にお届け出来たのは六月末、それも随分あせったつもりです。今回はゼヒ（ママ）、学年始めの各位の教壇実践に役立て、頂きたいと、苦労してきました。おかげでこの念願が果されて嬉しく思います」とある。「設計図にもとず（ママ）いた」「学習展開」を求めての営為の記録である。その「はしがき」には、その成立過程と立場とが、次のように、情熱を込めて記述された。
　すなわち、(1)　『第一集』で完成させていた「基底単元」を踏まえた。(2)　各学年毎に2つの単元に焦点を当てた。(3)　それを共同研究の中核とした。(4)　具体的、実践的にと配慮した。(5)　問題解決学習・基礎学習・日常生活課程の3つの基本コースを、設定する。(6)　問題領域法の立場をとる。——の6点が、その構造である。
　その上で、「はしがき」は、「単元名成立の由来」「単元相互間の関連」を明確化することを目指そうとしている。こゝには、「新教育」の理念によって、光市内の各教室から編み出されていった「基底」理論が、実践の場において検証されようとしている。「講和発効を転機として国の内外の情勢も推移し」（注　同集「序」における光市教育課長梅本直一氏の言。）ようとしているとき、一方では、「学力」問題を中心にした「新教育」批判が高まる中で、このような光市の全小学校を挙げての組織的な検討は、先行していた山口大学山口師範学校附属光中小学校によるいわゆる『光プラ

第Ⅲ章 「個性尊重」の実際

ン』(第Ⅱ章第1節参照)とは別に、「もう1つの光プラン」として、その営為の跡が、注目される。

本節では、この『第二集』から、翌年6月15日付けで刊行された『第三集』への「基底単元表」の実態における推移を対象に、「新教育」実践の営為に学ぶものである。

1．基底単元「ゆうびんやさん」

まず、同『第二集』の「目次」は、次のようである。

序　　　　　　　　　　光市教育課長　　　　梅本直一
はしがき　　　　　　　光市小学校教育課程構成委員会
第一学年基底単元　　じょうぶなからだ　　おうち
第二学年基底単元　　近所の人々　　　　　ゆうびんやさん
第三学年基底単元　　乗物しらべ　　　　　家畜と私達の生活
第四学年基底単元　　交通の発達　　　　　光市のうつりかわり
第五学年基底単元　　工場めぐり　　　　　発明しらべ
第六学年基底単元　　日本と世界　　　　　日本の貿易
あとがき

また、各学年「基底単元」ともに、次の体系をなしている。
① 単元設定の理由 ② 一般目標 ③ 具体目標 ④ 予備調査
⑤ 展開(導入・展開・整理) ⑥ 評価 ⑦ 資料

中で、「第二学年基底単元　ゆうびんやさん」の場合は、次のようである。

まず、「単元設定の理由」で注目されるのは、次の4点である。【資料2】
(1) 児童の興味と関心とから発想している。(2) 遊びにとゞめず、発展をめざしている。(3) 社会生活での知識と機会を与える。(4) 具体的な態度の涵養を目指している。――こゝには、(2)の「とゞめず」や(4)の「具体的な」に、反省の上に立った細心の配慮が、窺える。

次に、同単元設定での《目標》では、《一般》における「理解」を踏ま

2.「学力」評価法

さて、このような「基底単元表」は、1つの「基底」として、光市内の実践人に、指導成果についてどのような「評価」観と「評価方法」とを、提示したか。こゝには、「理解の評価」「技能の評価」「態度の評価」(注「相互評価」「自己評価」からなる。)の3つの側面からの「学力」評価の方法が、克明に提示され、実践に委ねられている。【資料8】

《評価》

「理解の評価」におけるこのような方法は、先に吟味した「単元設定の理由」や「目標」に、果たして見合うものであるか。

そこでは、(1) 児童の「興味・関心」からの発想を踏まえて、(2) それらをその域にとゞめず、「発展」を目指すことによって、(3) 社会生活に必要な「知識」を獲得させ、(4) 「協力・感謝」の「態度」を涵養することが、確認されていたはずである。しかし、この「評価」の実態は、主として(3)に終始していて、(1)の「発想」には、むしろ背を向けているとも言える。旧来の「学力」観からとはいえ、「はいまわる」などと謂れのない批判を浴びたのも、このような「評価」とその基盤に必ずしも貫かれていなかった真の「学力」観の実態を、反映したものであった。今日、新たな「単元学習」が、「学習者中心」からの発想に拠るとするとき、この傾きは、特に注意をしつゞけなければならない点である。

次に「技能の評価」については、「はがきをつくる」を初めとして、3つの場合に即して、「記述尺度法」が、それぞれ一覧表になっている。中で、「郵便ごっこにいる道具をつくる」の場合は、「興味」「創意・工夫」「技術」「計画を立てる」「作品は役に立つか」「材料の扱い方」が、その項目である。それぞれは、5つの段階での「評価」のことばでわけられている。こゝでは、指導の過程を克明かつ具体的に辿る点においては、こまやかな配慮がなされている。しかしながら、やゝもすると、ことばでではあれ、実質数値や記号で「評定」されるのと、少しも違わないところに、その限

第Ⅲ章　「個性尊重」の実際

界があると言うべきである。「評価」の本質が、問われる。

　さらに、「態度の評価」は、「相互評価」や「自己評価」あるいは「家庭への調査」など、多岐に亘っている。しかしながら、「相互評価」にしても、「教師だけの評定」を補うものとしてであり、集団思考により、思考や認識をふかめたり、創造力につながる「自己変革」を促すものには、なり得ていなかった。また、「自己評価」にしても、「自己学習力」につながる生産的な役割を担った内容には、なり得てはいない。

3．展開例

　本著では、このような理念を「基底単元」として提示するとともに、以下、2つの「展開例」を示している。

　まず、「展開例・その一」【資料9】では、「もう一度なかよく電話ごっこをやる」のもとに、「表現活動」に重点を置いている。構造は、「ごっこ」を軸にして、次のように整えられている。

　(1)　徹底した話し合い　(2)　調査見学　(3)　制作──3つの柱からなっている。こゝにいう「表現活動」は、(1)を基盤にしながら、すべてを(3)において統合しようとするものである。

　今日、新しい「単元学習」が、①　「学習者中心」　②　「経験学習」　③　「言語化能力」　④　「自己学習力」──をそのキー・ワードとしつゝ、とりわけて「音声」を中心とした「表現活動」に力点を置こうとするとき、この「展開例」には、学ぶべき点と、欠如していたがために心しなければならない点とが、浮かび上がってくる。

　すなわち、まずは、①・②に徹底した指導観が貫かれている点に、注目したい。たゞし、(2)が、実際にどのように活かされたのか、あるいは、(1)が、具体的にどのような稔りある「集団思考」の場を保障したかなどが明らかでないのは、残念である。しかしながら、「基底単元」として、光市内の各教室で、これらの観点からの、即しての具体的な実践が求められている事実は、評価されるべきであろう。

第4節　もう1つの「光プラン」

　しかしながら、「基底単元」とはいえ、そこには、今日求められている③の「言語化能力」の観点が、少なくとも極めて希薄と言わざるを得ない。「国語」の学力を、「ことばを通して生きぬく力」とするとき、今日の「単元学習」は、この「展開例」に学びつゝも、心して③の深化のための具体的な指導法工夫を、編み出していかねばならない。「新教育」実践に学ぶべき観点の1つが、こゝにある。

　次に、「展開例・その二」は、重点を、「通信機能の理解」に置いた。【資料10】「表現活動の展開」に重点を置いた先の「展開例・その一」と、どのように区別されているか。その大きな違いは、「その一」が学習活動の集約を、「手紙の旅の紙芝居をつくる」であるとしているのに対して、「その二」は、「郵便局をつくる」としている点にある。いずれも「ごっこ」という活動を通して、学習者中心の「経験学習」に徹し、「話し合い」を重視しながらも、指導目標としての重点は、峻別していた。すなわち、前者は、児童の「興味」からの「発展」による「活動」に力点があったのに対して、後者は、「通信機能の理解」に重点を置いての「展開」であった。

4．「目標」と評価

　さて、「光市小学校教育課程構成委員会」は、このような『第二集』による「基底単元」の提示を踏まえて、翌1953（昭和28）年6月15日付けで、『第三集』を刊行するに至る。中で、同著の「はしがき」には、光市教育長梅本直一氏の「展望」のことばが、記述されている。

　こゝには、「新カリキュラムの設計」という大事業が、決して「一時的勝負」ではなくて、「捨石の累積」であるとの「覚悟」が、貫かれている。すなわち、『第一集』での「理論究明」や「現状分析」や「実態調査」は、「基礎工事」であり、その上で、「問題解（ママ）学習」と「基礎学習」と「日常生活課程」への峻別、さらには、「問題領域法」への改革もなされた。その上で、「学習展開の具体面」へ、それを受けての『第三集』となったとする。こゝに、『光プラン』営為の跡が、大観されている。【資料11】

このような流れの中で、先に見た第2学年の場合は、どのように改善されていったか。単元「お店ごっこ」の場合に、それを見る。【資料12】

こゝでは、まず、先の「郵便ごっこ」で培われた力も、「共存共栄・相互依存という社会生活」面では、不十分であったと省みる。その上で、「物のありがたさ」や「両親の苦労」の理解、「買物の作法」の体得を目指し、「もっとくわしくしらべ」、「もっとよいおみせごっこ」の中で、単元の指導目標に、「自然に目的を達する」形で近づこうとして、次の段階が確認されている。

(1) 社会生活に即した「時期」への考慮
(2) 社会生活への興味・関心の必要性
(3) 「ありがたさ」や「苦労」を「くみとる」ことと「作法」習得との統合
(4) 「気持」の喚起、「見学」による「理解」、「ごっこ」の上達の体系化
(5) 「知識」の拡大による「単元の指導目標」の「会得」
(6) 「おしつけ」を排した「自然」な達成

さらに「一般目標」では、社会と生活との「相互依存」の理解および「協同学習」への「態度」が、強調されている。【資料13】

その上で、本著は、「具体目標」を、『第二集』同様、「理解」「態度」「技能」の3面から、具体的かつ詳細に提示している。以下、「予備調査」「予想される学習活動」を経て、この学習指導の「目標」は、上の3面に即して、どのように「評価」されようとしたのか。【資料14】

それぞれの項目は、その文末に特徴がよく表れている。たとえば、「理解」においては、「理解できたか」「わかったか」、「態度」においては、「されているか」「なったか」「守られるか」さらに「技能」では、「展開するか」「なったか」「能力はどうか」である。さらに、この具体化のためには、「おつかいひょう」や「こづかいちょう」が、「父兄表」とともに、工夫された。

このように、『第三集』における「目標」の改善を受けての「評価」の

具体を取り上げてみるとき、求める「学力」とその「評価」観の間には、大きな溝があると言わざるを得ない。そこには、「理解」「態度」「技能」という「評価」項目の一応の区別はあるとはいえ、その「評価法の実例案」の実態には、その理念は、ほとんど反映されてはいない。「ごっこ」を通しての「学習者主体」が、ついにはこのような「評価」によってとりまとめられた点に、限界が窺える。

しかしながら、そこに至る学習指導の営為には、「学習者主体」や「経験学習」を初めとする今日の「単元学習」に求められている理念の、一途な追究の跡が、確かな道を示してくれていることは、疑う余地がない。「学力」と「評価」の統合こそが、学んで、今求められる。

おわりに

1997（平成9）年11月17日付けで、教育課程審議会により公にされた「教育課程の基準の改善の基本方向について」（中間まとめ）によると、その理念は、前年7月、中央教育審議会第1次答申「二一世紀を展望した我が国の教育の在り方について」を踏襲することに「意を用い」ている。【資料15】その「Ⅰ-1-1　教育課程の基準の改善にあたっての基本的考え方」には、8つの項目に亘っての論及がある。中で、「学習の指導と評価の在り方」では、とりわけ「自ら学ぶ意欲や思考力・判断力・表現力などの資質や能力の育成」が重視されている。と同時に、その達成のためには、「指導法の工夫改善」が、学習者の「問題解決を助け」る姿勢で、求められている。こゝにも、理念と実際上の方法の間に、なおなお乖離の実態が確認されつゞけている。

以上の問題点を前提にして、この項は、さらに「生きる力」に基づく「特性を考慮に入れた」「評価法の改善」をも、求めている。

また、同「3」各学校段階・各教科等を通じる主な課題に関する基本的考え」では、「道徳教育」を筆頭に「国際化への対応」「情報化への対応」「環境問題への対応」「高齢化社会への対応」に、「横断的・総合的な学習

など」の一項が、加えられている。
　こゝには、先の「もうひとつの『光プラン』」が第１に踏まえた「児童生徒の興味・関心等に基づく課題」の設定が、今日の状況の中で改めて確認されている。さらに、その「課題」を解決するためには、「横断的・総合的な学習」（「総合的な学習の時間」）が、「各学校の創意工夫」の活用の必要性とともに、説かれている。しかも、注目すべきは、「学習指導要領」についても、「大綱化」と併記されているとはいえ、「弾力化」が、求められている。明日は、私たちに委ねられている。どう応えるか。
　しかしながら、いわゆる「新学力観」が提示されて以来、こゝにも「踏まえることに意を用い」られた基本的理念は、なぜ実践の場で、今なお難渋の道を経つゝあるのか。一見、委ねられてきたのに、である。そこが、内発的に吟味されてはいなかったのではないか。その根源を、学習指導に責任を持つべき指導者の「学力観」と、それと一体であるべき「評価観」との関係の実態に見る。これらが、指導者集団の中で、まずは確認されているかどうかである。先学の「新教育」実践は、それを求める。
　まず、第１には、各教科科目で受け持つべき基礎的な「学力」の内容とその系統性との、独自にして弾力的な策定である。しかも、それらは、決してそこ止まりではなく、どの教科科目もが共同して受け持たなければならない基本的な「学力」へと発展的に展開するものでなければならない。漢字の学習１つをとってみても、それは、「生きる力」としての後者を見据えたものでなければならない。こゝを抜きにしては、「横断的・総合的な学習」も、別の意味での「はいまわる」場に堕してしまう。
　次に、第２には、「もうひとつの『光プラン』」が、悪戦苦闘の末第１の「学力」観との一体感を喪失してしまった「評価」観と、それに基づく大胆な創意工夫の醸成である。それは、国語科に限定しても、第１の「学力」観に基づけば、旧弊を固守する理由と必然性は、「指導要領」観からしても、独自の改革をこそ、求めるはずである。すでに「共感的支援」が唱えられても、久しい。私たちは、第１の「学力」観を突き詰めることを通して、必然的に「横断的」をも「総合的」をも、求めざるを得なくなるはず

第4節　もう1つの「光プラン」

である。そこでの「評価」は、「関心・意欲・態度」までが、「評定」対象にのみなり下がるていたらくの「評価」ではなくて、指導者の温かくかつ毅然とした「学力」観に基づく「ことば」による「対話」をこそ、求めている。そこに、自信を持ち合いたい。

　以上、山口県下の「新教育」の1つの「転換期」に、先学たちが心血を注いだ「単元学習」の実態に学び、その「個性の尊重」の実態を中心に、現在の私たちをも必ず待ち受けている課題の一端を、垣間見た。

第Ⅳ章　「基礎学力」の探究

第1節　福賀小学校の「読解力伸張の方法」

はじめに

　戦後の「新教育」思潮に基づく「国語単元学習」は、コアカリキュラムを中核としながらも、さまざまな試行錯誤の中で、その「教科」の側面と「生活」の側面との統合あるいは「修正」を求めつゝ、なお現実に即した国語科学習指導法を模索しつゞけていった。この間の具体的な事情を、山口県教育研究所は、1954（昭和29）年に至り、次のように分析する。【資料1】
　すなわち、同分析は、昭和二十六年改訂版『小学校学習指導要領[試案]国語科編』が、「綜合的」「展開」こそが「国語の教育課題」である、としている点を指摘する。しかし、現実には、とりわけ低学年の場合、「完全なる綜合主義」には「支障が生じてくる」とし、「県下の大勢」は、そうではない、と確認する。しかし、また「分析主義」も「完璧」とは言えない、と苦悩する。
　その上で、同研究所は、「この問題を解決する鍵となるもの――国語科学習指導の要件――」【資料2】として、「具体的な経験」と「国語教育の本質」とを踏まえた「学習指導」の「緊張感」を、求めている。現実には、理念に反し、「緊張感」の足りない「経験主義」が、横行していたのである。中で、「本質」論は、さらに次のように詳述している。
　すなわち、国語科が、「基礎的、道具的な教科」と言われながらも、「独立教科」である所以は、「主題に対する独自な態度」にあるとする。つま

りは、「いかに見、いかに考え、いかに感じ、いかに表現し、いかにまた受け取るかという訓練」こそが、「本領」であるとし、「国語科教師」の「見識」を求めている。

このように、「新教育」の理想の下での「国語の教育課題」は、指導要領による幾許かの軌道修正にもかゝわらず、それぞれの「教室」では、この提起が示すように、未だ未解決であった。

本節は、同じ年、山口県阿武郡阿武町福田下にある町立福賀小学校が、全力を傾けてまとめあげた「国語」学習指導における「読解力伸長の方策」に、その実践上の営為の体系をたどり、現在私たちに問われている「新しい学力観」に基づく「国語」学習指導の具体的な方策を、学びとろうとするものである。

1．認識体系

福賀小学校著『国語教育研究　読解力伸長の方策』は、1954（昭和29）年2月9日に刊行された。同校では、この偉業を機に同年4月から翌年10月にかけての全教科に亘る経営、とりわけ「体育」のそれが、『我が校教育の歩み』としても、刊行されるに至る。この間の様子について、時の藤井力夫校長は、前者の「序」において、先学たちの尽力ぶりを紹介している。

そこには、謙虚な「内省」に基づく「教職員もやはり弱い人間」との自己確認が、まずはある。その上で、(1) 子供の実態の把握　(2) 指導の科学性　(3) 基礎的な観点——の3点が、研修の出発点として、改めて確認されてもいる。【資料3】

そこで、本著は、上に言う「基礎的な観点」を、次のように体系づける。

　一、序
　二、本校児童に見られる読書障害の心理的意義
　三、読みの学習指導
　四、調査にたつ読解力の指導

第1節　福賀小学校の「読解力伸張の方法」

　　五、教具を中心に読解力伸長の方途を探る
　　六、発表要項
　　　　①　国語読解 ……………… 本校教諭　　矢　次　昌　子
　　　　②　教具を ………………… 飯谷分校　　村　上　康　秀
　まず、「二」の「本校児童に見られる読書障害の心理的意義」が「研究課題」に据えられ、「究明」すべき「方針」が、確認されている。すなわち、前提としての「個々を生かす」ための「資料の蒐集」が、それである。その上で、(1)　言語機能の発達の過程　(2)　「読む」能力の発達過程　(3)「読む」活動の持つ問題──の３点を、「究明」すべき点としている。【資料４】

　次に、その「研究過程」が、示され【資料５】、「研究計画」を一覧表【資料６】にした上で、(1)　言語機能の発達について　(2)　読書能力の発達について　(3)　読書レディネスについての考察　(4)　読書困難児について　(5)　事例研究──と展開されていく。

　これらの「計画」に基づく研究成果のまとめは、Ｂ５版28頁に亘り詳細を極めている。中で、(1)　「言語機能の発達について」のうち、たとえば、「よむことの経験内容」については、次のように整理し、以下の手立てのための理論的な基盤としている。【資料７】

　すなわち、中でも、「調べるためのよみ」が、「調べる目的によって異なる」ことを確認した上で、「読解能力」を、「ざっとよむ能力」を初めとした具体的な諸能力に分けて、示している。さらには、「よみ」を目的によって「鑑賞」「新聞記事」「辞書や参考書」に分け、最後に、「図書館」の利用にも触れている点が、注目される。

　このような観点に立って、ひきつづく「よむことの心理」【資料８】では、すべての教科の学習は「読書力に依存する」との認識を前提にし、「読書の技術の習得」から「学習するためによむ」への発達を、目指している。そこには、「解釈」から「利用」への道筋が、確認されている。

　さらに、本章では、「読書レディネスの要因」を、Ａ　一般知能　Ｂ　生理心理的要因　Ｃ　興味的要因　Ｄ　経験的要因　Ｅ　知的要因　Ｆ

性格的要因　G　環境要因——に分けて詳述し、「診断」のための「テスト」を経て「欠陥」を明らかにし、「指導の具体例」を次のように示している。【資料9】すなわち、そこでは、「語い」（ママ）を中心とした「聴覚の弁別」や「聞きとり」の練習を初めとして、すべて「聞く」「話す」の活動を通しての指導が、目指されている。

　このように、この「研究」は、分析とその結果に対応する方策を具体的に絞り込み、さらには、「読書困難児」への方策にまでそれを徹底させ、「事例研究」の一個人例を詳細に紹介している。

　こゝには、実態を踏まえた「読解力伸長の方策」への徹底的な分析に基づく認識の体系が、重厚に構築されている。中でも、「読解能力」を、「ざっとよむ能力」から始め、「批判的によむ能力」等へと構造的に捉え、「聞く」「話す」との関連にも配慮した指導の具体が、注目される。

2．指導法の探究

　次に、本著は、「読みの学習指導」と題する一章に同じく28頁を割いて、先の「方策」を一層詳細に記述していく。その体系は、次の7節からなっている。

　　①　国語学習の基礎技能　　②　基礎読みの指導
　　③　教材による一般的な指導法　　④　低学年に於ける教科外読み物
　　⑤　読解力を妨げるもの　　⑥　読めないことの類型と予想される原因
　　⑦　個人差に応じた国語学習指導のあり方

中で、「読みの学習指導」に関わっての①については、(1)　学年相応の読み　(2)　正しい発音やアクセント　(3)　学年相応の速さ　(4)　内容の正しい読みとり　(5)　批判読み——5項目が、具体的な内容と目標とを、示している。さらに、この(5)については、自らの求めている問題と照らし合わせての「判断」読み、「比較」読み、「批判」読みが提唱され、「判断力」や「思考力」のために、これが重要な「技能」であるとしている。

　次に、本章では、「②　基礎読みの指導」において、2、3年の場合と

4、5、6年生の場合とに分けて、それぞれの段階を押さえながら、「教科書の指導」「新出漢字の指導」「難語の指導」等について、詳細な分析に基づく「方策」が、提示されている。【資料10】

たとえば、中高学年の場合には、まず「読みの目あて」として、10項目を具体的に提示した上で、「指導上の留意点」として、他教科との関係や個人差や多読の機会、さらには辞書の活用にまで、言及している。

その上で、本章は、「③　教材による一般的な指導法」を、教材のあらゆるジャンルに亘って、一覧している。【資料11】その「教材」は、「物語」「劇」「思索教材記録」「日記」「手紙文」「ことば教材」「参考書辞典の使い方」に及んで、詳細を極めている。

また、本章では、「六、読めないことの類型と予想される原因」において、A　文字、語いなどに関係のある読みの欠陥の類型と予想される原因　B　文の理解に関係ある読みの欠陥の種類と予想される原因　C　読みの不正な習慣の類型と予想される原因　D　読みの学習不振の類型と予想される原因——の4項目にわたって、詳細な分析のもとに、「原因」の究明が行われている。たとえば、Bの4項目目は、「欠陥」として「黙読の速さがおそすぎる」ことに関しての「予想される原因」が、11項目に亘って、詳細に指摘されている。【資料12】

このように、本章では、「読む」(「読解力」)の「基礎」とは何かに始まって、その「欠陥」と「原因」とが克明に分析・記述された上で、その「指導法」もが、周密に提起されている。「国語」のとりわけ「読解力」に絞った「指導法」の探究が、このように体系的・具体的にされた例は、県下では他には管見に入っていない。

3．個人差に応じた指導

さらに、本著は、次章「研究課題『調査にたつ読解力の指導』」において、次のような体系で具体的な「方策」を追究する。

第Ⅳ章　「基礎学力」の探究

　　A　読解力はどのような面から是れをみる事が出来るか
　　一、読みの実態調査
　　　1、一般的な実態調査
　　　2、読みの学習指導に直接関係のある実態調査
　　　3、読みの困難や欠陥の種類や原因についての実態調査
　　二、読解能力の分析
　　三、読解能力の要因と欠陥原因
　　　1、読解機能の要因
　　　2、読解機能欠陥の原因
　　四、基礎的読解能力の診断の方法
　　　1、診断の方法
　　　2、読解能力診断の着眼点
　　五、読解能力欠陥の治療
　　　1、一般予防的治療処置
　　　2、基礎的読解能力欠陥の治療
　　B　調査にたつ読解力指導の実際
　　その一、あらすじのつかみ方とその指導法
　　その二、読解力の診断と治療
　　その三、読解力障害の探究
　　　付　一、テスト結果の処理のしかた
　　　付　二、現行知能テスト及び国語標準学力テスト一覧

　以上の体系に基づく「方策」探究の詳細については、こゝには紹介を割愛するが、その成果の核心に当たる一端を、「Aの五の2」「基礎的読解能力欠陥の治療」のうち、「文章理解力欠陥の治療」の項目から、吟味する。すなわち、そこには、「主意を示す語句」の確認法、「主意の類似と異同の分類」法、「黙読と動作」の連結、「結論や結果の推論」法、「文体の変化や要約」法、「標題」作りと、具体的にして多彩な方法が、提示されている。【資料13】

　さらに、「Bのその一」「あらすじのつかみ方とその指導法」は、その「困

「難」さを確認した上で、「つかみ方」の「タイプ」を捉えるために、実態把握、欠陥の予想、指導法の工夫、個人差対応への資料化といった段階的「方策」が示され、２年生での教材「ろばと親子」の場合に即して、「問題」と「問題の意図」とが、具体的に示されている。【資料14】

　中で、この「調査法」では、この「テスト結果による分類」として、児童の「読みとりのタイプ」を、５つに分けている。【資料15】

　また、これらに対応して、「必要な指導」も、具体的に示されている。【資料16】

　その上で、本項は、指導の実際を反省する。すなわち、個人差に応じた指導の実際においては、「問題」を「切り下げて与え」ることによって、同じ点に到達できる、としている。【資料17】

　こゝには、「個人差に応じて」の指導が、児童の「学力」の可能性をどこまでも信じて追究しつゞけようとする営為の姿が、具体的に示されている。児童の実態調査の周密な積み重ねの結果、このような学習指導の「方策」を編み出していった足跡には、学ぶべき内容・過程・方法が多い。

４．考える学習

　次に、本著では、飯谷分校村上康秀氏の研究発表「教具中心に読解力伸長の方途を探る」の詳細な内容が、示されている。【資料18】

　中で、「五、読解をのばすために」では、「技術的にどれだけのことをしているか」との厳しい自戒のことばのもとに、黙読の重視、問答の重視、感想から鑑賞へ、書くことと読解との統合、などの方策が、９項目に亘って具体的に確認されている。【資料19】

　さらに、受けて、体系の「六」の項目で、村上康秀氏は、「個人差に応じた国語指導」について、発表している。そこには、困難な実態を踏まえた上で、なお「力に応じて精一杯の学習をする機会と教材」の提供を通して、「人間性の愛惜」といった高次の理念までが目指されて、グループ学習の能率化と中での個人差の問題とが、具体的に指摘されてもいる。【資

料20】

　また、締め括りに、体系の「七」の項目で、村上康秀氏は、「独自学習法の指導」について、その大切さを確認した上で、「自信をつけ、高める、成就の喜を得させる」へと、7項目に亘る実践上の方策が、具体的に示されている。【資料21】

　以上のように、村上康秀氏の発表は、前章の周密な調査・分析の成果を、自らの国語学習指導の実践の場で具体的に検証し、1人ひとりの児童に即した「考える学習」を深く探究している。今日の指導の場にも、この精神と方法とは、具体的な示唆を与えている。

　おわりに

　阿武郡福賀小学校が打ち建てた「国語教育研究　読解力伸張の方法」が、私たちに提起している問題は、次のように整理されようか。かみしめて、「新しい学力観」に基づく学習指導の具体的な改革の実現に随所で活かし、これを乗り越えねばならない。

　まず、1つは、学習者（児童）の学習における実態についての周到な調査・分析の徹底である。その営為は、「読む能力」「読む活動」の「発達過程」の研究に始まり、踏まえての「事例研究」の徹底は、「困難児」に対する具体的な方策にまで至っている。

　2つには、「読解力」に絞った「指導法の体系的・具体的」探究である。それは、この調査・分析を踏まえた「欠陥」「原因」の克服を、目指したものである。濃やかな配慮が、個に及んでいる。

　3つには、「個人差に応じ」た具体的な指導法の探究である。こゝには、学習者（児童）の「学力」の本質についての洞察がある。「テスト」1つにも、この配慮が裏打ちされていて、注目される。

　4つには、実践を通しての「考える学習」指導法の探究である。そこには、上の諸目標を達成するための理念が熱い思いで込められている。すなわち、「人間性の愛惜」を初めとしたそれである。こゝには、グループ学

習指導と、もに、同時に「独自学習の方法」をもそこに統合しようとする卓越した理念が、見て取れる。

　以上の４点は、「新しい学力観」に基づく理念が先行しがちな今日の学習指導法に、忘れられがちな具体的な模索法を、示唆する。

　阿武郡福賀小学校の先学によるこのような営為がなされたその翌年、山口大学教育学部附属光小中学校波根治郎校長は、「新教育」の明日について、次のように提唱している。県下の国語教育の動向も、このような要求への対応を目指していたのである。この動向に先立つ本著の営為は、その先見性においても貴重な存在であった。【資料22】

　すなわち、そこには、「教師と児童」、「子供達同志」の間の「敬愛信」が根底で確認され、この上に立って、教師が子供達に、自己活動的、個性的、科学的な指導を、と提起している。中で、たとえば、「視聴覚教具」に使われることなく、自由に「子供達のために」駆使すべきことが、説かれている。今日のＩＴ機器の「活用」の実態への警告ともなっている。

　これは、「はじめに」で紹介した山口県教育研究所の問題提起を受けた県下の実践の方向を、主導するべき立場からの回答でもある。県下における「新教育」の新しい動向として、福賀小学校の具体的な営為とともに、今日の立場からも、なお学びつゞけたい。

第Ⅳ章　「基礎学力」の探究

第2節　本郷中学校の「基礎学力の指導」

はじめに

　1983（昭和58）年11月、「中央教育審議会」「教育内容等小委員会審議報告」は、「時代の変化と学校教育の在り方」の4本柱の1つに、「基礎・基本の徹底」を挙げている。これは、1977（昭和52）年告示の指導要領で提起された理念をさらに深化させ、現行の指導要領にも徹底して引き継がれた項目である。これは、1987（昭和62）年12月に出された「教育課程審議会」答申における「教育課程の基準の改善のねらい」4点のうちの1つ、「国民として必要とされる基礎的・基本的な内容を重視し、個性を生かす教育の充実を図ること」として、いわゆる「新しい学力観」へとも流れ込んで、現在に至っている。
　一方、戦後昭和20年代の後半、「新教育」が学力不振と道徳低下の批判にさらされ始めたとき、山口県下のとりわけ中学校では、「生活経験の学習」をなお推し進めつつも、「基礎学力の向上」が焦眉の急の課題として浮上してきた。本節で取り上げる玖珂郡本郷中学校による著『昭和二十九年度　本校の学習指導――基礎学力の指導――』は、その典型的な1つである。
　本節では、本著が提起した問題点を辿ることを通して、今日新たに求められる「基礎・基本」重視の学習指導の意義を、吟味する。

1．基礎学力の構造

　本著では、まず、「現代の学力とはどんな意味をもちその特質は（ママ）どんなものか」について、まとめている。すなわち、まず、「知識・技能」が「態度習慣化」され、「生活課題の解決」目指して、「生きた機能的な力

の働きの総体」であることが、「学力」の「意味」であるとする。その上で、その「特質」については、「社会的実践的関心」、「能動的な力」、「統一的知性」の３点が、指摘されている。【資料１】

　こゝには、文化遺産を「将来のよき社会を建設する武器」とみなし、「固定知の堆積」「傍観的知識」としての旧来の学力観を克服しようとする「新教育」の理念が、なお貫かれている。

　その上に立って、本著は、「基礎学力の内部構造」を「人間教育の上に不可欠なる要素としての普遍的な基礎」と規定し、具体的には、「生活課題解決の実践的能力に対しての直接的・間接的土台となる要素的能力即ち知識・技能と概括的能力」と説明し、出発している。こゝには、今日の「基礎・基本」学力を再確認するに際しての問題点が、潜んでいる。

　その上で、本著は、「学力の層構造」を、「問題解決の学力」と「基礎学力」とにまず大別し、前者が「実践的能力」として上位に位置づけられるのに対して、後者は、さらに、「概括的能力」「要素的能力」とに、峻別されている。中で、「概括的能力」に、「経験」の中から「法則」を発見する能力として、他の２つの「能力」をつなぐ独自の役割を、確認している。【資料２】

　このような学力観に基づいて、同校は、1954（昭和29）年度「研究課題の実践的究明にあたっての具体的研究問題」として、さらに２つの「問題」を提起している。その１つは、「中心的研究問題」としての「基礎学力の向上」のための指導法であり、２つは、「活発化」のための「副次的研究問題」である。後者では、「独自学習」と「協同学習」の「能率的」「調整」、「討議学習」、「視聴覚教育」、「特別教育活動」と、多角的な配慮がなされている。【資料３】

　このような課題は、1953（昭和28）年第１次の「計画期（ママ）自主的協同的学習活動の確立」を受けた本年第２次の「反省充実期　基礎学力の充実」として位置づけられたものであり、次年次第３次の「伸展期　理想的学習活動の建設」を展望したものである。

　すなわち、これらの「問題」を解決するために、特に８つの「努力点」

が、確認されている。それは、「実態調査」に始まり、「指導計画」、「環境整備」、「ドリルと診断の重視」など、具体的にして細部に亘っている。【資料4】

さらに、「具体的研究問題に対する実践面の計画について」は、「基礎学力の充実」を「具体目標」として、詳細な内容の一覧表を示している。【資料5】

本著では、このような構造的認識とその上に立った研究課題の設定および研究計画の策定に基づき、「研修を主とする」研究行事をも設定して、指導者自身の力量の向上に努めていく。【資料6】

私たちは、「新しい学力観」へと、「基礎・基本」を見据えた学力を、「個性」の尊重とともに求めつづけてきた。このとき、本著が模索しつづけた課題解決のための具体的な実践内容・方法は、私たちが何を押さえるべきかを、示唆してくれる。

2．国語科における「基礎学力」

本郷中学校では、1954（昭和29）年12月7日付けで、「本校国語科の基礎学力とその指導」を、次の体系で発表している。

　　一、緒言
　　二、国語科の基礎学力について
　　三、本校における基礎学力の実態について（その一面）（ママ）
　　四、基礎学力要請の歩み（その読み・書きの一断面）（ママ）
　　五、結言（ママ）

まず、「緒言」に見られる状況認識の根本には、「新教育」の「一大転機」が、「学力低下」論議と言いながら、往時をなつかしんだり「戦後の足どりを無批判に逆行する」ものであってはならない、との炯眼が働いている。さらに、「基礎」とは、「読・書・算の能力」であるという戦前の認識を超えて、「全教科にまたがる新学力観」に基づくものでなければならないとしている。と同時に、「基礎的知識・技能・態度の啓培」に、これらの能

力は必須のものとして、「生活能力形成」に関わるものであるともしている。

その上で、国語科においてとりあげるべき問題点を、3つに集約して、追究しようとする。すなわち、「学力」の定義、「学力の実態」、「学習指導」法である。その上で、「ことばの学習」という点が確認され、「ことばの効果的な使用能力育成」を目指すことが、「経験を処理してゆく力」へと、絞られていっている。【資料7】

その上で、国語科における学力の内容は、「言語の効果的使用能力（実践的能力）」としての把握の下に、「読解力」から「文学鑑賞力」に至る具体的な8項目に亘る「学力」の体系が、提示されている。【資料8】

こゝには、次のような認識が裏打ちされている。すなわち、「学力」は、「実践的能力」「基礎学力」とが、「統一的な総体」をなすべきである、という指摘である。その上で、「言語能力」すべてが、「基礎学力」ではないとし、かつその中で、「要素能力」と個々のそれをつなぎ合わせる「概括的な能力」を、確認している。これらの「学力」全体における構造は、先の【資料2】に示されたように、この両者の上に、「問題解決の実践能力」すなわち「効果的な言語使用力」が成立する、としている。【資料9】

このように、本著では、従前の「基礎学力」と「実践能力」とをさらに統合する能力として、「問題解決の実践能力」に焦点を合わせ、「国語の基礎学力」についての見識を示している。こゝには、戦前の学力観とそれを克服しようとして試行錯誤をつゞけてきた「新教育」の弱点にも思いを致した、鋭い洞察がある。

この見識のもとに、本著は、「国語基礎学力の一覧表」として、上の「概括的認識能力」を中心とした「基礎学力」観の体系を、具体的にまとめて示している。【資料10】そこでは、先の「言語を効果的に使用する能力」なる「学力」の目標に向けての「態度」の育成が、全体を統括している。その上で、「聞く」「話す」「読む」「書く」の4領域別に、「個別的知識・技能」とこゝに言う「概括的認識能力」とを峻別して、それぞれ具体的な項目を列挙している。たとえば、中で、「聞く」の領域では、前者として「発

音」「文字」「語い（ママ）」「語法」が、後者として「ことがら」「要点・用件」「筋」「意図」を確実に「ききとる」こと、さらには、「批判的にきく」、「共鳴する」に至るまでの能力が、段階を追って示されている。

　以上、「国語科における学力とは何であるか」なる課題の探究において、「概括的認識能力」を中核にするという判断認識をした本郷中学校の先学たちは、「国語科」の学習指導の4領域に亘って、「基礎学力」についての具体的な指導目標を、このように確認する。こゝには、私たちが、「国語」の学力を、ことばの機能に即して、伝達にとゞまらず、思考・認識・創造にも関わる力として認識し、「新しい学力観」のもとに、ことばを通して状況を生きぬいていく力を探究しようとする営為に、通底するところがある。この「国語基礎学力一覧表」は、同時代に一般的であった「能力表」と比較しても、「国語学力」を考え直す意味で、貴重な示唆を与える。

3．実態把握の方法と内容

　このような認識に基づいて、本郷中学校では、従来の単元学習終了後の評価・標準学力テストによる継続的観察などによる実態把握に加えて、1951（昭和26）年2月、全国的に行われた「義務教育終了時における学力テスト」を活用する。これは、1954（昭和29）年11月、「能力別分化された編成」の2組の内のA組（男14・女17）を対象にして実施された。【資料11】

　その結果は、①　「書取全体の正答率」、②　「語の理解・漢字を読む能力のテスト」、③　「漢語の意味の理解テスト」、④　「文の理解力テスト」に即して、詳細に分析反省されている。その「結論として」【資料12】では、「全国的に一般的には」満足のいくところではないとしながらも、「概括的認識力」の「伸張」という観点からすると、従来の方法に止まっていたのでは、改善はされない、と考えている。このようなテスト自体の問題の本質と「新教育」における「学力」、とりわけこゝに言う「概括的認識能力」との間の齟齬は、深刻な問題を孕み始めていた。

第2節　本郷中学校の「基礎学力の指導」

　以上が、本郷中学校の先学による国語科「基礎学力」の実態把握の方法と内容である。方法については、事の性格上、既成の「学力テスト」を使用せざるを得なかったようではあるが、その結果の周密な分析とそこからの指導法を展望しようとする真摯な内容の総括には、教えられるところが大きい。そこには、本当の「理解力」すなわち、言うところの「概括的認識力」の伸張をこそ求める指導者集団の熱い思いが込められていて、心揺さぶられる。

4．基礎学力の養成

　このような実態把握の成果の上に立って、本郷中学校の先学たちは、次に、「読み・書きを中心として」、基礎学力の養成・向上を目指す。これは、前年度の「読解力を中心として」を踏まえ、基礎学力の要素的能力と概括的認識力の2方面から、その目的を達成しようとしたものである。この指導は、①　漢字・語い（ママ）の養成にあたって　②　文の指導にあたって　③　指導の実際（書取ドリルについて）（ママ）――に分けられている。
【資料13】
　中で、①では、「目標」を1年生では、「読み」の「個別指導」、2年生では、「語い（抽象語い）（ママ）」、3年生では、「語の性質の理解」とを、それぞれ「書取ドリル」との関連づけで、「基礎学力」についての先の理念を、貫こうとしている。また、②では、各学年別に、「読む」と「書く」とに分けて、ともに学年の進み具合に重ねながら、徐々に発展していくよう、工夫がなされている。たとえば、「読む」の項では、1年生の第2点の「要点や要件を正しく読みとる」は、2年生では、第1点に同様に配置されている、といった具合である。その上で、3年生の「読む」では、「批判」読みや「くらべ」読みへ、「書く」では、「文章を推敲する」へと、深化発展が目指されている。すなわち、「基礎学力の内部構造」として確認した「要素的能力」から「概括的能力」への指導の展開が、試みられている。具体的には、書き取り練習帳1頁30語（ママ）・内15語を含む短文の

第Ⅳ章　「基礎学力」の探究

聞き取り・相互評価を、授業前7分で継続的に行うことによって、この難点を克服しようとした。漢語を、「概括的認識能力」として習得させる方法を求めた。

　さらに、③では、「自作テスト」での「二十級」の「検定試験制度」を工夫して、「ドリル」の必要性の痛感から、具体的な試みをしている。しかし、「形式化」や「解釈」との齟齬や「個人差」、また「職務の煩雑化」が省みられ、全体としては「好結果をしめさなかった」、と結論づけている。「総括的能力」の前提とした「要素的能力」への傾斜の必要性が、理念としての「基礎学力」構造を実現し難い実情が、確認されざるを得なかったのである。「新教育」が終に目指す「上層」の「問題解決の学力」（実践的能力）は、その「中層」に至るべき「下層」の「要素的能力」指導の実際において、躓きをみせたのである。

　おわりに

　本著の「結語」における「基礎学力の養成」は、「知識のつめこみを上手」にやることとの混同を、厳しく自戒している。こゝには、先の「概括的認識能力」こそを「基礎学力」の真意だとする理論的な確信と、「現場での実践」の「覚束な」さとの葛藤の率直な告白がある。「新教育」が、1つには、「基礎学力」の面で批判に曝されたとき、なおことばを通して積極的に経験を生かす力をこそ求めようとする姿勢が、貫かれる。

　今日、私たちが「新しい学力観」のもと、
　○　国民として必要とされる基礎的・基本的な内容を重視し、個性を生かす教育の充実を図ること
に即して、「基礎学力」の充実を図ろうとするとき、児童・生徒の発達段階を視野に入れた系統性が、まずは重視される。その上で、とりわけ「表現」「理解」の「基礎」として「言語事項」が、具体的に位置づけされようとしている。同時に、一方では、学年に即した「重点化」もが、強く求められている。

私たちが、これらの視点を総合的に国語教育力の骨子として正しくとりこもうとするならば、本郷中学校の先学が辿った試行錯誤の道程を、私たち自身の「教室」の実情に即して吟味してみることは、意味のあることである。その中核には、本郷中学校の先学が言うところの「概括的認識能力」に対応し、「基礎学力」に通底する今日的指導理念が、指導者集団の中で是非確認されていたい。「基礎学力」は、その意味で今こそ求められている。

　なお、山口県下では、本著が公にされる前年、山口大学教育学部附属防府中学校（注　当時の呼称。）研究部編『各教科に於ける　基礎学力と其の指導　昭和28年度』が、「基礎学力の構造論」を各教科毎に周密に展開している。本郷中学校の先学の場合と比較することによって、当時の県下の「基礎学力論」の全体像が見て取れよう。（本章第４節参照）

第Ⅳ章 「基礎学力」の探究

第3節　高等学校の「基礎学力の実態と対策」

はじめに

　1996（平成8）年7月15日に提出された「第15期中央教育審議会第1次答申」の第二部第一章「これからの学校教育の在り方」の「二」には、特に「教育内容の厳選と基礎・基本の徹底」の一項が設定されている。答申は、中で、「知識の習得」への偏重を省み、「生きる力」へと「基調を転換」することを求め、そのためには、「ゆとり」と「教育内容の厳選」との必要性を、説いている。その上で、「基礎・基本」の学習を通してこそ、「多様な個性」は「開花する」とした。【資料1】
　このように、基礎的・基本的な内容の重視や、基礎・基本の徹底は、教育課程の基準改善の都度、俎上に載せられてきた。そのいずれの場合にも注目すべきは、「個性を活かす」ことや「情報化社会の変化への対応」「思考力・創造力・言語感覚の育成」等と一体となり、明記もされてきたことである。すなわち、こゝでは、「国民として必要とされる基礎的・基本的な内容」そのものや、その「徹底」のための方法如何にとゞまらず、そこで確認されるべき「学力の構造」に即しつゝ、「個性」を初めとした児童生徒の「自己学習力」が、どのように達成されるかが、強く求められている。「国語（科）教育」の実際は、これにどう応えてきたのか。
　すなわち、「国語」の学力を「ことばを通して生きぬく力」と規定するならば、まずは、この「内容・方法」を、①　児童や生徒の興味・関心・意欲・態度等の実態から照らし出し、②　その接点において、「ひとりひとり」の「生きぬいている」力を確認し、③　その上に立って、集団思考の場での相互錬磨の成果を、目指さねばならない。それは、「新しい学力観」に基づいて具体的・系統的に「基礎・基本」を示している「学習指導要領」の「内容・方法」を、地域や「教室」の独自性の側から吟味してみ

ることを、厳しく求めている。「基礎学力」は、どう求められるのか。

　本節は、敗戦後のいわゆる「単元学習」に基づく「新教育」が、「基礎学力」不足批判の矢面に立ち、一大転換を余儀なくさせられようとしていた頃1955（昭和30）年1月、山口県は北部、日本海に面した萩・大津地区における新制高等学校が、それにどのように対応したかを、吟味する。今日の「新学力観」およびそれに引き続く「答申」に対して、私たちの「教室」がとるべき実践の道に資したい。

1．短絡的な発想

　本著は、次の体系からなる。
　　第一章　序論
　　第二章　標準テストの実施
　　第三章　基礎学力の実態とその対策
　　　一　国語科
　　　二　数学科
　　　三　英語科
　　第四章　結論

　本著は、まず、その「第一章」「序論」において、その基本理念を次のように論述し、実践重視の立場を明らかにしている。【資料2】

　まず、こゝでは、「道徳及び学力の低下もしくは不振」が、「漠然とした経験からも」、肯定せざるをえない事実を認めて、そこに、「教科学習」の「要」がある、と確認している。しかし、状況の中では、「基礎学力」を「学習された結果」への「基礎的知識技能」とはするものの、「経験主義の立場」からの観点のみならず、さまざまな見解があり、議論し尽くしてはいない、と把握している。その上で、視点は、義務教育における「基礎学力」は、「学問的体系」を持ち、社会生活に必要な知識の限界を越える」との認識を示し、この違いを明らかにすることが、高等学校における「基礎学力」と「学力不振」との関係を論議する前提だとしている。

第Ⅳ章 「基礎学力」の探究

　その上で、本著は、「基礎学力」の分析をするべきところ、「時間的制約」を理由に、「通念的に」とて、国語、数学、英語について、「標準テスト」で「学力の実態」を明らかにしようとしている。すなわち、「実態」から「原因」を追求し、「対策」を考えようとしたのである。そこには、「基礎学力」如何の「論理的説明よりも」、「実践を通じて問題の核心に」との論が、展開されている。

　こゝには、義務教育との区別と、「時間的制約」を理由にした「基礎学力」の本質論とを、出発点から回避した「対策」が先行し、小中学校で苦闘のもとで営まれてきた実践と理論との統合の努力の跡に学ぶ努力が、なされないまゝになり、「対策」の限界が、すでに露呈している。すなわち、本質的には、私たちが今日当面しているのと同様の「関心事」が、痛感されてはいるものの、「学力の低下」は、世に喧伝されているわりには、当事者によっては「漠然とした経験」に即してしか、実感されてはいない。また、そうでありながら、一方では、「教科学習」の「要」としては、切実な課題だともされてはいる。すなわち、こゝには、「学力」とは何か、それは、各「教科学習」の場において、どのように顕現されているのか、いないのか、という今日的な課題を、鋭く照らし出している。

　つまりは、戦後の「新教育」が突き詰めようとしてきた「経験主義」に基づく「学習者主体」の理念が必ずしも貫かれなくなった当時の実態を、まずは如実に表している。すなわち、「基礎学力」そのものをも、「基礎的知識技能」に矮小化してしまった謗りは、免れない。しかし、「学力低下」の議論の実態は、総合的に把握されようとはしている。しかも、「充分」な「議論」の必要性を痛感しつゝ、「統一的見解」を展望しようとはしている。しかしながら、そこで打ち出された「対策」は、あまりにも短絡的であると言わざるを得ない。今日、私たちは、「学力」および「基礎学力」の構造については、当時にくらべて、相当に整理され究められた「統一見解」を確認する幸いを、先学の営為によって、実践的にも得ている。にもかかわらず、今日、なぜ同質の困難に直面し、同様の批判に当面しているのか。さらに、本著にも学びつゝ、実践の場でその成果を確認したい。

すなわち、こゝでは、高等学校の「教科の内容」の独自性をその「学問的体系」に見てとっている。このことは、戦後の「経験主義」をその基本理念とした「新教育」が、こゝでは、すでにかあるいはまだか、希薄であることを示している。したがって、「基礎学力の構造」も、また義務教育のそれとは区別されつゝ、その核心については、まだ究明されていないことを、告白もしている。今日の高等学校における「国語科」教育にも、これに似た「学力」観が、「基礎学力」観を偏狭なものにしてはいないか。顧みられる。

　さらに、本著は、「教育の主体性の欠如」なる一節を設けている。こゝでは、「効果的・能率的な学習法の発見」を、「教育内容を構成している諸要素」の解析に求め、それが、「基礎学力」問題研究につながった、としている。その上で、「教科の学習指導」すなわち「教材をはなれて方法はあり得ない」という「原理」が、確認されている。さらには、「経験主義・生活主義の教育原理に根ざす」「学力観」ではなく、「子どもの主体的・能動的活動をとおして」こそとし、「学力と人格を統一的に発達させる」べきことを、説いている。【資料3】

　すなわち、「戦後教育の二大病的欠陥」を「否定することはできない」との認識に立つ本著の「序論」には、「内面化」「血肉化」の観点および「学力と人格」の「統一」への展望を抜きにした「テスト問題」による「学力実態」およびその「原因」把握への短絡的な発想がある。それは、「論理的究明よりも実践を通じて」とする主張に、説得力を持たせてはいない。「基礎学力」論の陥りがちな陥穽として、今日も、なお戒めなければならない点である。

2．要素的能力の処理

　このような観点に立って、本著は、「標準テスト」を実施することによって、この目標を達成すべく、精力を傾けていく。同「標準テスト」は、同地区の奈古・萩・大津・日置農業各高等学校の参加のもとで、国語・数

第IV章 「基礎学力」の探究

学・英語に亘って実施された。うち、第1学年は、「中学国語学力検査」、第2・3学年は、「高等学校学力検査」が、それぞれ50分と60分に分けて実施された。前者の受験者数は、963名、後者のそれは、1841名であった。1954（昭和29）年10月14日のことであった。なお、「処理の手続」については、「偏差値」および「度数分布」をもとに、「基礎学力能力表」を作り、実態の分析を通して、「原因の追求及対策」を検討する、とする。【資料4】

なお、こゝでは、「標準テスト」の問題を、「国語科」の場合は、4つの「能力」に分類して、「基礎学力」の実態調査の項目としている。【資料5】

その上で、本著は、その第三章において、「基礎学力の実態とその対策」を、まとめる。【資料6】

こゝでは、さきの「能力」を1つの軸にした「実態」評価が、貫かれている。また、その上で、男女・学年及び「全国平均」との比較もが、試みられている。「能力」と言い、「比較」と言い、戦後「新教育」が大いなる反省のもとに求めつゞけてきた理念を、これは、根底から切り崩してしまうものとなっている。

こゝでは、次のような7点が析出され、「基礎学力」観は、矮小化されている。

(1) 推理、総合、帰納の能力を、その要素と考えている。
(2) 進学志望の有無や男女における心理的身体的要因の影響とする。
(3) 教科書編纂上の問題があるとする。
(4) 古文と文語文法との関係に言及している。
(5) 社会科の総合性に批判的である。
(6) いずれも、学習指導との相関関係が、明らかにされてはいない。
(7) 常に、全国平均との関係が、意識されている。

次に、「対策」については、次の5点が、指摘されている。【資料7】

(1) 特に女子を対象として、思考力、分析力、推理力を、自由研究で帰納的につける。
(2) 直観的鑑賞に止まらず、文章の叙述から構想、主題を把握し、それへの批評力もつける。

(3) 社会科的教材は圧縮し、国語国文の基礎学力の充実を図り、科学的解釈の方法と態度をつける。
(4) 古文にふれる機会を増やし、文法的に詳細に指導する。
(5) 講読教材においても、史的位置づけを明確にする。

　こゝには、さきの「分析」に即してのいくつかの工夫がなされてはいる。しかし、そこには、たとえば「自由研究」に活路を見出そうとすることと、「叙述から構想、主題を」といった論理を求めることとが、混在している。また、「重点」を置くとしている「古文」の学習指導法にしても、おそらくは「新教育」が求めつゞけてきた理念や方法から必然したと思われる単元内容を、「社会科的単元」と規定して、要素的な「基礎学力」に限定した学習内容を、「科学的解釈の方法」と見なして、重点的な学習対象としている。

　さらには、重点を置く「古文」の学習には、「ふれる」ことと「文法的に詳細に」ということとが、やはり単純に混在させられている。実際の学習指導が、このような「対策」によってどのように実践されていたのかは不明であるが、少なくとも戦後「新教育」の弱点を乗り越えるものであったとは、考えられない。このことは、「文学史」の学習成果にもこだわりながら、「史的関連」を求める方法は、「年表」づくりと「掲示」にとゞまっていることとも、通底している。

　すなわち、これらの「対策」は、総体的に、「学力」、とりわけ「基礎学力」をどのような構造として確認するかにおいて、既成の「標準テスト」に依拠したところに、弱点を孕んでいたのである。

　以下、本著は、「職業課程」「定時制課程」についても、同様の体系と基準で「分析」「対策」を提示した上で、全体について「概括」を記述している。【資料8】

　以上の「分析」および「対策」は、当時県下の中小学校で懸命に探究されていた「基礎学力」とは、およそ異質の構造を示していると言わねばならない。ちなみに、1954（昭和29）年度玖珂郡本郷中学校における実践研究の成果と比較してみると、その差異がよくわかる。

第Ⅳ章　「基礎学力」の探究

　本郷中学校の場合は、「学力」を、まずは「層構造」として整理し、その上層には、「問題解決の学力」「実践的能力」を位置づけている。その上で、同校では、「基礎学力」を、「句力」「中層」（「物事の本質」）としての「概括能力」と、同じく「下層」（「事物の現象断片的素材」）としての「要素的能力」とに分けて考え、位置づけている。
　いずれにしても、本著の「学力」ないしは「基礎学力」観は、本郷中学校等の営為にみられる「学力」探究との間に、残念ながら継続性を欠いている、と言わざるを得ない。すなわち、戦後「新教育」が必死で目指した「固定知の堆積」「傍観的知識」克服の理念が、「学力不振」という「社会からの批判」に屈伏した形になっている。「文法」と言い、「文学史」と言い、本郷中学校の先学が整理してくれた「学力」・「基礎学力」の構造からすれば、それらは、「要素的能力」（「事物の現象断片的素材」）の「処理」にのみ心を砕いていると言うべきである。
　戦後「新教育」が、１つの大きな転機を迎えようとしているとき、本著が、「分析」し「対策」を模索しようとしている営為の理念を相対化しなければならない。そのためには、このような実態をも、具体的に確認しておかねばならない。

3．「新教育」理念の崩壊

　さて、本著は、ひきつづき、この「分析」「対策」等を踏まえた上で、「国語科偏差値度数分布表」「国語科正答・誤答・無答表」を示すことによって、言うところの「基礎学力」、すなわち、(1) 古文解釈力 (2) 現代文解釈力 (3) 漢文理解力 (4) 文学史理解力 (5) 文法理解力 (6) 筆写力——を、「課程」および学年・男女別の折れ線グラフで、克明に示している。
　その上で、本著は、「第四章」「結論」で、以上の調査研究を、次のように総括している。
　すなわち、「環境的条件」によって先験的に決定されるものであるとの

認識に立っている。さらには、その焦点には、「学習意欲の刺戟」の多少が、据えられている。こゝでは、「学習者中心」の学習指導が、根底から疎外されてしまっている。【資料9】

　1つには、学習者の入学時の「学力」が、先の側面だけで決めつけられている。偏った「基礎学力」観に基づく「標準テスト」の結果を絶対的なものとし、その上に立って、「都市並の学力」を目標としながらも、その達成は、すでに「困難」との結論により、放棄されてしまっている。
何のための「分析」「対策」であったのか。

　2つには、とりたて、「学習意欲」が、問題とされている。そして、それの有無はすべて学習者の「努力」如何に帰せられている。さらに、こゝに言う「基礎学力」としての「能力」の「差」は、「努力」を欠く学習者により、「時間の経過と共に増大の傾向にある」とさえ、決めつけられている。指導者が、不在でよいわけはない。

　3つには、「ドリル不足」と中高間の「教科程度」の「断層」が、指摘されている。その上で、「教授法の工夫改善」が提起されてはいるが、それは、「補」うべきものとしてのみ、位置づけられているに過ぎない。とすると、「補」って足れりと判断されている、その中核としての対象は、どのような内容や方法からなっているのか。本著では、そのことには言及しないまゝに、学習者の「能力」のみが、しかもその一部においてのみ、論われている。

　また、さらには、「基礎学力向上のためには如何な（ママ）対策があるのか」では、次のように「総括」がのべられている。【資料10】

　こゝでは、「基礎学力の構造分析」の必要性とその欠落とを自覚しながらも、「地区の実態に立」つ「学力向上」のための方策が、追究されていく。その第1は、「ドリル」重視である。

　それは、高等学校の教科課程そのものが、「基礎学力不振」のもとであることを前提にしている。しかし、その結果編み出された「科学的」「体系的」「教科指導」は、生徒の「習得」そのものを目標にしたものに止まっている。と同時に、こゝに言う「ドリル」は、「個別指導」をこそ必要と

する状況認識に、立ってはいる。すなわち、小中の実践に学ぶべきだという反省はあるものの、具体的な問題提起は、なされてはいない。

こゝには、「能力即応」の「計画的組織的」指導の具体的方法として、「能力別学級組織」が、提唱されてはいる。しかし、先にも見たように、根本的には、「能力」の中身をどのように規定するかの問題が究められないまゝ、具体的な方法が示されている。さらには、とりわけ国語科学習指導において、こゝに言う「能力別等質集団」が、なぜ有効であるのかは、「学力」ないしは「学力」の構造との関わりにおいてこそ、吟味されるべきであった。

また、学習指導上考慮すべきこととして示されている４点も、学習者の視点から具体的に追究されたならば、問題を孕んでいたと言わねばならない。すなわち、(1) 教材の系統性　(2) ドリルと形式的教材　(3) 指導体系　(4) 「増加教材」「低い程度の教材」と「基礎」　(5) 学習者の「劣等感」と教師の「愛情」　(6) 評価の中身――等、どれ１つをとってみても、「学力」および「基礎学力」とは何かを抜きにしては、素通りすることのできない問題ばかりである。現代への警告を、こゝに見てとることができる。

いずれにしても、戦後の「新教育」が、従前の教育を根本的に反省したところから出発して、それぞれの「教室」の実情に即して、試行錯誤の中で血のにじむような努力をつゞけてきたことが、「学力不振」の声高な批判に引きずられて、このような「学力」「基礎学力」観のもとでの「能力別学級編成」への傾斜は、新制高等学校での「国語（科）教育」の不幸であった。

また、「学習意欲」観にしても、「生徒の必要感」の「差」を「個性の尊重」の観点から追究していた当時の小中の先学たちに学ぶことによって、血路は拓かれたはずである。この観点を抜きにして、「教師の絶えざる努力」は、「学習意欲振起」を実現することにはならない。現在、改めて「関心・意欲・態度」が「評価」の対象として特記されていることと照らし合わせてみたい。こゝにも、具体的な教訓が示されている。

さらには、「理想」と「知識体系」との「矛盾」および「地域社会の特質」からくる「現実」が、やむを得ないものとして受け入れられてしまっている。一方では、指導者の「体系的把握」「治療的指導」を求めつゝ、生徒数が問題とされている。しかしながら、こゝでは、「教授能率」を事とする考えが、全体を支配している。
　一方では、教育委員会の指導主事が、このような「現場」の苦悩を必ずしも十分には理解していなかったことが、訴えられている。両者がこのような隔たりを持ちながら、指導者が「最低能力者グループ」を形づくった上で、先の「基礎学力」をとの「努力」を重ねている実態には、学習者の主体的な学習力は、眼中にはない。
　さらには、学習者を「肩書の欲しさ」で入学した「低学力者」の「悲劇」などゝいった皮相な認識が、まずは「新教育」の積年の営為をかなぐり捨てた姿勢を、示している。その上に立った「教育基本法」「憲法」への言及は、たゞたゞ虚しいばかりである。新制高等学校での教育理念が、この時期に早くもこのようなもの言いのもとでくずおれようとしていた事実は、「基礎学力」低下の問題が、単に限定された「能力」の問題に止まらず、戦時中の教育の「荒廃」への真摯な反省を抜きにした「教育改革」そのものへの、情緒的な反発にすぎなかったことの一端を、本著の論旨とその構造は、如実に表している。今日の「新しい教育」観と、それに引き続くさらなる「改革」論議も、またこの先達の苦悩と無縁であってはならない。「教育基本法」「憲法」は、確固として、いまこそ貫かれなければならない。

4．実践の「反省」

　このような本著の傾向は、ひとり県下一地区の特殊性によるものではなかった。たとえば、一方には、堀田要治氏による次のような「反省」【資料11】が、つとに克明に記述されていた。
　この点については、堀田要治氏は、まず「新教育について我々が思い切っ

第Ⅳ章 「基礎学力」の探究

た議論をつくしていないことが大いに関係している」とし、職場の同僚と中央の理論家たちとの実態に言及した上で、さらに次の点について、問題を提起している。

　すなわち、指導者集団自体の「内からの手続の不足」とともに、その実現のための「国語（科）教育単元学習」自体への外からの「導入や動機づけ」についての指導が、求められている。同じ高等学校の実践人である堀田要治氏のこの洞察は、本著に関わる県下萩・大津地区の高等学校の国語（科）教育が伏せたまゝで突き進んでしまった根本の地点を、照らし出してくれている。さらに、今日の私たちにとっての「新しい学力観」やそれに引き続く「中教審答申」が指し示す方向と、それに対応すべき私たち自身の問題点を、鋭く提起している。本著を、このような資料とともに、吟味することは、その意味で意義のあることである。

　さらに、堀田要治氏は、「単元学習の必然性」を妨げているものは何か、と自問する。

　その結果、A　指導力不足　B　大学入学試験　C　単元学習指導案例の範囲の拡大　D　能力差の現実からの個人指導の必要性　E　書物にたよりすぎる問題解決——の５点を挙げる。

　堀田要治氏は、引き続き、(1)　費用と時間の問題　(2)　教師その人の根本的な考え方・影響力　(3)　若い教師たちへの期待——を問題にした上で、教師の「自由な態度」が、「自己流を民主主義社会における技術にまで拡大」することの必要性を、説いている。

　その上で、まずは「教師の描く人間像」を核とした「主題風」の「単元学習」が、なお追究されようとしている。たゞし、そこでは学習者の「学習経験」が「まちまち」となり、「概括的なつり合のとれた言語経験」が実現しにくいゆえ、「標準能力」を示す「能力表」が必要になってくる、ともする。この矛盾は、「理想の人間像」を、指導者集団における「共通」項の探究によってこそ、克服したいとしている。「新教育」の理念を、困難な状況の中で、何とか追究しようとする心意気が、滲み出ている。

　この姿勢に比べると、本著の「ドリル」への傾斜には、なおなお探究す

べき努力の余地があった、と言わなければならない。義務教育における場合と比べ、「社会生活に必要な知識」が、その「異」を越えるとのみ「判断」しての傾斜であったからである。

次に、Bについては、「入学試験の出題傾向」よりも「入学試験それ自身」の改革をと、提言している。すなわち、現実には、「日本文学国文法」の「知識量」の要請が、「注入式一斉講義式の授業」をもっとも能率的としてしまう必然性が、働いているとする。

この点は、本著が、「標準テスト」をもとにして、「国語（科）基礎学力表」の1つの柱に、「文法理解力」をも据えている。それは、「実態」の「分析」に及び、その対策として、「能力別学級」の編成を目指していったこととも関連していて、「新教育」への対応の仕方の違いを、見せる。

また、Cについては、たとえば、国語科単元「短篇小説はどういうふうに読むか」などの例に即して、1教材に6～10時間かけていた従来の単元が、こゝでは、それがせいぜい中心教材となってしまい、「基礎的なじっくりとした読解力の養成に欠ける」との危惧を示す。その結果、「つめこみ」と「個人指導」の間で、苦慮するに至っている。

また、これに関連して、Dでも、「各人の経験の能力差」は、「個人指導」を必要とする、としている。その上で、それへの対応には、「一人一人についてあらゆるチャンスを読むこと書くこと話すこと聞くことの指導面でつかむためにはあらゆる瞬間に最高の緊張を持ちつゞけていかねばならぬ」とし、それは、「至難である」、と結論づけてもいる。

最後に、Eにおいては、「つめ込み指導」を排し「自学自習奨励」に至った「新教育」においても、「教師の注入」が「参考書の筆者の注入」に代わっただけだとし、「思い切った単元学習」としての「レポート」や「討議法」にも、まだまだ養い育てるべき「時間と根気」が必要である、としている。

その上で、筆者は、国語（科）単元学習が、「日暮れて道遠し」とはいえ、「自ら破壊したものゝあとに、僅かばかりの新しい建設が見られる」「過渡期」だ、と認識して、「基礎学力批判に対しても、次のように対応しよ

第Ⅳ章 「基礎学力」の探究

うとしている。

　堀田要治氏は、このように認識したうえで、「単元学習で代表される新しい教育」が、「現実の生活との結合」「あらゆる可能な考え方や方法に到達した上で判断する力」の育成において、とるべきものであることを確認し、「自分の指導力を高め、民主的人間像を形成し」つゝ、単元学習をなお追究しよう、と決意している。

　このほか、1951（昭和26）年７月、『国語と国文学』は、「戦後の国語教育の反省と批判」と題しての「特輯増大号」で、堀田要治氏の上記の論と並び、諸賢の卓論を数多く掲載している。中で、増淵恒吉氏は、前年発表された「中学校・高等学校改訂学習指導要領国語科」の中間発表に基づいて、高等学校の「国語」の教育課程を諸点に分けて、論じている。【資料12】

　①　「社会の要求」の分析・選択　②　生徒自らによる言語生活に内在する諸問題の察知　③　価値ある主題を中核とした単元学習　④　他教科との関連　⑤　個人差に対応したグループ編成

　増淵恒吉氏は、このように新しい教育課程が目指すところを明確に指摘した上で、実践上の立場から、その貫徹のための方法をも、具体的に提示している。

　さらに、増淵恒吉氏は、その結語において、この方向を「是認」する限りにおいては、その「萌芽を無造作に摘みとってしまうことのないよう」と、述懐している。

　「新教育」観のもとに、新制高等学校の国語科の指導者は、このようにして生みの苦しみを分かち合っていたのである。受けて３年の後、山口県下の一地区で、本著に示されたような「基礎学力の実態と対策」がまとめられたことは、この「苦しみ」が、「萌芽を無造作に摘みと」る方向に、地滑りを起こし始めていた、と言える。

　今日、高等学校の国語科教育が、県下でも、一部の個人的な努力による成果を除いては、「進学」か「生活指導」かどちらかの「理由」によって、「摘みとる」ことを日常化してしまっている、と言わざるを得ない。本著の辿った道筋と上に併せて紹介した卓見との２つながらに学ぶことによっ

て、私たちが当面している「基礎学力」とは何か、それを１人ひとりの児童生徒に保証するには、どのような内容と方法とが、系統的にも開発されねばならないかにも、寄与するはずである。高等学校においてこの道筋を模索し合うことは、県下においても、今や焦眉の急である。

　県下の高等学校が、本著に代表されるような試行錯誤の状況にあったとき、山口県教育研究所では、「新教育」の現状を反省して、1954（昭和29）年、「研究紀要第十七集」として『小・中学校　国語科学習指導上の問題点とその指導』なる一著を刊行している。こゝでは、次のような問題提起のもとに、県下小・中学校の国語科学習指導の現状が反省されていた。【資料13】

　すなわち、「指導計画」、「基礎学力」など、学習指導上の基本的な諸点が、現状ではまだまだ未解決であることをまず踏まえ、その「混乱」の原因が、「新しい文化の創造」を目指すはずにもかかわらず、「主体である児童生徒から、かけ離れてしまって」いたり、あるいは、新しい「話しあいの形式」が、「無計画なその場主義」の「お粗末さ」に陥っている点にあることを、厳しく指摘している。

　その上で、同著は、「一、の　二、この問題を解決するかぎ（ママ）となるもの——国語科学習指導の要件——」として、「具体的な経験の想起」、「国語教育の本質」の強調、「学習指導に緊張度」の３点を指摘し、中で、上記の「本質」については、「主題に対する独自な態度」こそが、「国語科が堅持すべきその本領」であるとしている。

　さらには、同著は、とりわけ時の国語教室に、「目標に向って一すじに学習者を錬磨」するための「緊張度」を求め反省し、「二、国語科学習指導の計画はどのようにたてたらよいか」において、次の「反省」と「あり方」との２面から、国語科学習指導法を吟味している。

　すなわち、そこには、「注入的指導法」、理解と表現との関係の欠如、「個人差・個別化」の欠如、「優秀児童生徒」との「一問一答主義」、「基礎学力」の「ラセン」的「習得」法の欠如が、鋭く反省されている。その上で、「生活経験」の取り入れ、「自発」「自主」、「言語活動」の「綜合」化、「個

別化」、「動機づけ」、「教具や資料」の「範囲」の拡大、「表現活動」への「発展」――を、説いている。
　同著は、これらの諸点が、新しいことでも何でもないと同時に、現実には、ごく少数の「教育者」の間でしか行われていない点を指摘している。まだ全体のものにはなっていなかったのである。私たちも、今日同様な問題を抱えている事実を、まずは直視して、自らの「教室」を吟味し直さなければならないときである。

　おわりに

　本節では、敗戦後10年をも経ようとしていたとき、県下の一地区の高等学校の先学たちが、世の「学力不振」の声々に応えて、自らの国語科指導の実態を直視し、その改善策を模索した結果に、注目した。しかしながら、その成果が目指したところは、同じ時代の全国的な実践営為に学ぶところ誠実であったかというと、必ずしもそうとは言えなかった。間近くは、同じ県下の小中学校の先学たちが真摯に実践工夫を重ね、かつ理論的にも県下の外にも広く学ぼうとしていたのには、及ばなかったのが、実情であった。
　今日、「昭和二十年代学力問題」については、「学力低下問題から学力調査へ」の歴史的過程について、先学の論考が、すでに体系的な指標をなしている。学びつゝ県下の実情を省み、今日の国語（科）教育の改革に、活かしたい。

第4節　附属防府中学校国語科における「基礎学力」の探究

はじめに

　1949（昭和24）年5月、旧山口青年師範学校から山口大学教育学部（防府分校）へと新生・統合された同附属中学校の営為も、同研究部編『各教科に於ける　基礎学力と其の指導　昭和28年度』にまとめられている。また、その実践研究の成果は、さらに『祖国再建をめざす　自主的仕事学習の方法の探求　単元学習の批判と検討を通して』（前編・後編・続編3分冊）へと受け継がれて、「基礎学力」批判を何とか克服しようとの営為が、重ねられた。時の安田正夫学校長は、前者の「序」で、「教育の主体性の欠如」を省み、その営為の目的を説いている。【資料1】
　すなわち、「効果的・能率的な学習指導法」には、「指導内容と方法との一致」が必要であった。そこで、「内容を構成している諸要素」の検討、すなわち「基礎学力とは何かの問題研究」が急務であるとする。その結果、「教科の学習指導」との関連の研究による「価値」の、「教材」に密着した「方法」という「原理」とが、浮き彫りにされている。
　また、益井重夫学校長は、後者・後編の巻頭論文において、改めて「本来の単元学習のもつ特質の大なるもの」を次のように指摘して、後に紹介する「仕事学習」としての「単元学習」を、改めて提唱し、「単元学習」こそが、「自主的学習」の最もよき方法であり、「学習活動及び学習内容の統一性」を予想し、「社会的協同性の錬磨」に資することを、改めて確認している。【資料2】
　このように、戦後「新教育」における「単元学習」の実践営為が、特に「基礎学力」の側面から厳しい批判に曝され出したとき、両学校長の指摘にまとめられた「克服」への道筋は、今日の「新しい学力観」以来改めて求められている「基礎学力」が孕み持つ問題点を、鋭く照射してくれてい

る。学び、実践の場に活かしたい。本節では、同中学校における国語科「基礎学力」探求の営為を吟味することを通して、「学力」内容や指導の方法を、児童生徒の「個性」を活かすこととの統合において、省みる。

1.「国語科における　基礎学力とその指導の一断面」

　1953（昭和28）年12月5日発行の附属防府中学校研究部編『各教科における　基礎学力と其の指導』には、安田正夫学校長の「基礎学力の構造論」が、冒頭に据えられている。そこで、安田正夫学校長は、「基礎学力」の概念を「人間教育に不可欠な要素としての普遍的な基礎とか、初歩的なものとか、換言すれば、やがて問題を解決していける学力を培うことができる基礎となるもの、またその初歩的なもの」と規定し、同年1月刊の広岡亮蔵著『基礎学力』における「基礎学力の構造」に修正を加えて、【資料3】のような表で、その構造を示している。

　受けて、同著には、各教科担当の教官による論考が、収められている。中で、国語科においては、石井遠景氏が、「国語科における　基礎学力とその指導の一断面」と題して、問題点について、実践に即した周密な論を展開している。すなわち、「国語科のねらう学力」とその「基礎となる学力」、「学力低下の原因」、「指導」法の3点である。【資料4】

　中で、石井遠景氏は、「概括的認識」について、まず、「言語要素の助けによって言語経験を支持していく基本的な言語能力」と規定し、「あらゆる言語経験を処理し遂行していく生きた力」と説明している。その上で、石井遠景氏は、「指導要領」に示された「目標」こそが、小中高に「共通する能力」であり、そこに「基本能力が一貫して存在する」としている。【資料5】

　このように、石井遠景氏は、「国語の基礎学力」を、①　個別的な知識技能と　②　概括認識力――とに分け、①を言語要素に、②を、前者により、「言語経験を支持していく基本的な言語能力」の2本柱に求めて、【資料6】の「基礎学力一覧表」をまとめるに至った。こゝには、「言語要素」

と「言語能力」とを統合し、「基礎学力」を把握しようとする基本的な立場がある。石井遠景氏は、「例えば語いの指導のごときは殆ど顧みられなかった」という「経験主義の陥りやすい欠陥」を自覚しつゝも、こうした「言語要素」の指導法が、「基礎学力低下」の「騒然とした叫び」の中で、性急にもとめられ過ぎている実態に、警鐘を鳴らしていく。

つまり、石井遠景氏は、「言語経験」を与えることと「言語能力」を把握することとの統合の上にこそ、「生きて働く言語の効果的使用力の基礎としての力」、すなわち「行為的実践的能力」を、透視していたのである。

私たちは、「新しい学力観」のもと、すでに「基礎・基本」と「個性」とを中心とした「自己学習力」の伸張を、改めて問い直そうとしている。このとき、「基礎・基本」を、いわゆる「言語事項」の機械的な指導に依拠してしまったり、「自己学習力」を目指しつゝも、「個性」を恣意のまゝに漂わせて、良しとしてしまってはいないか。先学のこのような探究営為こそが、こゝに改めて吟味されてよい。ひきつゞく論述の中で、石井遠景氏は、この構造としての「基礎学力」伸張のためには、伸ばすべき「言語能力」の把握の仕方と価値ある「言語経験」の選定と提供とが、実践の独自の場で具体的に探究されねばならない、とする。「言語の効果的使用力の基礎としての力」、すなわち「基礎学力」は、このように目指された。

さて、次に、石井遠景氏は、その方途の具体的な探究の場を、「読解力」に置く。【資料7】

このように、石井遠景氏は、「基礎学力の養成」の具体的な方向を、「基礎学力」の構造把握に即して2つの次元に峻別し、とりわけ「基礎的能力」の1つ「読解力」に焦点を合わせ、実態に即した提案をしている。

以上、石井遠景氏は、基礎学力とは何かを構造的に解明した上で、その力をつけるための具体的な方法を示している。これは、この時期、県下「新教育」実践の先導的な役割を果たしたものとして注目され、「基礎・基本」と「個性」等との関係把握にも、示唆を与えてくれる。

第Ⅳ章　「基礎学力」の探究

2．「仕事学習」における「国語教育の徹底」

　附属防府中学校では、翌1954（昭和29）年12月、新任の益井重夫学校長を中心に、『祖国の再建をめざす　自主的仕事学習の方法の探究　単元学習の批判と検討を通して（前編）』を刊行した。益井重夫学校長は、同附属光小中学校在任中に、いわゆる『光プラン』の構築に指導力を発揮し、「新教育」における「単元学習」の問題点を鋭く指摘し、それを克服する道筋を具体的に示した。本著は、「単元学習」をさらに批判的に乗り越えようとしたものである。

　このような目標の下に紡ぎ出された「仕事学習」なる理念については、翌1955（昭和30）年1月29日刊行の同著の続編において、益井重夫学校長が、論考「自主的仕事学習をめざして」において、詳細に説明している。

　同学校長は、まず「単元学習そのものに対する懐疑論さえ現われ」るに至った戦後「新教育」の問題点について、次の6点を挙げて、そうであるからこそ、なお「単元学習」であるべきを強調している。すなわち、(1)「経験単元」即「問題解決学習」対「教材単元」即「系統学習」は、二元論　(2)　「コア」からも「教科」からも、「国語」が「用具教科」として除外されていること　(3)　「這い廻る経験主義」という非難が、「問題解決学習」そのものにも及んでいること　(4)　擬装の経験単元の横行　(5)　旧教育的断片的教材単位の注入　(6)　「教材単元即単元学習唯一の形態の可能性」観——である。【資料8】その上で、なおかつ「単元学習」を採択する理由を、「自主的学習」、「活動」と「内容」との統一性、「社会協同性の錬磨」に置いている。【資料9】

　その上に立って、同学校長は、このような諸問題を孕んだ「単元学習」と自らが目指す「単元学習」とを峻別し、後者を、次の観点から、「仕事学習」と称していく。【資料10】

　そこには、「学習者自らの力」、「生徒の自己活動」、「行動的学習」を保証することを基盤にして、そこから、「経験単元」対「教材単元」という

「単元類型の対立」を解消しようとする理念が、まず貫かれている。すなわち、この「探求単元」は、「文化的生産単元」であるとし、「問題解決学習」か「系統学習」かの対立をも、これによって解消しようとする。たゞし、この学習過程は、しばしば「苦闘」でさえある、ともする。「結果の吟味」においても、「厳正」でなければならない、ともする。このようにして、この「仕事学習」の結果は、新たな「行動」を発現し、新たな「問題」を発見し、新たな「目的」を把握して、新たな「仕事（単元）（ママ）」を開始する、というのである。

こゝでは、従来の「単元学習」への反省から、上に紹介した「仕事学習」なる独自の新たな概念を導入することによって、各教科に亘る系統的な「基底単元一覧表」が、提示されてもいる。「学習者が自主的に何物かを作り出す」ことを目指した「仕事学習」中の「国語」の位置も、こゝにある。

3．「国語科における仕事（単元）学習の実際」

益井重夫学校長を中心とした同校の理論体系を受けて、国語科においては、同著「後編」で、先の石井遠景教官が、表題の論考を展開している。同教官は、その「一　はじめに」で、次の３点をまず述べている。

すなわち、「国語科には単元学習はありえない」という一般の批判に、まずは根本的な疑問を呈している。「技能」を中心とする「国語」や「数学」には、「生活課題の解決」を目指す学習は不可能だ、との見解に対してである。また、実際にも、国語科単元学習は、実施されてはいない。その原因は、どこにあるのか、と突き詰めていく。新しい「能力主義」の台頭は、「単元学習」の盲点を衝くものとして、真剣に受け止められている。すなわち、同教官は、「単元学習」の持つよさ・自主的な学習を信じずにはいられない心から、従来の「単元学習」を批判的に検討し、「仕事学習」にこそ、あるべき姿を求めるに至る。【資料11】

その上で、同教官は、「一　仕事（単元）学習の留意点」として、次の点を挙げている。【資料12】すなわち、まずは「国語科の教育目標」の「再

検討」、同「学習指導内容」の「再検討」である。中でも、後者即前者との立場から、新たに「国語科の基底」という概念を、加えている。この「学習単元」ではない「基底単元」で、「全学年を通じて伸ばすべき言語技能の位置づけ」をすることこそが、「力がつかない」現状を打破する道である、と考えていく。すなわち、具体的には、「単元計画」を、「意義」「目的・目標」「学習内容」「学習活動」「評価法」を、綿密に確認することとする。中で、「学習活動」を、「自主的」かつ「目的的」に設定すること、厳正な「評価」は、特にその「過程」を重視すべきことが、強調されている。

その上で、同教官は、第２学年第２学期での24時間に亘る単元「すぐれた文学作品（小説）を味わおう」における「学習活動の実際」等を具体的に紹介する。こゝでは、先に紹介した「基礎学力」観に基づく「仕事学習」に学ぶべき点を、指摘したい。

(1) 単元主題を、学習者が「自主的に何物かを作り出すことを端的に表示するような表現に」との原則に立ち、学習者の実態に即しつゝ、指導者の切実な思いから設定している。

(2) １年次の基礎的技能の学習を踏まえ、発展的に、テーマの研究・人間理解等、人間形成を目指した系統性が、目指されてもいる。と同時に、文学鑑賞の基礎的技術の錬磨をも含めた具体的な指導体系も、目指されている。

(3) 夏休みの自主的な読書活動から、学習者自身が学習課題を発見するよう、指導計画が練られている。

(4) 「すぐれた小説とは」との学習者からの課題提起に対して、指導者が、学習者の「発見・創造」に棹差しがちな傾向が、戒められている。

(5) 学習の連続発展を突き動かす学習者の強い問題意識の下に、自主的な家庭学習が、仕組まれている。

(6) 学習者の第一印象での直感の鋭さが尊重され、学習者が、学習後に、自らの向上・進歩を測る基準として、学習課題設定の拠り所とするよう、配慮されている。

(7) 「個別的な知識技能」としての「言語要素」の学習と、「概括認識能力」としての「言語経験を支持していく基礎的な言語能力」とが、学習過程において、統合されようとしている。
(8) 各導入時の問題設定で、指導者の意図する方向へと引きずり、学習者１人ひとりが自主的かつ責任をもって問題意識を確かめることをさまたげがちであることが、省みられている。
(9) 一方、いかにして「言語技能」を錬磨していくかが、改めて自問されている。
(10) 志賀直哉の「たき火」の境地を味わうには、この学年では年齢的に無理があるとし、特に「人面の大岩」の直後に取り上げられたのは、失敗であるとする。単元における複数教材の連続性についても、問題を提起している。

以上、同教官が、「仕事学習」の理念を踏まえて、24時間にも亘って展開した単元は、これらのどの反省に学んでも、１つ１つが、今日の「基礎学力」を求めるための指針を与えてくれる。そこには、「生徒自らが主体的に問題を発見しそれにいどみ、解決していくように、また我を忘れてまで真理を探求していくように育てなければならない」との同教官の思いが、随所に脈打っている。「基礎学力」を求めての「単元学習」の探究の今日的な意義が、こゝにはある。

４．「国語科『仕事学習』における問題把握の指導の実際」

同中学校では、1956（昭和31）年10月31日付けで、『祖国の再建をめざす　自主的仕事学習の方法の探求　単元学習の批判と検討を通して』の『続編』を刊行する。

中での論考で、益井重夫学校長は、「生徒たちが、自分たちの力で生み出していかねばならぬと自覚した目標を目ざして行く１つのまとまった目的学習」を「仕事学習」と「表現」し、それは、「集団成員の協力による自主的問題解決学習」として、「単なる個人の自主的活動でなくて」「ある

第Ⅳ章　「基礎学力」の探究

一定の集団を前提とするものである」ことを、特に強調している。
　さらに、「問題解決学習の意義」の中で、①　日常生活上の身近な問題　②　社会の向上発展をめざす社会課題としての問題　③　厳密な学術的方法等に準拠するような文化的価値追究という探求的な問題──の３層を指摘している。
　受けて、石井遠景氏の実践研究は、この段階での結論を出している。
　すなわち、まずは「生徒が法則を発見し創造する」こと、「一年生から」の「語法探求」の可能性の追究、「個人的な学習」から「集団思考による学習」の発見へ、「問題把握の指導」の成否──である。【資料13】
　このように、「国語科『仕事学習』における問題把握の指導の実際」での同氏の実践研究は、「仕事学習」がその原理としている「個人の自主的活動」と「集団成員の協力」との結合を文法学習指導の具体に求めた点で、注目される。
　すなわち、それは、①　学習者の関心・意欲・態度の実態　②　一人ひとりの力　③　集団思考の場での相互錬磨──という今日的な課題にも即応して、具体的である。
　ちなみに、この理論的な支えとなった益井重夫学校長の論考は、「仕事学習」の要である「集団思考指導上の注意点」について、①　論理的思考能力養成の立場からと、②　全人的活動としての集団思考能力養成の立場から、卓見をまとめている。【資料14】
　そこには、「集団思考」が、とかく批判される「討論」ではなく、「協同の探求活動」であることを初めとする、「問題把握」のための「自己評価・相互評価」に至る細心の注意が、まず払われている。さらには、「知的活動」には、「愛と信頼」とが必須であることに始まり、「少数意見と多数意見との関係」理解の必要性にまで、及んでいる。
　以上が、『続編』の「第二部」に提示されている「研究主題　各教科『仕事学習』における問題把握の指導はどうしたらよいか」に取り上げられている「国語科『仕事学習』における問題把握の実際」「特に文法の学習指導を中心として　石井遠景」である。こゝには、「基礎学力」探究の積年

の営為が到達した「問題把握」力指導の実態がある。

おわりに

　1995（平成7）年7月15日に提出された「第15期中央教育審議会第1次答申」の「第二部第一章」の「これからの学校教育の在り方」の「二」には、特に「教育内容の厳選と基礎・基本の徹底」の一項が、設定されている。（本章第3節【資料1】参照）
　すなわち、こゝには、学校教育が「生きる力」の育成を基本とし、知識習得偏重を反省する姿勢が、貫かれようとしている。この項にひきつゞき、「三　一人一人の個性を生かすための教育の改善」が、さらに「教育課程の弾力化」へと、具体的な問題提起をしている。「国語（科）教育」にも、即しての変革が、強く求められている。
　この時にあたり、私たちは、山口県下の「新教育」実践の営為の中で、附属防府中学校が、「基礎学力」の構造とそれに基づく「仕事（単元）学習」の理念と実際とを探究しつゞけた足跡に、学ばねばならない。すなわち、
　(1)　「国語」の学力とは、何か。その構造の中で、「基礎学力」を具体的にどのような内容として位置づけるか。
　(2)　即して、「教育課程」の改革編成を目指し、自らの「国語」教室に即して、どのように環境を整備していくのか。
　(3)　先学に学んで、たとえば、「新単元学習」のための規範としても、「基底単元」をどのように確認し合うのか。
　(4)　指導目標を「生きる力」の育成に置くならば、教育内容、特にそれに基づく教材観を、どう改善するのか。
　(5)　その上に立って、国語（科）教育における基礎・基本を、個性の伸張との関係で、どのように系統化するのか。
　(6)　とりわけ、「個性」の伸張を、先学に導かれて、集団の「仕事」における「協同」と、どのように統合するのか。

第Ⅳ章　「基礎学力」の探究

など、どれ1つとっても、附属防府中学校の実践営為の足跡に学ぶところは大きい。

　中で、今日、私たちに焦眉の急として求められているのは、(1)の再認識である。すなわち、求められる「厳選」に対応するならば、なおさら「学力」、とりわけ「基礎学力」をどこへと絞り込むのか。そこで、「自己学習能力」や「メタ認知的能力」などを、どのような構造の中に位置づけるのか。私たち自身の「国語」教室の実態の中から、具体的に確認しなければならない。「厳選」も「個性」も、こゝを抜きにしては、実現しない。

　これらの展望の中で、改めて戦後「新教育」以来の先学の実践営為に、何を学ぶべきか。次の卓論に、学び導かれたい。【資料15】

　すなわち、学ぶべきは、原理そのものとしての「機能主義的学力観」そのものではなくて、学習者の「主体的・能動的活動」が保証されて、初めて「内面化され血肉化され」る、とする点である。「学力」と「人格」の統一こそが、目指されるべきである。

　このように見据え、導かれるとき、本項で取り上げた「基礎学力」の実践的確認から出発し、「仕事学習」の営為が照らし出してくれた「単元学習」への必然の原理と、それに基づく実践研究の足跡とは、「新単元学習」の実践を励ましてくれる。また、先の「答申」が要求してきた教育課程の内容や方法にも、主体的に対応し、学習者主体の「国語」教室に活かすことができるはずである。山口県下の「新教育」実践に、さらに学びつゞけなければならない。

第Ⅴ章　「修正」営為

第1節　教育研究会著『観察・参加・実習の手引き』

はじめに

　いわゆる「新教育」思潮が一世を風靡し始めて2年もたゝない1949（昭和24）年、山口県下でも、さまざまな批判的試行錯誤が、各地域で積極的・具体的に行われ始めていた。そこには、常に「教科カリキュラム」と「生活カリキュラム」との二律背反への真摯な取り組みからくる苦悩と、それを何とか乗り越えようとする必死の模索がないまぜられて、各地域での「教室」の現実を創り上げていた。この事情を、時の山口師範学校竹井彌七郎教授は、整理する。【資料1】
　すなわち、「教科の生活化」即「教科カリキュラム」は、「論理的系統性」を、「作業単元の論理的発展」は、「生活カリキュラム」の独自性を、いずれも失う、とする。したがって、二者択一ではなく、それぞれの「長所」を取り入れての「中道的立場」としての「修正カリキュラム」こそが、各学校の実情に即した実践を可能にする、としている。
　竹井彌七郎教授は、さらに、こゝにいう「修正カリキュラム」もが、実践的には、「児童の生活の要求」と「教科的指導」との相剋に直面するという「理論的不徹底」は認めつゝも、なお「人間が環境に限定されらら環境を知性的に改造するとする実験主義の立場」を唱え、「人間性を科学的に把えよう」として、「堅実」にして「最も現実性」のある立場であると主張している。「現実立脚の真実性に支えられてのみその妥当性が保証せられる」の謂である。

第Ⅴ章　「修正」営為

　この理念に立って、山口大学教育学部山口教室教育研究会では、1950（昭和25）年2月1日付けで『観察・参加・実習の手引き』を刊行する。この著は、「観察・参加・実習」の目的を、まず次のように説く。【資料2】
　すなわち、「現実に即した見識を具え、技術を身につけた教師の養成」を、「目的」とする。その上で、「観察」は、児童生徒の「社会的環境」における「順応」や「要求」を対象とする、としている。合わせて、「参加」は、「実習」前段階として、「実習」は、前2者を踏まえて、それぞれの「段階」を、確認している。
　このような目的をもって探究された「修正教科カリキュラム」では、「教科」の1つ「国語科」は、どのように位置づけられ、実践されていったのか。本節では、体系の中でのその位置と具体的な実態とに注目し、「新教育」思潮がどのように克服されようとしたのかを、明らかにする。

1．「観察・参加・実習の手引き」の理念の受容と記述体系

　このような3段階に亘っての目的が明記された本著は、次の体系（目次）のもとに、「修正教科カリキュラム」の具体を、国語科に関わっても、提起していく。本節では、主に下線の項目を中心に、本著に記録された「修正教科カリキュラム」での国語科教育の実践に、学ぶ。

　　　　序
　　第一章　観察、参加、実習に当っての心構え
　　第二章　教育の臨床的研究
　　　第一節　　臨床的研究方法
　　　第二節　　教育心理
　　　第三節　　児童の特性
　　　第四節　　生徒の特性
　　第三章　学校及び学級経営
　　　第一節　　学級経営
　　　第二節　　ホーム、ルーム

第三節　　学校の経営
　第四章　指導の組織
　　<u>第一節　　小学校のコア、カリキュラム</u>
　　<u>第二節　　小学校の修正教科カリキュラム</u>
　　第三節　　中学校のカリキュラム
　　第四節　　小学校に於けるガイダンス
　　第五節　　中学校に於けるガイダンス
　第五章　学習指導
　　第一節　　学習指導一般
　　第二節　　学習指導に必要な基本技術
　　第三節　　社会科の学習指導
　　第四節　　理科の学習指導
　　<u>第五節　　国語科の学習指導</u>
　　第六節　　算数、数学科の学習指導
　　第七節　　図画工作科の学習指導
　　第八節　　音楽科の学習指導
　　第九節　　体育科の学習指導
　　第十節　　家庭科及び職業科の学習指導
　　第十一節　自由研究
　　第十二節　英語科の学習指導
　　　教案例
　　　　1、<u>国語学習指導案——修正教科カリキュラム</u>
　　　　2、<u>低学年コア学習の指導案</u>
　　　　3、社会科（中学校）の学習指導案
　　　　　　　　　　　　（以上、傍線加藤）

　本著のこの体系は、これに先立つ1947（昭和22）年11月20日に刊行されていた『観察・参加・実習——新しい教師のための実験課程——』の下記の理念体系を受けて、それが「一貫性をもって効果的に運営されるための工夫」を、加え拡大深化させている。

第Ⅴ章 「修正」営為

　第一章　観察
　　一　序説
　　　　観察の重要性　観察とその限界　観察の方法　観察上の注意
　　　　記録上の注意　解釈上の注意
　　二　実施方法
　　　　観察のための時間　管理　いろいろの場合　評価とその方法
　　三　観察事項
　　　　児童集団の観察　児童の個人差　学習活動
　第二章　参加
　　一　序説
　　　　参加の重要性　参加の概念　参加の目的　参加の方法
　　二　実施方法
　　　　学年及び期間　管理　評価
　　三　参加事項
　　　　児童に関する事項　学校に関する事項　地域社会に関する事項
　第三章　実習
　　一　準備
　　二　実施
　　三　指導
　　四　評価

中で、後者では、「新教育」理念のもと、「観察・実習・参加」の重要性が説かれた。【資料3】

　すなわち、「教職的必要を直接の経験においてみた」すことと、「学問理論を研究」することとの統合を前提として、「子供と共に働き共に遊ぶ」ことの必要性が、説かれていた。

2．「修正教科カリキュラム」の立場

　本著は、その「第四章」において、そのカリキュラムの基盤を、「一応、

既成の学問文化の価値体系の力を目的獲得に必要な知識、能力、態度の内容をその中から抜き出して組織化」するところに置くとして、その「コアカリキュラム」の構造を提示している。【資料4】

すなわち、1つは、「具体的な児童の問題解決の道程」、2つは、「練習の課程」、3つは、「人為的に教師によって設定された各科の課程」であり、加えて、「一般日常生活の指導」と「特別教育活動」との課程が、設定されている。

こゝには、「生活経験」を専ら強調する「新教育」の基本は尊重しながらも、なお、実践上の具体に即しての構造を構築していこうとする「修正教科カリキュラム」の核心が、端的に説明されている。中でも、「第三」に言う「要素」をどのように抽出し、「人為的に設定された」課程にどのように活かしていくのかが、問われる。新しい教育観が実践の場での検証を求められている今、この意義は大きい。

また、その「構成手続き」では、次のような段階を確認している。【資料5】

つまり、こゝには、自然発生的単元と人為的単元を合わせて、分析され析出された要素をすべて獲得されるよう、企図されているのである。それらは、「コアカリキュラム委員会」で、児童の活動が予測され、経験の不十分点や練習熟慮を要するものについては、特に「周域課程」として、具体的に立案されていく。関わっての評価は、単元の展開と共に刻々必要に応じて行われていく。

さらには、従来の伝統的な教科主義への反省をもとにした「新教育」を何とかして確固たる地盤の上に結実させようとする「新教育観」の創造を目指すカリキュラムが、企図されている。しかしながら、「学習指導要領」の「一般篇」「各科篇」に言う目標が、必ずしも地域の児童の実態・課題に即応するものではないと判断し、課題そのものを現行教科別に整理・体系づけるという「一番安全且つ確実な行き方」をとっている。すなわち、「要素単元」に近いものの骨子を教科別学年別に配当して、教育計画の指針としている。「修正カリキュラム」に言うところの「第一基底表」であ

第Ⅴ章　「修正」営為

る。

　この「第一基底表」では、(1)　指導目標　(2)　学習活動例　(3)　施設資料　(4)　評価——を考慮に入れる。とすると、「内容概念」でもあり「目的概念」でもある「要素単元名」の系列を構成した意図が、具体的に示される必要が生まれる。それが、「第二基底表」である。【資料6】

　これに関して、本著は、「とかくありがちな、なにもかもこじつけて、いたずらにふくらませることがよい単元ではなく、各個人の個人差を最大限に伸ばそうとする算数や国語などは、思い切って教材を少く時間を多くとって、独自の課程をつくろうとしたところが相当にある」とする。

　このような「修正教科カリキュラム」の立案・実践に関し、本著は、反省する。【資料7】

　すなわち、「いかに児童の実態と要求とを組織ず（ママ）けるか」の資料の欠如の現実と、だからこそ、「実践した体験に基き」、「新生した教科構造による教育課程」を創造しようとしていく。

3．国語科学習指導の理念

　本著では、「国語科では何をするのか」「何をねらいとして学習指導をするのか」を、「指導要領」等の内容を「直接われわれの問題となるところまでもってきて」突き詰めていこうとする。こゝでは、前項で紹介した「修正教科カリキュラム」における国語科学習指導の実際の構造を吟味してみたい。【資料8】

　まず、その「目標」においては、「言語能力」を、「日常生活」と、「ことばそのものの系統」との両面の統合で把握しようとしている。その上で、「教材」については、「どこにでもある」としつゝも、「教科書」を「一つの水準」とみなし、「ことば」の「現場」と同時に、「学問的系統的研究」の必要性を、説いている。

　すなわち、「日常生活における言語能力を養う」では、「文化の向上をはかる」ためとしては、「正しいことば、効果的なことばを上手に使いこな

第1節　教育研究会著『観察・参加・実習の手引き』

す人間」が求められるとの「着眼点」が、確認されている。さらに、その上で、文学の理解鑑賞について、強調している。すなわち、第1に「理解し鑑賞する能力を培う」ことを認めた上で、「児童生徒の心情を陶冶する」ことが、国語科独自の仕事であるとする点が注目される。

　また、「ことばそのものの系統的な学習をさせる」では、「具体的な場における言語能力」の「場」が、「実生活の場はそれぞれに具体的な場であってみんな違う」ことを踏まえた上で、その中に含まれる「原理とか法則とかいったようなものには、一般に通じるものがある」ことを、強調する。その上で、本著は、後者を「抜き出して系統的に学習させる」ことが、前者にとっても重要であるとする。具体例としては、「日記を書く」における「文の表現」が、「表現法の問題を系統的に学習させる」ことになる点を取り上げる。さらには、「実生活のどんな場面に必要であるか」を忘れると、「児童生徒の自発性」を損ない「押しつけ詰め込み」となると警告する。

　次に、教材観では、「国語の教材、国語指導の資料はどこにでもある」との認識のもとに、「話をさせる資料」「聞かせる資料」「書かせる綴らせる資料」「読ませる資料」を「実生活の広い範囲から注意深く選んで用意」することを、基本としている。

　その上で、1つは、「国語教科書」を、「児童生徒の言語能力の一つの水準を示した」「重要な資料の一つ」とし、同時に、「ことばの使われる現場」の研究と、ことばの「学問的系統的研究」の必要性が、説かれている。

　これらは、今日の国語（科）単元学習の基底においても、再確認されなければならない。すなわち、今日の反省の1つには、教科書偏重の事実がある。しかし、これは、ともすれば教科書無視の恣意的な学習指導に陥る危惧を誘発する。そのとき、教科書を「一つの水準」と捉え、「重要な資料の一つ」と考える立場は、見据えるべき原則を示している。

　さらには、その上での「ことばの使われる現場」の研究と「学問的系統的研究」との統合に「国語教育力」のあらまほしき姿を見る立場も、今日改めて見つめ直すべき要点であろう。こゝには、児童生徒の「意欲」「関

心」「態度」に着目するとき、その言語生活の実態に即すことと学習指導の価値としての目標をどこに置くかとが、必ずしも統合されないことへの自戒もある。

次には、「学習指導」における「単元設定の根拠」について、詳細な説明が加えられている。

こゝでは、「単元」が、まずはその「必要性」と「経過」との確認の上に成立していなければならないことが説かれている。そして、その要には、教師の「指導の腹がまえ」と児童生徒の「各自の現実の生活」に「切実な問題」であることとが、据えられている。すなわち、児童生徒の「生活」や「興味欲求」が、「単元設定の根拠」の拠り所の一方にあるのである。すなわち、「修正教科カリキュラム」の主張の根底にも、「新教育」の理念を一方では何とかして貫きたいという想いが、脈打っていたのである。こゝにも、今日学ぶべき点が多い。

一方、「単元の目標」は、「具体的」でなければならないとする。児童生徒の「現実の生活」を尊重することは、とかくその指導目標を漠然としたものになりさがらせがちであった。「修正教科カリキュラム」が苦悩の中からその血路を見出そうとしてきたのには、このような傾向が生み出す「実力がつかない」ことへの厳しい反省があったからである。この「具体的」ということは、ひきつゞく「個性」「自分の学習」、さらには「評価」へとつながり、「単元学習」の全体にわたっての根本的な問題点を示している。

さらに、「学習指導の実際」についても、まずは「個人差を重んずる」点を、強調している。この点でも、今日学習指導目標の一律でありすぎたことが、「新しい学力観」のよって立つ反省の１つであることを考えれば、教訓的である。しかも、こゝでは、「個性の尊重」が、「作文の感想や評を書くにしても」と、徹底されている。児童生徒の個々の「言語能力」「学習のめあて」の「程度」にまで配慮した「学習指導の実際」は、今日の国語科教育の場にも、何をおいても求められていることである。この「実際」の具体についても、導かれたい。

次には、「実際」の２つ目として、「ことばの機能を重んずる」点を、指

第1節　教育研究会著『観察・参加・実習の手引き』

摘している。すなわち、「ことばの実際場面における機能」が、とりわけ強調されている。それは、同時に「ただ頭の中で色々のことばを暗記する」ことの「危険」性をも、指摘している。こゝにも、「新教育思潮」の中核をなす言語生活における「経験主義」が、何とかして貫かれようとしている。さらには、それが、「話す」「書く」において「ただ聞く」「ただ読む」偏重であった従来の国語科教育への厳しい反省ともなっている。この根底には、ことばの機能についての見識がある。

さらには、「実際」の３つ目として、「興味を重んずる」点を、指摘している。このように、国語の学習に「興味・関心」を抱かせることについては、今日もさまざまな工夫がなされている。中でも、こゝに言う「ことばそのものについての関心」を「具体的な言語生活の現場」において納得させる「方法」は、前項と相俟って、今日改めて「工夫」されるべき点であろう。言葉の機能における「思考・認識・創造」力の涵養も、この次元での確認と習熟をぬきにしては、考えられない。「関心・意欲・態度」の育成に関わっても、この点は、改めて学びたい。

ちなみに、本著の性質上、この章末には、「研究問題」の５項目が、列挙されている。そこには、「国語教育不徹底」の結果がもたらす「生活」の実態に注目させることを初めとして、「実生活の場」からの「単元」の「指導計画」、さらには、「教科書の教材」による「指導計画」の立案を、求めている。その上で、この「研究問題」は、「ことばの機能」そのものの考察と同時に、「学習指導の実際」を「観察」することをも、重ねて求めている。

これらの各項目は、当時の教育実習生を対象にしたものではあるが、いずれも今日国語科教育が当面している諸問題に関わって解明・実践しつゞけなければならない点ばかりである。いずれもが、「学習指導の実際」の中で考察されていることも、注目すべきである。

4．「教案例」に見られる国語科学習指導の実際

　本著「第五章第五節」「国語科の学習指導」には、「教案例」として、①国語学習指導案（第四学年）――修正教科カリキュラム十月分学習単元の一つ――と、②　指導案例（低学年・コア学習）とが、掲載されている。【資料9】

　まず、①では、「単元　かし本屋」の「指導案」に即して、その「概要」が説かれている。

　こゝには、単元の「根ざす」べきところが、まずはしっかりと確認されている。その上で、「自覚された学習目標」もが確認され、そのことが、「公正な評価」に直結するという考えは、自己学習力ともいえる「意欲」の「助長」をも展望させている。「読み方中心」の単元ではあっても、従来の注入主義を何とか脱却しようとする理念が、具体的な工夫をもたらしている。

　また、「単元設定の根拠」においては、「現実に応える資料」の不足を痛感しつゝも、なおも、「実態」については、「予備テスト」として、音読・漢字・文章理解力・読書の傾向、および範囲・大意把握力を試みたことが紹介され、漢字テスト・理解力テストの結果が示されている。こゝでは、3年時の国定教科書の漢字・県教育委員会設定の標準テストが、43名の児童に課せられている。それらの結果からは、いわゆる「能力」の実態が極めて多様な幅を見せていることがわかる。

　次には、読書指導が、「共通必須の教科書教材」との関わりのもとで、「楽しむ」ことを目標として追究されている。それは、一方では「個性」をも尊重した「領域」を念頭にしながら、他方では、「有機的全一的指導組織」もが、求められている。

　さらには、「目標」としての「期待される学習効果」については、具体的な展望が示される。すなわち、児童の言語生活の実態に基づき、具体的な「作る」目標を定める。その経験的な学習を通して、現在にいわゆる「意欲・関心・態度」の育成が目指されつゝ、特定の言語能力の錬磨もがもが

試みられる。中でも、(d)に窺える指導過程での方法とその成果の「評価」の方針とは、「単元の概要」にもあった理念を具体的に示したものとして、注目される。さらに、(e)における「学習目標」の具体的な諸項目は、「コア・カリキュラム」の生活・経験重視の理念が、先のように踏まえられつゝ、「修正教科カリキュラム」の「修正」たる所以と実情を、示す。

　この計画の体系には、「予備調査」から「評価」に至る具体的な諸段階が、明示されている。その根底には、グループを中心にした「自治会」や話し合いで、具体的なものを作ることを目指す精神が脈打っていることがわかる。その上で、「教科書教材」は重視され、言語生活を見通した上での過程学習や自己学習力、それを支える個別指導が、組み込まれる。加えて、「予備テスト」をも含め３回の「テスト」による学習過程のタイムリーな診断を経て、とじめには、それらを「整理」「観察」した上で、「態度・習慣」を「特徴記入法」により「評価」する。今日、新しい「評価」の方法が改めて模索されているとき、この周密な過程を踏まえた「評価」の有り方は、理念とともに具体的な方向を示唆してくれる。「評価」と言いながら、結局は新たな「評定」の方法の試行に汲々としている現状に、厳しい警告を与えてくれている。

　以下、この「計画表」は、(1)　中心課程　(2)　周域課程　(3)　日常生活課程――の３課程に分けられ、さらに、(1)は、「予想される学習活動」と「期待される教育的経験」とに、(2)は、「技能の練習」と「体育」とにわけられ、各項目別に克明な記述が行われている。以下、国語教育に関わる点にしぼって、紹介する。（表参照）

　また、本著には、ひきつゞき、「五月九日（月）第二単位の展開（コア・学習）」なる第２学年用の一覧表が掲載されている。この「単位」の「目標」は、○　みんなにわかり易い言葉で話す。○　人の言葉のいみをよく考えて聞く。○　見たものと言葉の結びつけになれる。○　この十字路の概要を知る。――である。こゝには、(1)　予想される学習活動　(2)　評価の着眼――の２項目が立てられている。先の「計画表」と相俟って、実態を具体的に示す。（表参照）

第V章　「修正」営為

おわりに

　「修正教科カリキュラム」における「国語」の扱いについては、当時のいわゆる「言語教育」の側面の強調を受けて、「平素の児童の言語活動に特別に気をつけて、それを善導するという不断の営みであろう」【資料10】との理念のもとに、実践に即した努力が行われてきた。その営為の裏づけとなった理論については、こゝに紹介した通りであるが、その実際については、「修正教科」と名づけた意味が、判然としたものであったとは言えない。「はじめに」で紹介した理念も、次に示す実践家の述懐からすると、苦闘の連続であったことが推測される。

　こゝで実践された「国語科独自」の使命を担っての「言語の教育」は、一方では、「児童の社会的生活主題にとけこむことを国語科自体が要求」するというジレンマに陥っての苦闘の跡である。私たちの「新しい学力観に基づく」とされる「国語科独自の使命」も、同質の苦闘を求める。県下におけるこのような「新教育」実践上の苦闘の跡は、さまざまな形で、今こそ、大きな教訓を与えている。

第2節　附属山口小学校の「生活カリキュラム」

はじめに

　国語（科）教育が、過去の伝統的な言語文化を継承するに心を砕き、分化としての教科主義にひたすらであった事実を直視させられたのは、1945（昭和20）年の敗戦時であった。爾来、「米国教育使節団報告書」、それを受けての文部省による「新教育指針」等に導かれて、国語（科）教育も、また「コア・カリキュラム」の洗礼を受けることになる。その結果、国語（科）教育実践にひたむきであった山口県下の先学たちは、伝統的な「作業教育」や「総合教育」の上に、独自のカリキュラムを創造していった。

　中でも、山口大学教育学部附属山口小学校が、満1年の「実験的研究」の成果を発表したのは、1950（昭和25）年度「研究紀要」㈠・㈡・㈢においてであった。

　こゝには、学習単元の計画における「準拠資料」および学習結果の評価における「準拠尺度」として、まず㈠の『能力表』が編まれ、踏まえて、㈡の『生活カリキュラム』が創出され、さらに、それは、㈢の『修正教科カリキュラム』へと「修正」されていった軌跡が、具体的に残されている。

　本節では、このうち、㈡に焦点をあてて、先学たちが、試行錯誤の中で、「新教育」に求めつゞけた実践営為の具体に学び、私たちの「新しい」国語（科）教育の方向を吟味する。

1．「コア・カリキュラムの立場」

　本著は、まず、我が国「新教育」における「コア・カリキュラム」の意義を、「中心課程をもつ綜合教育課程」と規定した上で、その「哲学的背景」にも触れて、次のように説く。【資料1】

第Ⅴ章　「修正」営為

　すなわち、「教育」は、「変化する生活場面に適応し得る弾力性のある知性を涵養する」とし、「創造的知性の陶冶」こそが、その「目的」でもあるとする。
　こゝには、今日、改めて提起されてきた「新しい学力観」が、従前の「学力観」を反省して、生きる力」の涵養を提起していることと、通底している。文化遺産の継承に躍起となることからは、「民主主義」に基づく真の学力は実現しないことへの共通認識が、このような「哲学」を再認識させたのである。私たちの国語（科）教育の展望は、この１点から再出発できるか。
　次に本著は、「文化社会学」の観点からも、説いている。
　すなわち、「社会機能の分担」の見地からである。そこから、「中心課程としての社会機能の範囲」から、「教科組織を根本的に再組織する方法」が必要である、としている。
　こゝには、所謂「スコープ」として、ヴァージニア・プランやカリフォルニア・プランから学んだカリキュラムの軸の立て方の基本理念が、簡潔にまとめられている。すなわち、「中心課程」に、まずこの謂での「スコープ」を確認することによって、従前の教科を再組織しようとしたのである。私たちが試みるところの「合科」や「クロス・カリキュラム」や、さらには「総合的な学習の時間」も、改めて現今の「社会機能」をどのように認識してのことであるのかが、省みられてよい。
　さらに、本著は、心理学における「形態理論」を根拠にして、人間の「心意現象」の特質を、説いている。すなわち、「動的、積極的協力的学習場面」としての構成を、その前提としている。
　こゝには、「心的現象」に焦点を合わせた「教育場面」への基本的な洞察がある。そこでは、「児童に興味ある学習課題」が、「中心課題」としての必須のものとされていて、その拠って立つべきところは、「児童の生活の要求」と、見究められてもいる。今日、「学習者主体」から「自己学習力」、あるいは「基礎・基本」の学力が、再検討されようとしているとき、先の(1)・(2)につゞくこの観点は、学ぶべき基本を示している。

以上、3つの観点に立って、本著は、カリキュラムの構造を、次のように決定していく。
　すなわち、「カリキュラム思想」には、その「中心課程」の構成の仕方に、①　「教科の統合思想」に基づくものと、②　「生活の統合思想」に基づくものがあるとする。
　この分析の上に立って、本著は、教育の内容は、児童の活動によって修正されるとともに、児童の活動が、教育の内容によって方向づけられ、評価される必要があるとする。このことは、当然のこととはいえ、「生活カリキュラム」が陥りがちな陥穽を、鋭く予見し、構成上の理念として確認している。いわゆる「動作化」や「グループ活動」などが、「活性化」や「学習者中心」と言い条、後者の意義を無視しがちな今日の趨勢を省みるとき、この指摘の意味は重い。さらに、本著は、「基礎課程」「基礎学習」についても、次のような見解を示している。
　すなわち、こゝでも、「生活課程」が、「基礎学力」の伸張を欠くという批判をも考慮に入れて、中心課程との連関的学習にのみ委ねるのではなくして、その系統的発展としての学習の必要性が、確認されている。今日、新たに「基礎・基本」としての学力が提唱されているとき、この両者の関係の総合的な把握・認識には、教えられる点が多い。
　その他、本著は、ひきつゞき、「自由研究・クラブ活動」「健康教育」についても触れた上で、これらの構造は、学習指導要領を基準として作成された各科の「能力表」に基づくものとし、従って、これは、純然たる生活発生的カリキュラムではあり得ず、国家の基準に基づくことを、特に強調している。
　その上で、本著は、「展望」として、敗戦後の日本の教育が、ある意味でにわかづくりから来る新たな混乱を見せつゝある現状について、「指導計画と指導方法」の欠陥にこそその「罪」がある、と喝破している。「方向」に誤りがあるのではなく、「方法」にあるとの謂である。
　私たちは、この謙虚な自己点検に学んで、現代における「社会的要求」を的確に把握しているか。あるいは、「活性化」の蔭で、「基礎学習」の「系

第Ⅴ章　「修正」営為

統的指導計画」を疎かにはしていないのか。さらには、教育の「方向」と「指導計画」「指導方法」とを、現実の困難な状況の中で、二者択一的にあしらい、責任の所在を曖昧にしたま、、状況を一層困難にしてはいないか。この洞察力にも、学ぶべき点が多い。

　最後に、本著は、世界情勢の変動免れ得ない不安定の中で、教育が探究しなければならない「視点」を、「生活の現実から真理を掴む」ことと「問題に直面して合理的解決を求める科学的態度」との２点に置くべきことを、強調している。

　私たちが、「二十一世紀の教育」を展望するとき、その理念の中核には、小手先の技術ではなくて、本著が困難な状況の中で見据えた「生活の現実から真理を掴」むことや「合理的解決を求める科学的態度」が、引き据えられているか。この先学の苦闘に学ばねばならない。

　以上、本著説くところの「コア・カリキュラムの立場」は、このように５点に整理してみるとき、現代の「新しい学力観」とそれ以後の私たちの状況を、驚くほどの共通点で、照らし出してくれる。とりわけ、国語（科）教育にとって、「学力」とは何か、「基礎・基本」と一括される「学習（教）材」「厳選」や「選択」の方向は何処か。そして、何よりも、その原理を突き動かす私たちの学習指導目標（主題意識）は、指導者集団の中で、どう確認し合われているのか。――など、避けては通れない問題点を、突きつけている。

２．「本校生活カリキュラム構成の手続」

　このような理念の周密な確認の上に立って、本著は、「カリキュラム構成」上の具体的な「手続」について検討を加え、整理していく。これは、後に紹介・吟味する「計画案」や「実践記録」の方向を規定していくものとして、注目される。こゝでは、「生活とは、問題を解いて行く行動の連続である」との考えが、出発点になっている。その上で、「本校カリキュラム」構成上の次の４点の「基礎的見地」が、まず明らかにされている。

【資料２】

　こゝには、「生活カリキュラム」言うところの「生活」が、「様々に組み合わされて連続しながら起伏進行する過程」としての「行動の単位」という概念のもとに、論理的にまず規定されている。中で、特に(3)の例では、「分節的全体」という基本原理が、具体的に示されている。こゝに生活経験を総合的に捉えて「中心課程」とする本著「生活カリキュラム」の堅実な理論的裏打ちがある。私たちの「新しい学力観」に基づく様々な工夫にも、学習者中心の諸活動におけるこれに見合う原理的な共通理解が、まずは求められる。

　さらに、本著は、次の３つの「見地」を、構造的にも確認する。

　１つは、「課題の意義」である。

　こゝには、既述の「生活」の原則に基づいて、学習者としての「子供」が、「有意義な課題を発足（ママ）してそれを解決して行く過程」としての「学習」の主体であることが、確認されている。

　その上で、その「中心的感情」が、「生活行動」を規定するとする。この「課題発見」力こそは、私たちが、改めて「学力」を論ずるとき、その「基本」の構成要素の筆頭に挙げて、「学習者主体」あるいは「自己学習力」の要に、据えているところに関わる。

　２つは、「課題の性格」である。

　こゝにも、私たちが言うところの「個々に即した」や「ひとりひとり」に求められている普遍的な原理が、きちんと整理されて述べられている。「ひとりひとり」の「表現」にきゝひたり、きゝ分けることと、「集団思考」の場でそれらに揺さぶりをかけ、統合された高次の「価値学習」へと指導することの意義は、まさにこの原則に基づくものであることを知る。「単元学習」が、その１時間１時間とともに、連続した１つのまとまりの体系をなすためにも、このような原則に基づく指導目標が、確固としたものとして確認されていたい。

　３つは、「行動の性格」である。

　すなわち、求められる「現実の具体的な行動」の構造にまで、言及して

第Ⅴ章　「修正」営為

いる。本著は、先に、「生活は」「行動群の連続展開の過程である」と説いた。その「行動群」が、「現実の地位に立って実にさまざまな関係と展開をなす」ことにも注目して、「カリキュラムの構成の手続」の内容と方法とを、実践に即して見定めようとする。新しい国語（科）教育を展望しようとする今、児童生徒の「生活」が、「行動群」としてどのような実態を持つのか、この観点に導かれたい。

さて、本著では、引き続き、まず本著成立に至る研究経過を、紹介している。

本著は、この経過を紹介した上で、本1950（昭和25）年度、前年度における1〜3学年のみの実験的研究の成果をまとめたものであり、以後の学年については、第4学年における「草分け的先駆の研究に突入している」段階だとしている。「机上のプラン」を避ける謂であるとしている。

それでは、以上の「実験的研究」の過程では、どのような問題がクローズ・アップされたのか。まずは、その前提として、委員会構成メンバーの持つ「哲学的背景の調和」を図って、相互の了解と承認とを得ることの困難さと、そのための「花々（ママ）しい」論戦の意義とが、回想されている。実践的研究におけるすべての営為の根底には、指導者集団のこのような情熱があったことを、わすれてはならない。その情熱は、「奈良プラン」「明石プラン」「東京高師附小第三部プラン」等との比較研究をも、慎重に経させたという。

さて、次に取り上げられているのは、「立場」と「構造」に関する「百論相討議（ママ）」の中身についてである。それは、以下の「手続」における「予想」に帰結するとしている。

以下、本著は、「教育目標の吟味とその階級的配列」の前提として、Ａ　一般目標の設定　Ｂ　具体目標の設定——の2項目に分けて、「手続」の詳細を紹介している。

中で、「一般目標」設定に関する基礎資料として、

　　1．父兄を通しての要求調査　2．地域社会に於ける教育課程の調査
　　3．教育基本法第一条の研究　4．学校教育法第二章第十条及第十八

条の研究　5．学習指導要領一般篇　教育の一般目標の研究　等が、列挙されている。「新教育」の理念追究に情熱を燃やした先学の営為の周密さが想像されて、襟を正させられる。以下、Bは、Aの成果を総合的に検討し、同校の一般目標と照合して、具体的目標の取捨選択をし、要素的に記載配列した、とする。これは、別にまとめられた「能力表」に集約されている。

　さらには、先の「生活中心感情」を捉えるために、「児童の具体的生活実態調査」が、次の４点について、なされている。これが、直接的に、単元決定の具体的資料とされている。

　このようにして、単元そのものや目標が決定されたのである。学ぶべき具体的な観点がある。さて、本著は、このような「手続」による単元の決定について、「自然発生単元」と「人為的単元」の峻別の必要性が、強調されている。

　すなわち、理想としての「自然発生単元」が、ともすれば「学習内容の価値的発展には危惧される所」を生む点が、指摘されたのである。しかし、それは、短絡的に「人為的単元」とすり替えられていったのではない。「自然発生的生活活動の中に持つ様々の機縁としての活動の尖端を重んじて把える」の謂であるとする。「学習内容の価値的高度化」の進む３年以上の児童の学習指導にとっては、この意味での「人為的単元の設定操作とその運用耕作」こそが、本カリキュラムにおける重要課題であるとする。この観点は、今日の単元学習におけるさまざまな工夫に対して、その指導目標との関係について、今一度吟味すべき焦点を、示唆する。その上で、本著は、単元構成にあたっての具体的な留意点を、次のように列挙している。課題の体系的設定とその１こま１こまの充実した内容、および無理のない方法を模索するこの配慮の具体は、今日の単元構成法にも通じる。

　私たちが単元学習の成立を目指すとき、まずは、たとえば、(4)に言うところのダイナミックな展開の根基を、しっかりと見据えているか。また、１時間毎の学習活動が、たとえば、(8)に言うような「表現」活動を保障する内容や方法を採っているか。さらには、⑽に言う、たとえば、年間を通

第Ⅴ章　「修正」営為

しての各単元の「非連続の連続」の体系が、打ち立てられているか。——など、先学が実践研究の中から紡ぎ出していったこれらの具体的な「留意事項」は、半世紀以上を経た今日にこそ、引き据え直すべき大切な視点である。

最後に、本著は、「カリキュラム評価と改善資料の蒐集」として、「教育目標の妥当性」についての「実践的反省」と「評価」に基づく「修正」の必要性を、強調している。

以上、本著で示された「生活カリキュラム」の「構成」と「手続」との具体的な実践研究過程とその成果とは、前年1949（昭和24）年度の到達点を、整理したものである。こゝでは、理論の共同研究に始まり、実践によりその妥当性を逐一実証吟味していこうとする態度が、終始貫かれてきている。社会的に敗戦後の混乱が、新たな危機的状況を生み出そうとしているとき、指導者集団が、このように結集して独自の「生活カリキュラム」を編成していった事実は、刮目に値する。しかも、最後の項に述懐されているように、「評価」と「反省」、そのための「資料の蒐集」をどこでも継続していこうとする態度へと、脈々と連なっては、さらなる充実と発展とを目指していたのである。

以上、同校の「生活カリキュラム」全体の生成過程とその到達点とに学んだ。以下、指導上の具体的な「カリキュラム計画案」およびその「単元展開の実践記録」の具体に学ぶ。

3．「生活カリキュラム計画案」

本著は、「計画案」の提示に先立って、1～3学年別に、「生活学習指導上の留意点」を、克明に述べている。【資料3】

本著は、先に、「教育の第一は、課題発見力の育成である」と規定した。その上で、それは、「子供の生活の中の中心感情」を構成するとした。さらに、その感情が、「生活行動」を規定していくともした。この理念の実践的研究成果が、学年別に、このように設定し分けられたのである。小中

あるいは中高一貫の必要性が説かれ、学習者主体の単元学習が試みられている現在、このような視点からの学年の独自性の追究と相俟って、その相互の連続に対する系統性の探究との統合には、このような基盤に至る資料収集等の努力が、同様に求められる。

なお、3学年各々については、「留意点」の細目が、示されている。

こゝには、「自分の生活から社会生活へ」に始まり、「主客未分」と「客観的・論理的」、「自我意識」と「協同意識」、また「児童の関心」と「多様性・多面性」、さらには、(5)に列挙されている諸対比項目等、実践の中では常に葛藤しなければならない視点が、厳しく指摘されている。いずれにしても、第3学年の児童の実態を周密に把握することと、指導者としての指導目標を確固たるものにすることとが、2つながらに見据えられている。以下の「カリキュラム計画案」にそれらがどのように反映しているかが、注目される。

さて、第3学年では、1949（昭和24）年度に、次のような単元が展開されている。【資料4】

これらの単元の「計画案」は、それぞれ「評価」に至るまでの7つの項目による整然とした一覧表になっている。

以下、(4)の「中心課題」の全容を、「活動」と「経験」とを対比して、一覧表で紹介する。

一方、この「中心課程」の一覧に平行し、「基礎課程」の4項目が、記述されている。なお、そのそれぞれの位置については、紙面の関係で、対応する形では紹介できない。

また、「日常生活課程」については、○ 衣替え ○ ムシ歯予防日 ○ 時の記念日 ○ 入梅 ○ 衣服の衛生 ○ 麦刈り ○ 寄生虫駆除 ○ 田植え ○ 夏至 ○ 清潔週間 ○ 誕生会——の各項目のもと、具体的な活動が示され、先の2課程の一覧に対応している。

最後に、「評価の着眼点」については、この単元では、3項目が、示されている。

以上の「計画」は、「単元設定の基盤」にもあったように、先ず第1に、

第Ⅴ章　「修正」営為

第3学年の児童の「関心」が奈辺にあるのかを具体的に掴んで、出発している。その上で、その「関心」が、「社会生活」にどのように活かされるかをも、考慮に入れている。先の「生活学習指導上の留意点」で詳細にのべられていた理念が、こゝに実現されようとしている。さらに、その統合された観点は、「世界」をも視野に入れて、「進歩改善」を展望し合うことをも目指している。わたしたちが、「単元学習」の新たな充実を目指すとき、「単元設定の基盤」に、このような3つの観点ないしは目標が、確かめられているか。その共通理解が、まず求められる。

4．「単元展開の実践記録」

さて、このような「計画」は、どのように「実践」されていったのか。多くの「新教育」の実践では、理念や計画の記述は詳細に残されているが、それらが、どのように実践されたのかについては、県下では、多くの事実は推測されながらも、残念ながら管見に入らない。

しかし、中で、本著には、「第三学年　六月学習単元（山口駅）学習展開案」（注　1週間の時間割り表の形をとっている。）にひきつゞき、第3学年の「単元展開の実践記録」が、「生活単元」・「日常生活課程」「基礎学習」に分けて、詳細に記録されている。先に紹介した「計画」が、実際にはどのように実践されたのか。先の理念は、具体的にどのように実現したのか、しなかったのか。中で、「国語（科）教育」は、どのようにその実態を見せているのか。貴重な資料として、そのまゝ紹介したい。【資料4】【資料5】【資料6】

なお、以下の「実践記録」の構造は、先の「計画」における3つの柱、①　「中心課程」　②　「基礎課程」　③　「日常生活課程」に即して、「(其の一) 生活単元　山口駅──山口駅から小郡に旅行する──」、「(其の二) 日常生活課程　単元　遠足（秋芳洞）」、「(其の三) 基礎学習　『花の写生』」（注　順序は、①・③・②となっている。）に分けて記載されている。指導者と児童とのやりとりの具体や児童の「表現」が記録されていて、興

味深い。

おわりに

改めて、本著から学ぶべき諸点を、整理しておきたい。
(1) 創造的知性の陶冶を、新学力観にどう位置づけるか。
(2) 教科再編の前提として、社会機能をどう把握するか。
(3) 教育場面を、真の協力的学習化へとどう改革するか。
(4) 児童の生活から、中心課題をどう創出するか。
(5) 総合課程に、基礎技能や系統的個別的指導をどう包含するか。
(6) 学力不振論に、指導内容・計画・方法で、どう応えるか。

これらの諸点は、今日「国語（科）教育」改革の道筋の中で、いずれも避けては通れない。さらに、具体的には、「国語」教科書の教材を、どのように「生活カリキュラム」の中に活かすか。「実践記録」にも、学ばねばならない。

(1) 教科書学習（教）材の理解が、児童のどのような欲求や興味を高めているか。
(2) 教材の特色、たとえば対話文を通して、ことばの機能をどのように学ばせているか。
(3) ことばを見つけ、それを児童の経験に結びつけ、踏まえ、話し合いの集団思考の場を、どのように具体化するか。
(4) 総合的な創造の場として、劇化へとどのように導くか。

「理解」と「表現」との統合学習が、ことばを通して1歩1歩模索されなければならない。

第Ⅴ章 「修正」営為

第3節　附属山口小学校の「修正教科カリキュラム」

はじめに

　国語（科）単元学習の実践研究の実情については、「学力」がついているのか、との指摘がある。【資料１】この「疑問」と「模索」の実態は、戦後「新教育」におけるそれと、どこか通じてはいないか。「単元学習」は「学習者主体」を原点とする。その営為は、「はいまわる」とて「実力がつかない」と非難されて試行錯誤を繰り返した「新教育」における「単元学習」の轍を踏んでいるのか、それとも、それを克服できているのか。その今、「新教育」営為における模索の典型に学ぶことは、意義がある。県下の典型にそれを吟味する。

　戦後「新教育」実践における山口県下のさまざまな批判的試行錯誤については、すでに、述べた。中で、「教科カリキュラム」と「生活カリキュラム」との二律背反の現実を、具体的に打破しようとした実践の１つに、「教育研究会」著『観察・参加・実習の手引き』があった。（本章第１節参照）そこでは、「現実立脚の真実性」を唱えた「修正教科カリキュラム」の立場が、具体的・体系的に紹介されていた。

　本節は、その翌年、1950（昭和25）年６月８日、山口大学教育学部附属山口小学校によりまとめて刊行された「研究紀要」㈠「能力表」・㈡「生活カリキュラム」・㈢「修正教科カリキュラム」の中で、これを受けた第３集における「修正」の理念とそれに基づく実践への展望の跡を辿り、今日も求められている「真に力のつく単元学習」「模索」の手立てとしたい。

　本第３集「修正教科カリキュラム」は、次の目次の体系をなす。
　　序
　　○　修正教科カリキュラムの構想　一、教育目標　二、カリキュラム批判　三、修正教科カリキュラムの立場

第3節　附属山口小学校の「修正教科カリキュラム」

○　修正教科カリキュラムの構成の手続　一、教育目標の分析（教育内容選択のためのよりどころ）　二、教科別学年指導計画（内容の選択）　三、第一次修正（内容の組織と配列）　四、第二次修正（内容の組織と配列）　五、第三次修正（基底単元の設定）
○　修正教科カリキュラムの展開　一、修正教科カリキュラムの展開の重要性　二、展開の諸相と展開計画　三、展開の実際（一例）　四、結語
○　修正教科カリキュラムの反省と今後の課題　一、反省の必要　二、修正教科カリキュラムの反省　三、今後の計画　四、結び
○　第三学年　第四学年　第五学年　第六学年
○　修正教科カリキュラム展開案例（第四学年　第五学年　第六学年六月）

1．「修正教科カリキュラム」の理論と方法

　本著は、前年以来「修正教科カリキュラム」理論の主導者であった山口大学教育学部付属小学校主事・竹井彌七郎教授の「序」を巻頭としている。中で、同教授は、従来の8つの教科が「教育内容組織の種別としては必要欠くべからざるもの」とした上で、まず「修正教科カリキュラム」が、これらの教科と「児童の生活の要求に立脚する生活単元」とをどのように統合するところに成るのかを、説明する。【資料2】
　すなわち、「修正教科カリキュラム」は、現実の上に立って、「可能な限り多くの教科内容を綜合的に取扱う単元」であるとする。つまり、「分立的に取扱うことが合理的な教材単元」で、「教科的学習指導」を実践する。そこでは、「相互に関連した教材を基底」とし、これと「児童の生活の要求との接触する所」に設定する「単元学習」の謂である。
　その上で、同教授は、この方法が、「従来の教科別指導に慣れている教師」にも、「一歩前進によって直ちに実行できる」ものとし、「綜合的学習と教科的学習の両面にわたって偏することがない」とも断言する。すなわ

ち、これこそが、「現在日本の社会的現実、教師の現実、児童の現実に立脚する教育課程」だとするのである。こゝに、「修正教科カリキュラム」の理論と方法とが、集約して説明されている。

では、このような観点に立って、「修正教科カリキュラム」は、どのように構成されていったのか。まず、本著は、「修正教科カリキュラムの構想」において、基本理念を、まず、「教育目標」が、「教育基本法」から「指導要領一般編」に基づくことを前提にした上で、説く。【資料3】

すなわち、「児童の基本的な生活」、つまりは「地域社会の要求」に児童を「適合」し、同時に「教育の一般目標がにじみ出る」ように、「具体的な目標」を設定すべきだとする。

こゝには、私たちもが、「新しい学力観」の名のもと、大いに反省したはずの「教師が中心となって、学習活動の目標や活動の仕方などを決め、指示をしたり、知識や技能などを教え込んだりするような学習指導」を経てきた経緯にも通底する観点である。

その上で、本著は、「従来の教科カリキュラムの長所短所」の研究、「生活カリキュラムの長所」の導入、「本校の実情」への配慮を前提にして、「生き生きとしたカリキュラム」を次の手順で「構想」する。すなわち、まず、「長所」として、「体系的」「段階的」「能率的」「客観的」「親しまれ」「教科書等の利用」の各項目を挙げている。一方、「短所」としては、「生活の場」「社会性」「個別性」「具体性」「教育哲学」「自発活動」の乏しさを、列挙している。

このように、本著は、両カリキュラムの長短を具体的に整理した上で、「修正カリキュラムの立場」が果たして成立するかと自問しつゝ、「立場」を整理する。

すなわち、「教科」は、「系統的知識」や「知識の集合体」ではなく、「人間陶冶」を目的として、「内容」と「発達段階」とを考慮した体系でなければならない、とする。また、「カリキュラム」の面からすると、「類形(ママ)」ではなく、「目標達成」の「容易」さ、児童の「歓喜」、「操作」の「容易」さを、その条件と考えている。その意味で、こゝに言う「修正教科カ

リキュラム」が、「融通性」を備えている、としている。さらには、「経験カリキュラム論者」がとかく主張しがちな、「学問体系」には「価値」がないという論を否定して、「問題解決」には、「ある程度必要」である、と反論している。その上で、「経験」の「統一」のためには、「各教科」で、「経験的な単元を構成」することを、主張している。

　本著は、その「立場」をこのように明らかにした上で、「修正教科カリキュラム」の「構想」の「手順」を、４段階にわたって提示している。すなわち、「学習指導要領」によること、「各教科」の連絡のもとでの「排列がえ」、「月別基底表」の作製、「展開案」の作製と実践である。

　こゝには、「生活単元」の意義をも認めつゝ、それが各教科において別個に進められることの弊害が、指摘されている。「児童の経験を統一する」ことが、時間的にも困難だとするのである。「各教科間に連絡」と「大きな生活単元」という「分化」と「綜合」の学習が、実情に即して工夫されていったのである。

２．「修正教科カリキュラム」構成の手続と展開

　以上の確認に基づき、本著は、「目標や問題と、個々の教師によって作られる具体的な作業単元との間の媒介をするもの」との展望のもとに、指導者間での共通理解を模索していく。しかし、現実の「設定」に当たっては、「必ずしも意見が一致したわけではない」と同時に、指導目標と構成すべき学習単元とを結ぶ「中間的存在の単元」を提示することの可能性を、追究する。

　その過程では、「教科別能力表」の作製に始まり、「教科別年間計画」の立案を経て、「各教科の指導性を崩さない」、あるいは、「日常生活課程を教科学習課程に並べ設け」ることに、細心の注意が払われている。その上で、「第一次修正」から「第三次修正」へ向けて、「教師の主体性」と「学級の児童の特殊性」との統合が、目指されている。

　その結果、こゝに形を成すに至った「基底単元」には、４つの要件の具

第Ⅴ章 「修正」営為

備を求めている。

　すなわち、「理解・態度・知識」の能力の目標の明示、「教師」による「調査・視察・効果判定」への示唆、「学習活動」の参考、「見学」資料の提示である。

　以上の「手続」を詳細に記述した上で、本著は、その「論理性」を、「スコープを教科区分にとり、シーケンスを学年の心理的発達に求めた」とする。こゝには、「新教育」の当初の理念を何とか貫こうとしつゝも、一方では、世の批判にも応えるべく、細心の配慮のもとに「修正」が加えられ、ある意味では、「独創」性を見せるに至っているのである。「修正教科カリキュラム」の実態は、この営為の過程で軌跡を残すことになった⑴　能力表　⑵　基底単元表　⑶　展開案　⑷　指導案——を包括するものとして、指導者集団の一致して踏まえるべき「媒介」となったのである。こゝには、世の批判を真っ向から受け止め、かつ「新教育」出発の理念を何とか貫こうとする指導者集団の営為がある。

　その上で、本著は、「展開の諸相」を、3つに分けて説明する。

　すなわち、①　多くの教科の統合された単元構成　②　少数の教科の統合された単元構成　③　教科独自の立場——の3つである。

　まず、①の場合の例としては、国語・社会・算数・理科・図工が、「動物園」という学習単元で統合構成される場合が、挙げられている。すなわち、全教科が、3本のコースとして流される低学年の場合で、これらは、いわゆる「コア・カリキュラム」の形態を持つものとなる。

　次に、②の場合の例としては、社会と算数とが、「工場見学」という学習単元で統合構成され、他の教科は、それぞれの立場で学習されていく場合が、挙げられている。すなわち、「相関カリキュラム」である。

　さらに、③の場合は、上級学年になるほど多く、学習内容が深くなるほどに、その教科の特色が濃くなり、他との関連が薄くなるとの考えに、基づいている。すなわち、「教科カリキュラム」である。

　その上で、構成・計画上の留意点が、詳細に示されている。

　それは、「統一性」と「包括的」、「教科の組織体系」、「児童の能力範囲」、

「学習意欲」、「ねらいどころ」、「自主的な問題解決」、「練習面」、「均衡と調和」と、8項目に及んでいる。

　以上のように、具体的展開例を示したあとで、本著は、「結語」の中で、カリキュラムは、その「展開」の良否如何によって価値がきまることを強調する。その上で、指導者の周到な計画とその上に立った「展開」評価結果が、カリキュラムを「より高いものに改造して行」くべきをも、強調している。「児童の前に立つ」からにはとの思いが、その中核に据えられている。私たちの「単元学習」も、これに学ばなければならない。この例は、県下の「新教育」実践を具体的に示したものとしては、数少ない記述の1つである。

3．「修正教科カリキュラム」における「国語科単元」の位置

　本著は、次に、①　「単元一覧表」（注　第3学年のもののみが、記載されている。）　②　第3学年以上の各月別単元の詳細な一覧表　③　「修正教科カリキュラム案」（注　第3学年以上のものが、各1月分記載されている。）を示す。

　中で、「国語科単元」は、どのように位置づけられているか。

　こゝでは、まず、「国語科単元」としての独自性が確認された上で、その具体的な学習指導内容が、「お話の本」の場合に即して、詳細に記述されている。そこには、「読み」の学習成果を、「一冊の本」作りにまとめていくこと、「主題」を設定した上で、「紙芝居」作りに即して、「読み」「書き」の練習をすることなどを通して、読書の習慣づけへと学習を高め深めていく工夫がなされている。また、即しての「学習活動例」が、さらに詳細に示されている。なお、引きつゞいては、「評価」の観点もが、「書き方」「読み方」「作文」の3点に分けて、示されている。

　さらには、「参考」例として、「国語単元　詩」の詳細が、紹介されている。

　こゝでは、その「詩作指導」の目標を、「今の心を、そのまま」、そして

「みつめ」ることに、重点を置き、さらには、「平行して」、「なるべく沢山の詩教材」を「読み」「調べる」ことを通して、「詩情」とともに「表現上の注意」を「理解」させることを、目指している。さらに興味深いのは、「題のない詩に題をつけ」る、「未完成の詩を完成」させる、「声の力の入れ方」にまで、工夫がこらされている点である。

以上、「修正教科カリキュラム」は、すでに確認したように、「日常生活課程を教科学習課程に並べ設け」る。その上で、①・②のように、国語（科）単元学習「お話の本」や「詩」で、それぞれ１つの独自性を保ちながら、単元が展開されていく。と同時に、③に示されたように、国語・社会・算数・図画工作が、「動物園」という単元を、連携をとりながら展開してもいく。

今日、「新しい学力観」に導かれて試みられている「総合」「合科」「クロス」などの単元営為と共通する点が、いくつもある。中での「目標」から「学習活動例」を経て「評価」に及ぶ具体的な指導内容・方法は、その貫かれている理念とともに、注目される。

4．「修正教科カリキュラム」の反省と課題

本著は、「新教育」の理念を、困難な状況と押し寄せる批判の中で、何とかして貫こうと、実践に即してこのように模索してきた。しかしながら、そこでは、次のような厳しい自己分析がなされ、「より新しい道」が、追究されていく。

まず、なぜ「反省」の必要があるのか。それは、「児童の生活に最も合致した学習」を追究するからには、「不断の改造」と「修正」とが必要であるからとする。その上で、「反省」は、「基底単元」の構成の面で、まず「社会科」との関係が討議の焦点になり、「社会科を優位に認めず」との結論に即して、各教科別に設定すべきであるとしている。また、「展開案」作製の面では、「担任教師は最大限の自由」を原則にして、「選択」「総合」「分化」の自在な構成を、確認している。さらには、「実践経験」の面で

は、「教師」には、「安定感」を第1に、「教科担任制」の評価、「指導時間」の次善への削減、「協力態勢（ママ）」に及んでいる。また、「児童」の面では、とりわけその「活動性」「学習効果」を、「家庭」の面でも、その「理解」への配慮にも、及んでいる。

　その上で、本著は、「今後の課題」として、「穏健主義」「漸進主義」との批判にも、応えていく。すなわち、「修正カリキュラム」は、「生活カリキュラム」か、それとも「止揚されたカリキュラム」であるのか、さらに研究すべきであるとしている。また、「学習効果の判定」については、「科学的研究」に待つとするに止まりつゝ、全学年の「修正カリキュラム」の構成を、指向してもいる。さらには、「基底表」の完成を踏まえて、「児童の自習書」「学習帳」の必要性が、指摘されている。

　このように、「修正教科カリキュラム」は、1つの具体的な到達点を示しながらも、なお、「児童の生活」にいっそうの思いを潜め、「不断の努力」「修正」を自らに課しつゞけようとする。その中で、まず注目されるのは、「基底単元」における「社会科を優位に認めず」の基本方針である。それは、具体的には、「担任教師」の「最大の自由」に基づく「選択」「総合」「分科」の実践的な工夫が、保証されていたからである。その他、実践上の経験が指摘させた諸項も、1つ1つ、今日の国語（科）単元学習の具体を照らし出している。と同時に、「生活カリキュラム」との本質的な関係が、なお追求されようとしている。多くの「単元学習」が、「生活カリキュラム」に早くも背を向けようとしていたとき、「修正教科カリキュラム」に全力投球をした本県先学の営為は、「新しい学力観」に基づく「単元学習」への指向が、やがて克服しなければならない本質的な問題点を、すでにクローズ・アップする。

　たとえば、②・(3)・ロの児童の視点からの「反省」では、「学習効果」についての未知数が指摘されていながらも、一方では、「家庭」の「理解」をも楽観的に捉えている点には、特に注目したい。やがて押し寄せる「学力」論議からの批判は、この2つの視点の狭間に、「修正カリキュラム」をもってしても抗しきれない攻撃となって立ち現れてくる。

225

第Ⅴ章　「修正」営為

　しかしながら、この時点において、この「修正教科カリキュラム」の伐り拓いた学習内容・方法は、本県における他の「国語（科）単元学習」に比べては、「児童の自習書」や「学習帳」に至るまでの基礎学力への最新の配慮もが、具体的に求められてもいる。しかも、これらが、「自主的・実践的研究の結果」と自覚されている点は、学ぶべき点である。

　おわりに

　「修正教科カリキュラム」におけるこのような営為とその後まもなくたどる「新教育」全体の運命は、今日、学力論の観点から、特に吟味し直さなければならない。
　すなわち、これらの営為は、「学力がつかない」「はいまわる経験主義」などと、今日なお批判的にのみ評価されてはいないか。その根拠は、当時の世間一般の旧弊な「学力」観によるものであって、「誤解」や「曲解」をそのまゝにしてはいないか。それは、今日言うところの「基礎学力」と「基本学力」の峻別を抜きにした議論ではないか。
　「新教育」が真摯に目指した「学力」は、言語の機能に即して言えば、単に「伝達」にとゞまらず、「思考」や「認識」、さらには「創造」にも関わっていたはずである。当時は、そのような「学力」観が、まだまだ一般にも指導者集団の中でも、十分な理解と納得とを、得ていなかったのである。
　この事実は、「はじめに」で藤井圀彦氏が危惧した実態への警鐘を含んでいる。今日、「新しい学力観」と言い条、「基本的な学力」としての、たとえば課題設定力・学習計画力・情報収集力・情報操作力・課題解決力・個性的表現力などといった「生きる力」としての「学力」が、理解・納得されないまゝに、「学習者中心」が唱えられてはいないか。そうだとしたら、「新教育」における「単元学習」が、誤解や曲解のもとにたどらされた「運命」の轍を、今日の私たちも踏もうとしていはしないか。(1) 指導目標の一律性　(2)　知識中心の注入主義　(3)　教科書一辺倒　(4)　評定的

相対「評価」——などを反省しつゝも、「生きる力」の中身を中心とした「学力」が、今日の困難な状況の中で、児童・生徒主体の観点から、どのように確認し合われているかを、再検討したいものである。

その際、私たちは、たとえば、かつて「新教育」における国語（科）単元学習を、次の２点において問題提起の対象としてきた事実に、改めて注目したい。

(1) 「経験を与えること」が目標なのではなく、「能力をつけること」を目標とすべきで、そのために経験が活用されるべきであると主張したこと。

(2) 教育内容の系統化を主張したこと。

そのとき、こゝに取り上げた「修正教科カリキュラム」の営為は、その復権と相俟って、私たちの「新単元学習」の前途をも、具体的に指し示してくれるものとして、熟慮の対象に堪えるものである。

第Ⅴ章　「修正」営為

第4節　『光プラン』の推移

はじめに

　戦後「新教育」が、全国各地でそれぞれの「プラン」を生んでいたころ、山口県下での最も早い例の1つとして、『光プラン』が、1949 (昭和24) 年11月10日、独自の単元学習体系を、打ち建てていった。その事実については、第Ⅱ章第1節で、紹介吟味した。この実践営為の中から紡ぎ出された成果は、「小中学校一貫基礎教育の追究」をもその「決意」の1つとしてのいち早い実践的検証を経て、中学校単元学習の構築に及ぶ。その集積が、本著である。
　○　『生活実践と実力養成のための　小中学校のカリキュラム　第三巻　中学校学習展開篇』山口大学山口師範学校　光附属小学校　光附属中学校　共著　1950 (昭和25) 年5月20日刊
　本著は、前年の著、同題の「基礎篇」を受けて、同題の「第三巻」『小学校学習展開篇』が、同年6月10日刊行されたのと、ほゞ期を一にしている。いずれも、「基礎篇」で体系づけられた「生活課程」と「研究課程」の2本柱の統合を求めて、実践を踏まえた改革である。
　本節では、その改革の結果を、上記の2本柱の具体化である「生活課程生活科学習単元展開計画表 (例)」「生活課程生活科単元の学習指導細案 (例)」「研究課程各科年間計画表『一年国語科』」および「国語科の実際指導上の諸注意」に光を当てて、そこでの「国語 (科) 教育」の占める位置について吟味し、「新教育」実践上の「修正」推移の実態を明らかにし、今日求められている「改革」の指針としたい。

1．本著の体系

本著は、次の体系をなす。※印が、本節の対象である。
　　　序言
　　　まえがき
　一、教育課程表
　二、生活課程生活科学習単元一覧表
　三、生活課程生活科学習単元年間計画表
※四、生活課程生活科学習単元展開計画表（例）（ママ）
※五、生活課程生活科単元の学習指導細案（例）（ママ）
※六、研究課程各科教材単元発展一覧表
※七、研究課程各科年間計画表　附　国語科実際指導上の諸注意
　八、生徒指導
　　　附　主要参考文献

【生活課程生活科学習単元展開計画表（例）】

　こゝでは、上記体系における「二」での確認を受けて、「第一学年生活課程生活科単元　1．新しい中学校の生活」が、「例」として取り上げられている。【資料1】その「単元設定の根拠」は、⑴　生徒の関心と要求、⑵　社会の要求、⑶　生徒の発達段階、⑷　生活科の学習――の４つの角度から、詳細に説明されている。

　まず、⑴においては、新入学生活が、生徒にとっては、「喜び・希望・関心・欲求」であるとみなし、このときに当たり、中学校教育の「使命・内容」について、「知識・自覚」を与えることの大切さを、説いている。その上で、「生徒自らの手で」「民主的な楽しい学級・学校の建設」に向けて、「協力・精進」させることが、「自主性の芽生え期」にとっては、時宜に適ったものと、判断されている。

　次に、⑵においては、まず、「民主的な国家の建設と国力の復興」が、学習者の「双肩」にあることが強調され、「民主的な学校生活の体験」と

「自主的な研究態度」とが求められ、さらに、「不良化防止と善導」とにより「学習に自律活動に精進させる」意義をも、説いている。

また、(3)においては、この時期の学習者の「社会性・自我意識・批判力・自主的態度」に注目し、それらを活かす中で、「新しい集団生活」の建設の意義をも、説いている。

さらに、(4)においては、「現実に直面する場面の問題」を重視し、「生活指導即学習指導」の教育実践の可能性を強調している。

なお、この単元での「精神」と「態度」とについては、3年間の継続した習慣化に向けて、絶えざる「反省」が必要である、とも説いている。

また、その「目標」においては、「責任の自覚・自主的活動と協力の態度」を筆頭に、「知識を得る技能・情報収集の技能」に至るまで、12の項目に亘って、「生活課程生活科学習単元」で獲得させたい「態度」「方法」「関心」「技能」に至る学習目標が、網羅されている。これらの諸項目を、今日言うところの「関心」や「態度」と比較してみるとき、「民主的な国家の建設と国力の復興」という重い課題に、真正面から、しかも体系的に取り組もうとする意欲が根底にあることが、注目される。

次に、「導入」では、まず(1)において、「入学の決意と喜びを一層と（ママ）深くし、感激もあらたにしたことであろう」との認識が、詳述されている。また、(2)では、「誇りと自覚」と「誰からも好かれ」「実際に役立つ」ことが求められ、「導入」での一貫した姿勢が、窺える。

さらに、これを受けた「指導計画及び主要な指導内容」では、第一次から第五次に至る段階的な計画とその内容とが示され、これらの「導入」計画の中には、たとえば、「第二次」の「新学制の根本精神はどこにあるか討議する」のように「話し合う」場や、「一人一人の態度ののぞましい姿をえがき出すための会議を開く」場が、ふんだんに盛り込まれている。

なお、この項の末尾には、これが「大略の案」であり、「突発的」事項は、「時の話題の中心」として採り上げられるべきことが、例を列挙して強調されている。

このように、「生活課程生活科学習単元展開計画表（例）」では、「単元

設定の根拠」にあるように、学習者の関心・社会の要求・学習者の発達段階等を踏まえて、詳細な「目標」をも設定し、それらに即した綿密な指導の「計画」と「内容」とが、準備されている。

しかしながら、これらの各項目は、新制中学1年生にとっては、あまりにも荷重な価値体系に貫かれていて、このことが、こゝにいう「生活課程」が、一方では「研究課程」の独自の設定を余儀なくさせたものと、考えられる。「新教育」の根本的な性格と、それに独自に対応し、『光プラン』を実践的に推移させねばならなかった原点が、こゝにある。

2.「生活課程生活科単元」の実践

では、このような「生活課程生活科単元」は、実際には、どのように実践されていったのか。その「学習指導細案（例）」の第1学年「生活単元Ⅰ」「新しい中学校生活」に見る。【資料2】

まず、「目標」の第1には、学習者中学生の「責任」を、そのためには、「教育」の「理想」「使命」との「理解」、「心構えと決心」、「他人の意見」をまとめることが、順に示されている。

次に、「学習活動の展開」では、「導入」としての「心の準備」に始まり、「六三制」についての「討議」に重点が置かれていく。その上で、「整理」の項目においては、その「討議」の結果を具体的に振り返り、その「要点」をまとめ、次にはどのような「問題」を取り上げるべきかに及んで、単元の発展的な展望を、学習者自身に持たせようとしている。

では、このような学習指導の「学習効果」は、どのように「判定」評価されていったのか。

こゝでは、「能力表」や「分析表」との関連で、「生活態度」や「自己の目標をきめての実践」が、「評価」の対象になっている。また、「目標」との関連で、「本時の学習」がそのねらいを達成させたかが、次時の学習指導の重要な材料になるとされ、「評価」観の原点になっている。

このように、「生活課程生活科単元の学習指導」は、その「細案（例）」

第Ⅴ章　「修正」営為

にも、「新教育」の理念が、どこまでも貫かれようとしている。しかしながら、学習者の「関心」や「社会の要求」を踏まえると言い条、いずれもが、理想に燃えた観念の次元で、認識を先行させているところに、学習者や社会の実情との齟齬をきたしたものと、見られる。次に紹介・吟味する「研究課程各教科教材単元発展一覧表」と、それに基づく「研究課程各科年間計画表」とは、このような難点を克服しようとした『光プラン』独自の「発展」的な実践への推移でもあった。

3．「研究課程各教科教材単元発展一覧表」

　まず、すでに紹介吟味した「生活課程」に対応する第1学年の「国語」のみに、限定する。
　こゝには、「教材単元」として、第1学年の具体的体系的な「発展」計画が練られ、それと並行して、「習字」を中心とした技能学習の計画が、慎重に織り込まれている。【資料3】
　さて、このような「一覧表」に基づいて、「研究課程各科年間計画表」は、第1学年の「国語」をどのように具体的に「展開」しているか。照らし合わせてみたい。【資料4】
　示した「一覧表」には、「基礎的な言語活動」の伸張・具体化・組織化を目指した「年間計画表」がある。その目標の下部構造としての「単元および目標（評価）」で、「のばす」「理解」「つける」「持つ」、あるいは、「認識」「つかむ」「養う」「培う」などの表現がある。すなわち、多彩な言語活動を通して、「国語」の学力が、育まれようとしていたのである。
　さらに、「学習内容」の側面からは、「調べる」「作る」「発表」「批評」「計画」のように、学習者中心の学習内容とその方法とが、試みられてもいる。また、「指導上の注意」の項では、グループ活動の設定あるいは個性の尊重に至る細心の注意が、払われている。
　このような「研究課程」学習指導の「展開」は、第2学年へとさらにその密度を深めていき、第3学年に至っては、「古典」の比重が大きくなる

こともあってか、技能ないしは知識の体系的な習得へと、力点が置かれていく。「生活課程」における経験主義的な学習指導の理念を踏まえつゝも、こゝでは、そこでの、世にいう「学力不足」との批判に応えるべく、このような内容と方法とが、試みられていたのである。今日の「総合化」や単元学習化・音声言語重視等の趨勢も、このような先学の実践研究に学ばずしては、理念倒れに陥るであろう。

なお、これに基づく「一年国語科」「《目標》　日常生活における基礎的な言語活動をのばし、その具体化および一応の組織化をはかる」の実際のうち、一覧表に示された通りである。

たとえば、「一、詩の勉強」では、「詩情を養」うことと「詩作の力」を伸ばすこととが、一体となって「目標」即「評価」の対象になっている。あるいは、「理解」とともに、「朗読」にも配慮がなされている。中で、「自由詩」に重点が置かれ、「詩集」の定期的な発表もが、見通されている。以下、「三、まとまった文を書く」では、「日記」指導とともに、「ありのまゝに」「よみよい文」を、との内容が、確認されている。その上で、「七、劇の研究」では、調べることから入り、「鑑賞力」「演出力」、さらには「創作力」に至るまでの総合的な学力が、「発表会」「批評会」によって、「評価」されようとしたのである。

4．「国語科の実際指導上の諸注意」

本著では、「研究課程各科年間計画表」「国語科」末尾に、「各学年習字」の学期別「目標」とともに、「国語科の実際指導上の諸注意」が、詳細に添えられている。【資料5】

こゝには、「新教育」の理念が求めつゞけていた「学力」観や「評価」観が、簡潔にかつ構造的に整理されている。その1つは、「ねらい」としての「用具的使命」と「文化価値追求の使命」の確認である。こゝには、「基礎技能」を基にした「教材の体系的理解」とその「生活化」を「基準」とする考えが、示されている。また、教科書も、学年により分けずに、「理

第Ｖ章　「修正」営為

解度」に配慮した上で、「多種のもの」を活用しようとする。教科書にあるからとか、教科書の目次の順にといった惰性を克服して、少なくとも学年の垣根をとっぱらって、細心の注意のもとに、当該単元に必要な「教材」を活用するという姿勢には、今日も、なお改革の第一歩として、学ぶべきである。「生活課程」との関連も、この姿勢に依拠している。

　こゝに言う「重点的指導」の具体的な意味は、定かではないが、「動機づけ」の重視を強調している点からすると、実践の場では、「学習形態」には、常に自在かつ臨機応変が求められたようである。「生活課程」での理念貫徹式の学習者中心の活動的学習とは異なり、「ねらい」が示していた、今日言うところの「基礎・基本」に亘る「学力」の涵養にも、このような配慮が、求められるであろう。

　また、「個人差と個別指導」への言及にも、注目される。こゝには、「学習意欲の低調さ」とともに、「全体の進度」を前提とする「個人差」や「個別指導」との葛藤が、滲み出ている。そこから工夫される「漫画・童話」的教材観は、「テスト」での「評価」の優れた観点にもかかわらず、陥りがちな方便というべき欠陥を宿す。

　その上で、最後には、「国語学習に対する考え方」が、２項目に亘ってまとめられている。

　すなわち、単元学習のいわば「非連続の連続」とも言うべき本質が押さえられた上で、今日言うところの「自己学習力」もが、展望されている。また、本著の独自性である２課程の根本的な関係が、再確認されてもいる。今日私たちが求める「単元学習」や「総合化」にも、こゝに言う「生活」と「研究」との峻別と統合との理念が、すでになし得てきた実践営為の中でこそ、学び直されねばならない。

おわりに

　『光プラン』は、かつてその『第一巻　基礎篇』において、「研究課程」の果たすべき任務を、(1)　経験の組織化と、(2)　原理の経験化、と確認し

た上で、一方の柱である「生活課程」との関連については、まずは「生活課程」より発展することを原則としつゝも、一方では、「研究課程」そのものの内部において、独自の展開をする場合をも、想定していた。それは、「高き文化の進展を念ずるが故に、児童生徒の現在の生活に直ちに応用されないという理由で、或種の知識や技能の無用を獲るような短見を警戒する」との現実認識に基づいていた。

　私たちは、新しい教育課程を志向する今、たとえば、その「総合化」の理念を実践の中で検証しようとしている。このとき、『光プラン』が、その実践上の推移の中で、「基礎技能」・「経験の組織化」「生活化」の実現を目指して、「国語（科）教育」のねらいの原則を、「用具的使命」と「文化価値追求の使命」に置き、その独自の使命を確認しつゝ、学習者中心の学習内容とそれにふさわしい方法とを模索した跡に、厳しく学ばねばならない。『光プラン』は、「研究課程」の独立性と「生活課程」との統合の難しさの中、敢えて火中の栗を拾いつゞけたのである。

第Ⅵ章　「新教育」の去就

第1節　尾崎家連氏の場合

はじめに

　附属光小中学校における戦後『光プラン』による「新教育」の営為については、先にその生成および変容の各段階について、詳述した。(第Ⅱ章第1節、第Ⅴ章第4節参照) そこには、指導者集団としての孜々とした体系樹立への苦闘の跡がたどられた。一方、そこには、その支え人としての各指導者個人の営為が、地道な努力を持続・集積していた。後者あっての前者であった。

　中で、国語(科)教育に関しては、とりわけて、同中学校尾崎家連氏の小中両領域に亘っての真摯な営為が、当時の「新教育」の直面していた諸問題を、具体的に照らし出してくれる。本節では、同氏の足跡の中から、次の2点を対象にして、「読解力」「作文力」の育成が、1954(昭和29)年の段階で、「新教育」が、県下でも、どのような転機にさしかいっていたのか、また、その事実が、国語(科)教育指導者においては、どのような実践営為の中で、克服されようとしていたのかを、具にたどる。それを通して、今日、「新しい学力観」が、未だに克服できかねている問題点に、実践的に対処する道筋を、見出したい。すなわち、次の論考および著作である。

　① 論考　「国語力の分析とその学習指導の一方法──読解力、作文力を中心として──」
　　(『山口大学教育学部附属光小学校　研究紀要　第一集──実力養成の学習

指導——昭和二十九年度』1954（昭和29）年5月29日発行　所収）【資料１】

②　編著　『中学　作文の力』山口大学教育学部　附属光中学校　尾崎家連氏編著　1955（昭和30）年8月刊　ガリ版刷　全72頁　【資料５】

ちなみに、①の「紀要第一集」には、(1)　玖村敏雄教育学部長による「序文」と、(2)　波根治郎学校長の「序言」が、巻頭を飾っている。(1)では、「実力は教育の目的に照らされての実力でなければならず」、「学習の場面は」「いずれの断面をとって見ても目的にむかっての連続発展の一こまであるべきである」点が強調され、(2)では、「実力養成の学習基盤」の１つとして「教師の実力よりおのずからにじみ出る指導技術の面」が強調され、尾崎家連氏を初めとする「紀要」所収の論考が、これらの諸点に焦点を絞った実践研究であるとする。「連続発展」と言い、「教師の実力」と言い、今日の「新しい学力観」の真の貫徹には、同じく焦眉の急である。

１．読解力・作文力の学習指導法

尾崎家連氏の①の論考は、次の体系からなっている。
　(1)　国語の学力
　(2)　各学年の中心目標（基礎学力）（ママ）
　(3)　国語科教育の立場
　(4)　教材研究の着眼（指導案の様式）（ママ）
　(5)　ノートの指導について
　(6)　読解力はどうしたらつくか。
　(7)　作文力はどうしたらつくか。

尾崎家連氏は、まず、(1)　国語の学力について、その構造を［国語教育目標］に即して、「学力分析」の上で、［学力の基礎］に力点を置き記述している。

すなわち、「学力」を、「理解」と「表現」の２側面に分ける。その上で、たとえば、前者においては、「読解力」について、「読みとる」「要約する」

「ねらいをつかむ」「気持をつかむ」「批判的に読む」を経て、「鑑賞する」に至る段階的系統づけに、細やかな配慮を示している。また、後者については、「作文力」と「談話力」とを射程に入れて、「みつめとらえる」「価値判断」「まとめる」「順序よく」「適切なことば」「推敲」「表記法」と、具体的な実践に即した配慮が、同様に示されている。

その上で、尾崎家連氏は、「国語の学力」については、「学力の基礎」を、「発音」「文字」「語い（ママ）」「文法」に置いた上で、この力こそが、「国語」の「実力」を支えるとしている。

こゝには、「基礎」→「学力」→「実力」の3層に亘って、「理解」と「表現」の2本柱の上に、「目標」としての「ことばを効果的に使う」が、設定されている。私たちにとっての従来の「表現」「理解」「言語事項」のいわゆる「二領域・一事項」の体系が、こゝでも、構造的に把握されて、以下の実践で検証されようとしている。

その上で、尾崎家連氏は、次に各学年の「中心的（基礎学力）」について、まずは、次のような基本的見解を表明している。

すなわち、まずは、現行の各「能力表」の「雑然と羅列」されている現状を批判し、その「分析」した上で、試案としての「結果」を提示している。それに関連して、現実の「学力」には、「習慣態度的なもの」と「技術能力的なもの」とがあるとし、前者にも「縦の系列」としての「学力」を認めつゝも、それは、こゝの「能力表」が示すものが「生きて働く場」、「学習の場面構成」であるがゆえに、「読解力」で筋を通すとすれば、「能力表」からは除くべきだとしている。従って、「試案」の「能力表」は、「技術能力的なもののみを一つずつしぼった」とする。

戦後「新教育」の推移における「能力表」の出現とその実態・去就については、先学の卓論に学ぶとして、その実践上での実態の1つとして、この苦悩には、耳傾けるべき点がある。

以下が、尾崎家連氏等が「まとめた結果」である。

こゝには、「学力」の「習慣態度的」な側面を強調するあまりに、その「系列化」をもって「基礎学力」の体系を求めるに急であった「新教育」

第Ⅵ章 「新教育」の去就

の弊を、読解力の「技術能力的」な側面に向け、整理しようとする努力が、見てとれる。先の構造的な学力観が、実践の中で、まずは具体的な「基礎学力」の指導目標を提起させている。

2．研究課程の学習指導

尾崎家連氏の所属する附属光中小学校では、夙に1949（昭和24）年11月10日に、いわゆる『光プラン』が刊行されている。その骨子には、カリキュラムを「生活課程」と「研究課程」とに峻別して、後者を重視する中で、「経験主義」偏重に基づく「新教育」の弊を、克服しようとしていた。尾崎家連氏の実践研究は、この理念を時代の要請により吟味したものである。【資料２】

「(国語別表) 六年一組研究課程国語科学習指導案（例）（ママ）」
　　指導者　尾　崎　家　連
この「案（例）」では、まず「教材」「主題」「文型」の３項目からなる一覧表が、示されている。これは、教科書の「物語文」教材に即して、「新聞報道の重要性」から「新聞の読み方」に亘って、「認識」と「基礎的な知識能力態度」へと、構造として「主題」を設定している。さらには、「書出し」へも注目した上で、学習成果を「研究報告文」として集大成することが、見通されている。その上で、「指導目標（評価）（ママ）」と「指導の立場」が、いずれも具体的で詳細な一覧表となって、示されている。

次に、「指導計画」の詳細も、「準備と計画」から「展開」「まとめ」「発展」に至り、具体的に示された上で、「本時案（第三時分）」が具体的な「指導過程」に即して紹介され、最後には、その「学力の基礎」観に従って、「難語句の解明」が、「ワークブックを中心に」がある。

以上が、尾崎家連氏の、「生活課程」を念頭に置きながらも、「学力」批判の時流の中で、「研究課程」に力点を傾斜させた実践指導の実態である。統合を目指しつゝも、なお「実力養成の学習指導」を探究した同附属中小学校の指導法の典型が、記されている。

3．国語科「新教育」の反省

　尾崎家連氏は、このような実践計画とその実践とを踏まえて、「国語科教育の立場」を、次のようにまとめている。【資料3】
　１つには、「きく」「話す」よりも、「組織的教育的に抵抗」のある「読む」「書く」こそが、国語科教育の本命であること。２つには、教科書重視の中で、前者の徹底が、「きく」「話す」の土台となること。３つには、「教科書の教材」は、「おとなのことば」であったり、「地域社会とのへだたり」があったりしないこと、すなわち、「教科書で教える」を、強調している。
　こゝには、夙に『光プラン』が峻別し、「生活課程」と「研究課程」とを何とか統合しようとした伝統が、状況の中で、改めて引き据え直されようとしている。今日のいわゆる「新しい学力観」と、それに引きつゞく21世紀への展望とが、とかく外発的でしかありえていないとき、尾崎家連氏のこのやむにやまれぬ試行は、問題の原点を、具体的に提示してくれている。
　その上で、尾崎家連氏は、「読解力」「作文力」の両面に亘り、実践指導上の具体を示す。
　まず、「読解力はどうしたらつくか」については、具体的な「実験」検証を踏まえて、196種の型を確認し、それを整理した上で、「正常型」から「分裂型（ママ）」に至る４つの型を設定して、「知能」と「性格」との問題点を把握し、それに即した「個人指導」や「特殊な指導法」が、目指されている。さらには、１人の児童の「読解力はすぐれるが、部分的な字句の読み書きができぬ型」にも特に注目して、機会をタイムリーに捉えた個人指導の実際もが、紹介されている。
　その上で、尾崎家連氏は、「読解力」の指導が「皮相」に終わらないためにも、「教材群の指導法」の開発をと、省みている。すなわち、「目的に応じる」「児童に適する」「文に即する」である。「学力の基礎」を、「発音」

「文字」「語い（ママ）」「文法」に置きながらも、生きたことばの生活が、終始念頭に置かれていたのである。

さらに、尾崎家連氏は、たとえば、「作文力」指導に関して、分析する。
【資料4】
まず、「作文力はどうしたらつくか」を、「なぜつかないのか」の側から、追究していく。その結果、(1) いつ書かすのか (2) 書いているときの指導の困難さ (3) 「題材手帳」「すじ書き練習」 (4) 方言や児童語を使用させると同時の文法教育 (5) 推敲への「約束評語」──の問題点を、指摘している。中で、注目すべきは、(2)では、「誤字、脱字はあとで訂正」し、「とにかく書いている間は無心に」としている姿勢である。また、「生活綴り方」の過大評価を排し、それは「作文教育」そのものではなく、その「一部」だともしている。さらには、「推敲」の過程での「評語」の役割への言及である。「評価」の構造にも関わって、注目される。

以上、尾崎家連氏は、「読解力」「作文力」の2面においてこそ国語科教育の変革をと、「教室」からの提言を体系化していった。

4.『中学　作文の力』への発展

1955（昭和30）年8月、尾崎家連氏は、この反省に基づき、中でも「作文力」に焦点を合わせて、力作『中学　作文の力』を刊行する。なお、尾崎家連氏には、翌年の『中学校文法学習書　私たちのことば』（翌々年改訂版として再刊）もある。『中学　作文の力』の体系は、次のとおりである。
【資料5】
　　第一部
　　　第一部学習のしかた
　　　一、作文読本（下）を読んで
　　　二、くわしくみる
　　　三、題のつけ方を工夫する
　　　四、構想を練る──すじ書きを作る　　（参考）（ママ）文章の技巧法

第1節　尾崎家連氏の場合

　　五、表現を考える
　　　(1) わかりやすく　(2) ことばの技巧　(3) かなづかい　(4) 送りがな　(5) 句読点や表記号の使い方　(6) 原稿用紙の使い方
　　六、推敲（すいこう）（ママ）
　　七、学習のまとめ
　第二部
　　第二部学習の仕方（この項の（　）印も、ママ。）
　　☆（ママ）　いろいろな手紙文（一、見舞の手紙　二、近況を知らせる　三、注文や依頼の手紙　四、招待や案内の手紙とその返事の書き方　五、お礼の手紙　六、届け書について　七、はがきと手紙　八、電報の書き方）
　　☆　いろいろな日記文（日記の種類　生活日記の例　観察記録の例）
　　☆　感想文を書く（論説文　感想文　随筆文　の各例）
　　☆　生活文を書く（学習　家庭　紀行　観察　思い出　スポーツ等）
　　☆　説明文を書く（研究リポート　村の紹介　観察研究の説明　箇条書き）
　　☆　小説や童話などの創作（童話　小説　（作品例））
　　☆　詩や歌を書く（詩　短歌　俳句）
　このような周密な体系のもとに、尾崎家連氏は、各部の冒頭で、次のような基本方針としての呼びかけを学習者にしている。
　［第一部の学習のしかた］
　こゝでは、この書の「立場」を、学習者に呼びかけるように、こうして「研究していけば」、「文を書くことも苦にならなくなる」、と励ましている。
　「第二部の学習のしかた」
　こゝでは、「書く生活のいろいろな場面」に即した学習の実際の場面が、「教科」「ホームルーム」などでの「リポート」「発表会」「文集」「新聞」の例で誘われ、3年間の「尊い自分の文集」への集積が、奨められている。
　このような心くばりのもとに、尾崎家連氏は、学習者の具体的な言語生

第Ⅵ章　「新教育」の去就

活に即して、関心・意欲を揺さぶりながら、技能・知識をも体系的に視野に入れた指導を展開していく。そこには、「まえがき」に記されていた「実態」を何とか改善しようという並々ならない情熱が、身近な視点に立った資料の収集に基づく範例などを、自在に活かさせている。しかも、この豊かな内容と確かな体系とが、尾崎家連氏1人の営為によって、1字1字鉄筆で刻まれていった事実に、想いを致さねばならない。

尾崎家連氏は、この「あとがき」で、述懐している。「すっかりくたびれ」はしたが、「生徒のみなさんの、1人1人の顔を思いうかべてがんば」ったこと、1つの学校の生徒作品が教材となっていて、「ひとりよがり」の心配があること、それは、しかし、「だれのものでもない」として、生徒とともに励まし合って前進することが、期されている。

尾崎家連氏は、このように「国語（科）教育」における「国語力」とその指導法を求めた。国語教育が大きな転機にあったとき、この営為は、翌年の『中学校文法学習書　私たちのことば』へと、さらに展開されていく。

おわりに

1946（昭和21）年5月、敗戦から1年もたたないうちに、文部省は『新教育指針』を、翌年12月、『学習指導要領［試案］』を矢継ぎ早に出して、「新教育」の理念と実際とを説き始めた。私たち山口県下の先学たちは、未曾有の情熱をもって、その達成のために全力を傾け合った。それらの典型であるいくつもの『プラン』からは、今日、私たちが「新しい学力観」に基づいて探究しつゝある国語（科）学習指導の内容・方法について、多くの示唆を与えられる。

児童生徒の言語生活に根ざし、経験主義に基づく学習者中心の学習指導や個性の尊重など、その淵源は、夙にこゝにあったと言える。

しかしながら、すでに論じられているように、これらの学習指導が、とりわけ「基礎学力」の涵養に欠けるとの批判は、1950（昭和25）年代に入

ると、県下にも広く押し寄せていた。先学たちは、中で、学力論・教育課程論を中心に、打開の道を模索した。

　こゝに取り上げた尾崎家連氏の営為は、『光プラン』の理論的・実践的伝統を受け継ぎながら、なおその実践面での具体的な問題点に真っ向からぶつかって、独自の指導体系を打ち建てようとしたものであり、１つの典型をなしている。

　今日、私たちには、21世紀に耐える国語（科）教育の展望が、早急に求められている。どのような学力を、どのような方法で、育成していくのか。「生きる力」「基礎・基本」とは、何か。尾崎家連氏の足跡にどう学び、どう乗り越えることができるのか。不易と流行との実際が、それぞれの「教室」に問われている。

第2節　小河正介氏主担
『小・中学校　国語科　学習指導上の問題点とその指導』

はじめに

　戦後「新教育」が、「学力」論を中心とした厳しい諸批判によって、大きな曲がり角にさしかゝっていたとき、山口県下では、さまざまな精力的試行錯誤が、その理念と実態との統合を目指していた。中でも、県下「阿武郡国語同人会」の手になる『新国語教科書を基にした　小学校国語科教育課程の構成と展開（中学年）』（1951（昭和26）年5月16日刊）は、言語能力・思考能力・社会的経験を、何とかして統合しようとした優れた営為であった。（第Ⅱ章第3節参照）

　この「同人会」は、同郡徳佐・亀山両小学校を中心とした碩学の研究・実践集団である。中で、その会長であった小河正介氏（当時亀山小学校校長）は、後山口県教育研究所主事として、1954（昭和29）年6月25日刊『小・中学校　国語科　学習指導上の問題点とその指導』執筆の主担者として、改めて困難な状況の中での国語（科）教育の問題点を具体的に分析整理し、県下の実践人の日々の戸惑いに応える形で、その任務を誠実に果たしていった。【資料1】

　本節は、この転換期にあって、かつての「苦闘」の当事者が、再び大きな視野に立って、我が国の国語（科）教育の「問題点」を、どのように捉え、どのように解決しようとしたかに注目し、中でも、その「学力」観の理論と実践とに、焦点を当てて吟味する。さらに「新しい学力観」が唱えられ、求められてもいる今、この碩学の1つの見識は、なお新鮮な先導性を持っている。

第2節　小河正介氏主担『小・中学校　国語科　学習指導上の問題点とその指導』

1．問題点解決の「かぎ」

　本書の目次は、次のとおりである。なお、本書は、山口県教育研究所の「研究紀要第17集」として、刊行されたものである。
　　まえがき
　一、国語科学習指導上の問題点解決のかぎをここに求める
　二、国語科学習指導の計画はどのように立てたらよいか
　三、国語科学習指導案について
　四、国語の基礎学力をどうしてつけたらよいか
　五、文字力・語い（ママ）力をつけるための指導をどのようにすれば
　　　よいか
　六、発音指導の問題としてはどんなことがあるか
　七、聞くことの学習指導はどのようにしたらよいか
　八、話すことの学習指導はどのようにしたらよいか
　九、読むことの学習指導はどのようにしたらよいか
一〇、書きかた・習字の指導はどのようにしたらよいか
一一、作る（作文）の指導はどのようにしたらよいか
一二、入門期の指導はどのようにしたらよいか
一三、小学校における文法指導はどのようにしたらよいか
一四、中学校における文法指導はどのようにしたらよいか
一五、国語の評価はどのようにしたらよいか
一六、読めないこども、話さないこどもの指導はどのようにしたらよい
　　　か
一七、学校図書館の経営と読書指導はどのようにしたらよいか
　この目次の体系からも判るように、本著は、「まえがき」によると、次の願いのもとに編まれた。
　すなわち、「現場の問題点」「具体的」「小・中一本」ということばに表れているように、現実からの止むに止まれぬ必要性が、「問題点の所在」

第VI章　「新教育」の去就

を究め、それを解決していこうとしたのである。中でも、小中相互の理解こそが、方途を考える決め手だとする卓見に、注目したい。

　こゝには、県下の小・中学校国語科学習指導の現状が、「学習指導要領」と「実践国語教室」の間で、具体的な齟齬をきたし、「困難点」「問題点」を浮上させていたという事実が、踏まえられていた。また、その事実を、今日言う「小中一貫」の観点からも、解明しようとした。その願いのもとに、本書は、まず「一、国語科学習指導上の問題点解決のかぎをここに求める」において、「実践国語教室の最も重要な課題」を、「目標」「教材」「学習方法」の３点に絞っている。【資料２】この３点は、今日、「生きる力」を中心に据え、有機的に活かさなければならない。

　その上で、本書は、「一」において、解決の鍵を、(1)　混乱の原因　(2)学習指導の要件、の２点に置き、(1)においては、国語（科）教育が、「ただ単に日本語という文化遺産を継承するだけでなく、新しい文化の創造をめざしている」がゆえに、従来の「訓詁注釈的な方法」には沿いがたいことを、強調する。その上で、「戦後新しく見られる話しあいの形式」が、「教師の行きあたりばったりの無計画なその場主義」ゆえに、「おしゃべりの子どもの独占場」としての「微温的な、お粗末さ」からくる「学力低下」の原因になっていることを、鋭く指摘している。さらには、「学習指導要領」の言う「中心的な話題をめぐって、綜合的に展開」を批判し、高学年における多くの「支障」を訴えている。

　次に、(2)においては、「分析主義と綜合主義の学問的検討」と「現場の成果の忠実なる報告」に基づくべき点を強調した上で、「具体的な経験の想起」「国語教育の本質」を指摘した上で、「反省」として、「学習指導に緊張感を」、と提唱している。

　こゝには、戦後「新教育」における「経験主義」学習指導が陥っていた陥穽を直視し、国語科が、言語の機能に密着し、独立教科の真面目を発揮し、指導の主体性を堅持しようとする姿勢が、貫かれようとしている。

2.「基礎学力」観

　このような問題意識に立って、本書は、「四、国語の基礎学力をどうしてつけたらよいか」において、「学力」観「基礎学力」観とその「養成」のための手立てを、説いていく。【資料3】
　まず、国語科の学力については、「断面的（ママ）な知識でなく、生活の場に生きて働く、能動的な力」「能動的な実践力」と規定し、その内容は、指導要領に具体的に示されたところに従い、次のように整理されている。
　次に、「国語科の基礎学力」については、まず「学力を支えそれを伸ばす最も基礎となるもの」「あらゆる言語経験を処理していく場に共通するその根底になる学力」と規定している。すなわち、旧来の学力観が、断片的・個別的な「言語要素」の記憶を主としたのに対して、こゝに言う「基礎学力」は、それらを処理し遂行していく「生きた力」とし、次のような「基礎学力一覧表（試案）」を提示している。その構造および内容は、「言語の効果的使用力」「行為的態度」「基礎学力」「領域」に亘っている。【資料4】
　たとえば、「『領域』聞くこと」に関わる「基礎学力」については、「Ⅰ　概括的認識能力」として、「ききとる」の4側面につゞき、「批判的にきく」「共鳴する」に及んでいる。
　また、それに対応する「Ⅱ　個別的・知識・技能」としては、「発音」「文字」「語い」「文法」を、再確認している。その上で、「聞くこと」「話すこと」「読むこと」「書くこと」別に、「基礎学力一覧表（試案）」が、簡潔にまとめられている。
　さらに、いわゆる「経験主義」が、語彙の指導を顧みなかったこと、文は大雑把にわかればよいとしたこと、1つの目当てのためのみその問題が解決されさえすればよい、と考えたことを、厳しく反省した上で、「経験」の拡大にのみ終始する実態を省み、そこにはいかなる「言語能力」の伸張が可能なのかへの注目を、促している。すなわち、「伸ばすべき言語能力」

第Ⅵ章　「新教育」の去就

の把握の上に立った「価値ある言語経験の場」を、と提唱している。【資料5】

こゝには、「新教育」における「経験主義」に基づく「基礎学力」観が貫かれようとする理念と、実践を踏まえた反省とが、より具体的な方途を切り出してみせてくれている。今日のあらためての「生きる力」の強調なども、この試行が辿る道筋にこそ、学ばねばならない。

3．「基礎学力」の「抽出」例

このような理念に立ち、本書は、具体的な基礎学力の「抽出」例を、次のように示している。

○　三省堂発行中等国語一下「文集を作ろう」を例にとって。【資料6】

こゝでは、多彩な「生徒作品」の批評をする学習から入って、詩や文章の制作、その「推敲」を経て「清書」し、「文集の編集」をする体系が、明示されている。

さらに、同じ単元「文集を作ろう」の中での「行為的態度」としての「学力」については、「自己表現」「習慣態度」の統合が図られ、「基礎学力」については、「基本的な言語能力」を「推敲」活動を軸にして具体的に示し、「言語要素」としての「発音」以下「文字」「語い」「語法」に至るまでの要素が、網羅されている。

こゝでは、具体的に、単元「文集を作ろう」の展開構造の中の「推敲をする」の実際に即し、「学力」および「基礎学力」の構造もが、一覧表にまとめられている。1つの「価値ある言語経験」の実際が、よく表れている。中で、学習指導目標でもある単元名が、「文集を作ろう」であるために、「行為態度」としての「学力」が、学習者の「行為」や「態度」を、価値目標において突き動かすかどうかの点では、一般的であり過ぎる感が、否めない。「生徒作品」から出発しているとは言え、先の「概括的認識能力」育成には、問題が残ろうか。それは、「生きて働く言語」をどのように見るかに、関わってくる。

しかしながら、従来「添削」的に欠点を指摘するに専らであった「作文」の「推敲」指導に比べれば、「自己表現」力を確かで豊かなものにしようという「学力」観には、「新教育」の面目は、貫かれてはいる。したがって、言うところの「効果的」が、「基本的な言語能力」の周密な分析による「基礎学力」を踏まえることによって形式論理に傾くか、それとも「価値」としての目標を具体的に確認できるかどうかが、問われてこよう。

4．「基礎学力の養成」の「留意」点

　その上で、本書は、「基礎学力の養成」に際しての「留意」点を、具体的に示している。
　こゝには、いわゆる「新教育」が、実践の中で、どのような本質的な問題を孕んでいたかが、くっきりと把握されている。今日、「経験主義」が改めて提起されているとき、ついには、こゝに言う「効果的に使用」の意味とその意義とを、状況の中で、どのように捉えていくかが、厳しく問われている。本書は、当時の状況の中で、次の５点を具体的にとりあげ、「基礎学力」育成の方途を、模索し合おうとしている。【資料７】
　(1)　学習目標
　こゝでは、まず、学習指導の根本問題として、「基本的能力」を具体的に把握することが、求められている。すなわち、それは、言うところの「概括的認識」の能力である。さらに、それは、「教師も子供も共に」と認識されていて、これを除いては、学習効果は期待できないとも、強調している。私たちの「生きる力」についても、同様である。
　(2)　学習形態
　こゝでは、「いつも読んで、話し合って、漢字の練習をする」といった「教壇上のマンネリズム」が警戒され、「子供の実態」「教材の種類」「応じた学習形態」の関係が、強調されている。(1)を達成させるための活動の実態が、謙虚に厳しく省みられている。
　(3)　ドリルの重視

第Ⅵ章　「新教育」の去就

　こゝでは、「生活経験を通して」の「生ぬるい方法」が戒められ、「体系的」な「詰め込む」「覚えさせる」ことの必要が、説かれている。つまり、「基礎となる技能」は、「反復練習」を必須とする、という考えである。中で、具体的には、素読・視写・聴写・きき取り・発音・発声練習、を指摘し、直ちに役にはたゝずとも、先の目標達成には必須である、としている。

(4)　個人差の考慮

　こゝでは、特に「出来ない子供」の存在こそが、「教師に指導法」への示唆を与える、として、今日言うところの「個性の尊重」の実践に即した真意が、喝破されている。「学習指導法」が、依ってどこから創出されるものであるのかに、注目したい。

(5)　教材研究

　こゝでは、まず、「新教育」が、「子供の自主性・自発的学習」に期待するあまり、指導者の「教材研究」が疎かになっている事実を、厳しく指摘している。「単元学習」は、「綜合学習」ゆえに、かえって教材研究が重視されねばならない、の謂である。中でも、特に「言語要素」「基本的な言語能力」についての細心の注意を払った「研究」が、強く求められている。

　今日、私たちが新たに求めようとしている国語（科）教育の内容や方法は、先達のこのような探求の構造に学ぶべきところが大きい。「生きる力」と繰り返されながらも、「学習目標」は、学習者とともに確認されているのか。今日、私たちにとっての「生きる力」とは、どのような価値目標を求めているのか。また、それは、「個性の尊重」とどのように結びつくのか。多様であることそのことが尊い、とのみ誤解されてはいないか。集団思考の中でこそ個性は輝く、との真意が、どれほど切実に自覚されているのか。それを前提にした「学習形態」「ドリル重視」「教材研究」が、誤解なく改めて俎上に載せられなければならない。「基礎学力」へのこの探究の方向は、今日も生きつゞけている。

第2節　小河正介氏主担『小・中学校　国語科　学習指導上の問題点とその指導』

おわりに

　ちなみに、このような「学力」観に立って、本書は、どのような「評価」観を実践に付そうとしていったのか。【資料8】その基本的な考え方には、「評点化」との違いの峻別がある。すなわち、「評価」は、「結果」だけの重視では不十分であるとする。その「学習成果」をもたらした「過程」、さらにはその「出発点」、つまり「児童生徒の学習活動全体」と「教師の指導活動全般」とを、包括するものである、との認識がある。さらには、「児童生徒自身の自己評価」や「教師の指導に対する自己反省」をも射程に入れ、継続的かつ科学的でなければならない、としている。

　こゝには、先の「学力」観と一体となった「評価」観が、如実に示されている。「評価の目的」「評価の事項」「評価の方法」「評価の科学性」「評価の信頼性・妥当性」が、具に吟味されての上である。今日、中で「評価の事項」のみが、「関心・意欲・態度」といった具合に、一人歩きしているきらいがあるとき、このような5つの角度からの構造的な再吟味が、必要である。それは、とりもなおさず、「学力」とは何か、「基礎学力」を、どこに、どのように求めるのかと、1つの営為であるからである。本書は、それを教えている。

　敗戦直後の困難な状況の中で、県下の先学たちは、「経験主義」に基づく「単元学習」の構築に、日夜心血を注いできた。その中で、「学力」を中心とした内外からの批判に対して、県教育研究所が、このように実践に即しつゝ、当初の理念を基本的には貫こうとした事実は、特筆に値しよう。すなわち、県下の指導的な立場にある公的機関が、実践人の立場に立って、なお進むべき道筋を真摯に探究し、公にしたことの意義は、大きい。この成果は、中心となって執筆に専念した小河正介主事の実践研究歴に負うところが大きい。原点が押さえられている。このような県下の公的機関の主導に基づいて、各実践の場においては、それぞれ独自の模索が行われていた。県下では、「学力」を、(1)　問題解決の学力（実践的能力）　(2)　基礎

第Ⅵ章　「新教育」の去就

学力（概括的能力・要素的能力）として、「層構造」として捉える考え方が、一般化されようとしていた。中で、今日、「基礎学力」を吟味するとき、こゝに学んで注目すべきは、言うところの「概括的能力」が、その範疇において、「要素的能力」と、まず峻別されている点である。県下玖珂郡本郷中学校の先学は、この「基礎学力」を「個別的な諸経験のなかからそれらの経験をつらぬいて法則を発見する能力」と規定していた。

今日では、国語（科）教育を軸にして、「学力」構造を考えるとき、たとえば、(1)　国語科で育てる固有の学力と、(2)　全教科で育てる基本的な学力とに、峻別される。

すなわち、(1)は、言語事項の知識とその運用力・言語活動力・言語文化の享受力、(2)は、認識諸能力・自己学習力である。つまり、(1)が、今日言うところの「基礎的学力」、(2)が、同「基本的学力」である。本書で吟味されている「基礎学力」を今日の「学力」観の構造に対応させてみるとき、先の「概括的能力」が、1つの焦点となる。今日指摘されるところの「知識」に止まらない「運用」と「活動」とに直結する能力が、国語科が独自に育むべき「基礎学力」として、確認されていたのである。今日の状況の中で、発展的に継承しなければならない。

第3節　附属防府中学校の「自主的仕事学習」の推移

はじめに

　山口県下の「新教育」の大きな流れの1つに、山口大学附属光小中学校、および同防府中学校主事を務められた益井重夫教授を中心とした指導者集団の、理論と実践の統合営為がある。それは、次のように、大きくは3つに分けることができる。中で、A・Bについては、すでに考察した。（第Ⅱ章第1節、第Ⅳ章第4節、第Ⅴ章第4節参照）本論では、Cの一部「自主的仕事学習」と称された単元学習の「推移」（※印）について、理論と実践の両面について、国語（科）教育を中心に考察する。

　A　「生活課程・研究課程」の提起と実践
　⑴　『生活実践と実力養成のための　小中学校のカリキュラム　第一巻　基礎篇』山口大学山口師範学校　光附属小学校　光附属中学校　共著　1949（昭和24）年11月10日刊
　⑵　『生活実践と実力養成のための　小中学校のカリキュラム　第三巻　中学校学習展開篇』山口大学山口師範学校　光附属小学校　光附属中学校　共著　1950（昭和25）年5月20日刊
　⑶　『生活実践と実力養成のための　小中学校のカリキュラム　第三巻　小学校学習展開篇』山口大学山口師範学校　光附属小学校　光附属中学校　共著　1950（昭和25）年6月10日刊
　B　「学習指導法」の開発と「基礎学力」の確認
　⑴　『各種形態による　学習指導法の実際的展開の研究』山口大学教育学部　附属防府中学校研究部編　1951（昭和26）年6月15日刊
　⑵　『各教科に於ける　基礎学力と其の指導　昭和28年度』山口大学教育学部　附属防府中学校研究部編　1953（昭和28）年12月5日刊
　C　「自主的仕事学習」の探求と展開

第Ⅵ章　「新教育」の去就

(1)　『祖国の再建をめざす　自主的仕事学習の方法の探求――単元学習の再検討から――』山口大学教育学部　附属防府中学校　昭和29年度『研究報告書』（注　未見。）

(2)　『祖国の再建をめざす　自主的仕事学習の方法の探求　単元学習の批判と検討を通して　前篇　教育目標並に教育内容分析表』　山口大学教育学部　附属防府中学校『研究報告書』第9号　1954（昭和29）年12月（ママ）刊

※(3)　『祖国の再建をめざす　自主的仕事学習の方法の探求　単元学習の批判と検討を通して　後篇　本論並に基底単元系列表』山口大学教育学部　附属防府中学校『研究報告書』第9号　1955（昭和30）年1月29日印刷（ママ）

※(4)　『祖国の再建をめざす　自主的仕事学習の方法の探求　単元学習の批判と検討を通して　続編　問題把握の指導』山口大学教育学部　附属防府中学校『研究報告書』第10号　1956（昭和31）年10月31日刊

(5)　『集団思考による　学習指導　自主的仕事学習の方法の探求　第三次発表』山口大学教育学部　付属（ママ）防府中学校『研究報告書』11号（ママ）　1957（昭和32）年11月16日刊

(6)　『自主的仕事学習の「展開」とその指導　第四次発表』山口大学教育学部　付属（ママ）防府中学校『研究報告書』12号　1958（昭和33）年12月24日刊

1．「自主的仕事学習をめざして」　※(3)所収（注　以下、紹介内容は、加藤要約。）

　　　〈体系〉
　　一　本年度研究主題設定の経緯
　　二　「仕事学習」の構想
　　　Ⅰ　本年度の研究の両面

　　　　Ⅱ　単元学習の問題点　　（①）
　　　　Ⅲ　単元学習の採択　　　（②）
　　　　Ⅳ　「仕事学習」の提唱　（③）
　　　　Ⅴ　「仕事学習」の名称について
　　　　Ⅵ　「仕事学習」の方法原理
　　　三　「仕事学習」展開の方法の探求経過
　　　　Ⅰ　仕事学習展開基礎工作
　　　　（1）　教育目標の改訂
　　　　（2）　学習内容の分析
　　　　（3）　基底単元系列の作成
　　　　Ⅱ　「仕事学習」展開方法の実際についての研究
　　　　（1）　学習単元展開案構成の研究　　（④）
　　　　（2）　学習指導の実際の研究
①　「単元学習」は、どのような問題を孕んでいるか。
　（1）　経験単元は教材を軽視し系統をないがしろにするに対し、教材単元は学習者の興味や要求や目的意識などを無視する。
　　　　経験単元・生活単元（学習）　←―――→　教材単元
　　　　問題解決学習　←―――→　系統学習
　（2）　単元学習は即経験単元であるとするため、コア課程にのみ、総合的性格の教科においてのみ可能である。
　（3）　経験単元は、「這い廻る」経験主義であり、社会的課題性に限定した問題解決学習は、課題性を希薄化している。
　（4）　生徒の自主的な活動が見られず、目的や問題が教師側から一方的に軌道が敷かれた、擬装の経験単元である。
　（5）　実施上の困難性からくる懐疑的態度。
　　　１．学習者自身の問題・目的把握の困難
　　　２．学習者自身の計画による学習過程進行の困難
　　　３．学習指導の変通自在な展開の困難
　　　４．多方面の教材をこなしていく困難

5．学習成果の評価の困難

(6) 教材単元への安住は、旧教育的指導法の代名詞化している。

「学力観の内発的な再検討」

　今日、とりわけ「新しい学力観」以来、1．学習者主体　2．個性の尊重　3．学習（教）材開発自在　4．共感的評価——等が、強調されてきた。さらに、踏まえて、単元学習の必然性が、説かれている。上に指摘されている経験・生活・問題解決に対する教材・系統——の二元論は、今日の消極的な「単元学習」もが孕む諸問題にも、通底している。設定されるべき課題の妥当性とその系統化、そこでの学習者主体の保証、それを受け止める指導者の自在な発問による展開力、単元の中での、また単元から単元への学習（教）材開発の自在な力、さらには、関心・意欲・態度をも含めた「評価」力等の問題が、浮き彫りにされている。「生きる力」とは、「国語」にとって学力とは何か、基礎学力と基本学力を峻別し、その上で統合するには、どのような指導目標と指導内容とが求められるのか。学力観の内発的な再検討が、求められる。

② それでも、なぜ「単元学習」を採るのか。
　(1) 自主的学習のもっともよき方法である。学習のための問題把握・目的確認・目的達成のための計画・活動等、全体に亘って自主的に営まれるのが、単元学習の本質である。
　(2) 単元学習は、学習活動・学習内容の統一性を予想する。それにより、断片的な学習の累積の危険から免れ、発展的に継起する諸問題の解決過程にさまざまな理解・態度・技能等が、人格の中に同化され、行動の変容という全人的学習となる。
　(3) 社会的協同性の錬磨ができる。常に一群の学習者によって捉えられた共通の問題が前提となり、全員の協力と全体に対する個性的貢献が、実現する。

「『豊かな人間性』と『全人的学習』」

　知識や技能のいち早い習得やタイムリーな提出への偏重を省みて、「心の教育」が強調される今、こゝに言う「単元学習の本質」としての「自主

的学習」は、どのように受け止められるのか。さらには、問題解決の過程で、「行動の変容」をも射程に入れた「基礎」・「基本」の統合は、目指されているのか。「生きる力」は、「発展的に継起する諸問題の解決過程」において、育まれようとしてきたのか。さらには、「個性の尊重」は、ここに言う「全員の協力と全体に対する個性的貢献」の謂でありえているのか。一人ひとりの独自性そのものが、そのまゝで尊いかのように「活性化」を支えている実情の中で、その独自性同士がぶつかり合い、揺さぶり合うことによって、それぞれが高まり自己変革を実現するには、今日上に言う「社会的共同性」に見合うものは、果たして確認されているのか。「豊かな」とは、何か。

③　現下の「単元学習」と「仕事学習」とは、どう違うのか。
　(1)　目的の把握を、あくまでも学習者自らの力で自らのものとさせる。この自覚が不十分だから、教師主導の名ばかりの単元学習となる。
　(2)　学習者一人ひとりに、常に1つのグループ・社会の運命の運載者として自覚を徹底させる。祖国の再建・全世界の平和への逞しい意欲を燃え立たせる。
　(3)　学習の全体を通して、生徒の自己活動を最高度に発揮させる。この能動的学習は、反省的思考・批判的思考・問題解決的思考等の自主的思考活動を、重視する。
　(4)　単なる知的・精神的学習に止まらず、全人格体による行動的学習たらしめる。ただし、直接的に身体運動を伴わねばならないという意味ではない。
　(5)　この行動的学習を、常に何かを新たに生み出し作り出す生産活動たらしめる。文化遺産の理解でも、学習者には、新しい発見や創造でなければならない。
　(6)　経験単元対教材単元なる単元類型の対立は、解消する。ただし、単元の意図する目的に応じて、「生活単元」と「探求単元」には、区別される。日常的に幸福な生活の実現に努める「生きる」ための

面と、真・善・美を求め利害打算を離れた探求一途の活動面である。
(7) この区分は、「光プラン」での「生活課程」と「研究課程」の相互媒介の考えに相当する。この２種は、各教科の内部において設定される。
(8) 生活単元を生産主義教育の立場から経済生産に傾斜をかけると、経済的生活単元と呼び、探求単元は、文化生産単元とも呼べる。
(9) 「問題解決学習」か「系統学習」かの対立も、解消する。
 １．仕事学習のすべてが、問題解決学習である。ただし、社会問題のみの狭義のそれではなくて、それを重視しつつ、日常生活の卑近な問題から厳密な学術的方法に準拠するような文化的価値追求という探求的問題に至るまでを包含する。
 ２．このような問題解決学習は、小問題の連鎖とその解決の過程より成り立つゆえ、それぞれの問題に即した系統が打ち立てられる。これは、生活中心の主観的系統と科学的な客観的系統を、作り出す。
(10) 学習過程は、楽しい甘いではなく、しばしば苦闘でさえもあるよう認識させる。すなわち、新しい意味での錬磨主義的教育の確立を試みる。
(11) 学習の発端において責任を自らに負う学習は、その結果の吟味においても、厳正でなければならない。
(12) 学習の結果は、必然的に新たなる行動として発現し、主体的に環境に働きかけ、新たな問題を発見し、新たな目を把握し、新たな単元（仕事）が始められる。この結果、必然に仕事（単元）の発展的系列ができあがる。

「定義」

生徒たちが、自分の力で生み出して行かねばならぬと自覚した目標を目指して努力して行く１つのまとまった目的学習

「『生きる』ことと『探求する』ことと」

「自主的思考活動」を重視する学習は、「全人格体による行動学習」と

なる。それは、「生きる」ことと「探求する」こととの統合における「問題解決学習」であるとする。こゝでは、「問題」そのものに即した「系統」が、「生活中心の主観的系統」と「科学的な客観的系統」とをその構造とする。こゝにおける「仕事学習」は、「厳正な」「錬磨主義」に基づく主体的な能動的学習として、単元の「発展的系列」を構築していく。その上で、こゝには、二元論による「新教育」低迷を直視した上での、なおかつその理念をどこまでも貫こうとする念いが、溢れている。今日求められている単元学習は、この厳しい「統合」の論理に学び得るのか。学習者主体の中身が、この「生きる」ことと「探求する」こととの実践的な「統合」の実を帯びてくるためには、この2つを「統合」することのできる指導者の主体的な力量が、常に求められる。

④ 単元展開案構成上の注意

(1) 学習単元の名称そのものを、生徒たちが自主的に何物かを作り出すことを端的に表示するような表現にする。概観単元や理解単元や反復単元とは、本質的に異なり、自主性・行動性・生産性等を、極めて短い表現で明示する。

(2) 単元の目的と目標とを、段階として区別する。「目的」は、達成したい中心的なねらいを端的に簡単に述べる。それに対して、「目標」は、「目的」達成のために必要な具体的ねらいを、分析的・構造的に表現する。

(3) 生徒との共同計画の段階についても、方法的指導の面を具体的に捉える。

(4) 単元展開の過程は、達成を目指す小問題・小単元の必然的発展であるように立案する。

(5) いわゆる終結の段階で、完結した学習活動をもって形式的に終止符を打つことには拘泥せず、自然発生した新しい問題が、次の単元を計画させる。

(6) 単元の終末には、次の単元の設定についての共同計画の段階を含ませる。

第Ⅵ章　「新教育」の去就

「指導目標の表現力」
　今日、「学習単元の名称」は、しばしば先の「科学的な客観的系統」に偏ってはいないか。学習者が主体である学習指導の目標は、「極めて短い表現で明示」されているのか。さらに、その構造は、上に言う「目的」と「目標」とが、峻別されているのか。それらは、学習者の実態を具体的に踏まえ、その指導された自主的な課題意識をも、保証しているのか。これらを前提とした上で、単元の展開は、その過程において、1つ1つの到達点を確認してはさらに深化させていくにふさわしい問題（即ち発問）の体系となって、発展的に構成されているのか。1つの単元学習の到達点は、必然的にそのもう一歩先の究めるべき課題を発掘させ、分断や拡散を拒みつゝ、連続した新しい単元を創出していく。これらの単元営為上の教育力は、煎じ詰めれば、指導者の指導目標の刻々の確認、即ちその端的で簡潔な「表現力」により、保障される。

２．「国語科における仕事（単元）学習の実際」　※(3)所収

　では、この益井重夫教授による「自主的仕事学習」の理論は、具体的には、どのように実践されたのか。同附属中学校石井遠景教官の場合に、学ぶ。なお、その詳細な記録を紹介するに足る紙数を持たないので、その骨子を私に整理して示すに止める。
　こゝには、指導者が設定した「基底単元」から学習者主体の「自主的仕事学習」への具体的な道筋が、実践を踏まえて、厳しい反省のもとに、報告されている。
(1)　「仕事学習」への信念
　国語（科）単元学習否定論・実施上の困難点・能力主義の台頭を直視しながらも、自主的な学習としての「仕事学習」に批判的な検討を加えつつ、なお眼前の生徒を見据えて教育実践者であることを貫こうとしている。
(2)　目標・内容・系列（基底単元）・計画・活動・評価
　言語経験及び言語能力・文法・基底（民族精神の涵養）が分析された上

で、系列に見合う計画が練られている。中で、自主的・目的的学習活動が求められ、それに即して、過程を重視した評価の厳正さを、目指している。

(3) 文学教材による学習指導

すぐれた文学作品（小説）を味わうことを通して、「真なるもの、善・美なる世界へ導き入れ」ることが、目指されている。すなわち、「人間の理解・人生の生き方」への考察を通して社会人としての「人間形成」を、求めている。

(4) 言語技能の向上と錬磨

読後感の質疑応答等を通しての話す言語技能の向上と錬磨とが、図られている。話し合いが活発であるということに満足せず、「聞く人に共感を呼」ぶことのできる説明を、「教育内容分析表」に基づいて、確認している。

(5) 「基底単元」から「学習単元」へ

指導者の予定していた「基底単元」を一方的に教えるのではなく、学習者によって発見・創造・生産されて、「仕事学習」となる。原則の1つを、貫いている。

(6) 読後感と学習問題設定

学習者主体の学習指導を目指して、この「仕事学習」は、「始めの読後感を尊重」する。たとえば、「何かよく解らぬが」をも見逃さず、「重要なよりどころ」としている。

(7) 行動としての人格体中への融化

学習したことがほんとうに身についたかどうかは、「行動として常に発現し得る」かどうかによって、評価されようとしている。「学力」とは、「生きぬく力」であるとする現今の「学力」観は、ここを目指しているのか、いないのか。

3.「問題解決学習としての『仕事学習』(単元学習)における問題把握の指導」 ※(4)所収

〈体系〉

Ⅰ　問題解決学習の意義
　　A　単元学習の全面的撰(ママ)択　　(①)
　　B　問題解決学習の意義　　(②)
　　C　「生活単元」と「探求単元」
　　D　問題解決学習系統学習の対立の克服
　　E　「共通単元」
Ⅱ　問題把握の意義
　　A　単元学習における問題把握　　(③)
　　B　単元のまとまりと問題との関係　　(④)
　　C　問題把握と目的把握　　(⑤)
Ⅲ　問題把握の指導
　　A　単元学習過程の基本的段階区分　　(⑥)
　　B　問題把握の手続き
Ⅳ　結語

①　すべての単元学習は、問題解決学習である。

　問題解決学習は、単なる個人の自主的活動ではなくて、一定の集団を前提とする。単なる個人同志の協力ではなくて、現実に存在する特定の社会集団として捉えるところに、協力活動が現実性と具体性とを持つ。

《集団学習に生きる個性の尊重》

　単元の指導目標に、どのような課題を設定し、どのような問題の解決を目指すのか。まずは、学習者の実態を把握しえた指導者の「課題」観の質が、問われる。その上で、いわゆる個性の尊重は、こゝに言う「特定の社会集団」を前提として、どのように生かし合えるのか。揺さぶり合って自己変革・集団変革を２つながらに実現させる課題が、要る。

② 問題解決学習には、3種の問題が包含される。
　1．日常生活上の身近な問題　2．社会の向上発展をめざす社会課題としての問題　3．厳密な学術的方法等に準拠するような文化価値追求という探求的問題
《解決すべき「問題」の位相》
「問題」は、状況即ち歴史としくみの中をどう生きぬくかに、立ち向かうものでなければならない。しかしながら、この重い問題解決のための学習は、学習者の生活実態との接点から出発しなければ、空中分解する。1つことばを焦点として、ことばを通した学習を展開するにも、そのことばの一般的な意味の確認から入り、その上で上に言う「社会的課題としての問題」解決に働くそのことばの独自性が、「学術的方法」をも駆使して、探究されていきたい。
③　単元学習は、問題把握に始まる。
ひとまとまりの学習活動としての単元学習は、問題解決において完了する。しかし、生きた人間の生活に、完結はない。不完全を常に孕んでいる。不断の問題の発生がある。これを鋭く捉えることは、人間形成の要訣である。人間形成は、問題解決能力の養成であり、それは、何よりも、問題把握能力の養成を基盤とする。問題解決の瞬間は、問題発生の瞬間であり、問題解決は、問題発生と即応する。
「『基本』学力としての『問題把握』」
今日、「基礎・基本」と言われる。国語（科）教育が独自に担うべき「基礎」学力を前提にして、他のどの教科もがともに担うべき「基本」学力が、この「問題把握」の観点から、確認されているのか。課題設定力・情報収集力・情報操作力・課題解決力・表現力等といった「基本」学力は、ことばを通してこそ、国語科もが養成しなければならない学力である。さらには、「不断の問題の発生」という認識のもとに、単元と単元とをつなぎ発展させていく原動力となっているのか。
④　単元は、2つの型（ママ）式を区別する。
　1．大問題分析型式

比較的大きくかつ独立性を持った問題が、そのまま1つの単元をなす。問題解決は、これを下位問題に分析し、その並列または系列として行われる。

2．小問題連鎖型式

比較的小さくかつ独立性の弱い問題が、いくつか集まって1つの単元をなす。問題解決は、これの連鎖系列として行われる。(学習方法上の問題・資料に関する問題・人間関係の問題・ドリル・暗記等)

「『問題』の位相」

こゝには、「価値」としての学習指導目標に設定される次元での「問題」が、まずは求められている。私の「主題単元学習」における「主題」は、これに相当する。その確かな表現としての確認のもとに、具体的には、学習指導過程での角々での「発問」が、この「主題」との緊張関係において、常に具体的でなければならない。ときに「ドリル」の必要性に寄り添うとしても、それはそれで「発問」体系は求められ、「分析」と「連鎖」とは、統合されるべきである。

⑤　問題がまず意識され、次に目的が把握される。

最初は漠然とした問題意識・問題感情が生じ、それを意図的に吟味することによって、問題解決のために目的が明確に把握され、解決のための学習が展開される。「問題」は、学習者がその環境との交渉において構成されたある状況の中に、顕在もしくは潜在する不完全性や不確実性を意識した場合に、生ずる。

「『意識』から『把握』へ」

今日、いわゆる初発の感想や「イメージ」の表出を学習者に要求する。そこからの学習指導の出発は、ひきつゞく発問によって、「漠然」を学習指導における「意図」により「吟味」されては、状況の中で意義のある「問題解決」の場へと発展させられているか。「不完全性」や「不確実性」は、そこを確かな出発点として、目的へと深め確かめられているか。

⑥　思考活動を刺激する単元学習過程の基本的段階区分（注　（　）印は、ママ）

1　自己の行動場面の考察
2　問題状況の意識
3　問題状況の分析
4　問題の把握（発見）
5　問題の分析
6　目的の把握（設定）
7　目的の分析
8　下位問題の把握
9　目標の把握（設定）
10　目的目標達成（問題解決）のための計画
11　仮説の設定
12　資料の蒐集
13　資料の検討組織
14　仮設の検証
15　結論の構成
16　結論の適用
17　作業の終結
18　作業成果の評価
19　目的目標達成（問題解決）
20　新問題の把握と整理
21　次の学習問題の把握

　［要約五段階］　Ⅰ　問題把握（1～4）　Ⅱ　目的目標把握（5～9）　Ⅲ　計画（10～11）（以上「導入」）　Ⅳ　実行（12～17）（16まで「展開」）　Ⅴ　評価（18～21）（17から以下「終結」）

「学習過程の段階」

　大きくは「導入」「展開」「終結」の3段階にまとめられる単元学習の過程は、さらに21もの具体的な段階に細分化されている。学習者の自主的な学習活動を柱とする単元学習は、必然的にこのようなじっくりと腰を据え

た過程を要求する。一方では、「厳選」や「総合化」が目指されるとき、「基本」学力を保証するか否かの現実的な吟味が、この周密な提起に一旦は即し、厳しくなされねばならない。「這いまわる」とのいわれなき批判は、そこで初めて克服される。

4.「国語科『仕事学習』における問題把握の指導の実際　特に文法の学習指導を中心として」　※(4)所収

では、このような「問題把握」の「仕事学習」は、どのように実践されたか。同じく石井遠景教官の実践例に学ぶ。こゝでは、いわゆる「文法」学習での「自主的・主体的な発見と創造」が、探究される。こゝでも、資料を直に紹介する紙数がないので、私に要約する。

(1)　言語要素言語活動

文法学習指導の「態度」として、従来の「言語要素」止まりではなく、「言語活動」に役立つ一切が、目指されている。今日の「文法」学習反省の視点の1つが、こゝにある。

(2)　法則の発見と創造

「考える」文法として、学習者「自らによる法則の発見、創造」こそが、自主性・主体性に立脚するとされる。ことばを通しての「学力」をどう考えるかの視点を、与えられる。

(3)　生活単元と、探求単元との相互媒介

文法の単元も、理解・表現に役立つ「生活単元」と、「法則そのもの」を追求する「探求単元」との相互媒介が、求められている。こゝにも、「学力」観吟味の拠点が、ある。

(4)　問題解決学習と文法学習体系

問題解決学習の中にある文法の学習体系は、学習者の学習に立脚した心理的学習体系を含めたものとする。技能や知識を詰め込むことを、どう乗り越えるかの視点が、ある。

(5)　教科書の最大限の利用

教科書を最大限に利用することを通して、それとの関連で、「国語科基底単元系列表」が、活かされている。「生活単元」と「探求単元」との「相互媒介」の拠点が、ある。

(6) 文章論・文論

自立語・付属語・文語法といった学年進行の既成の文法体系が、語論に依拠していることを反省する。「生活」に即して、生きたことばの単位として、文・文章を、見据える。

(7) 英語科との関連

主語・述語等の限られた次元ではあるが、「同時期」の「理解」学習には、両者の「関連」が有効であるとする。こゝには、言語教育や「総合化」を探求する素地がある。

(8) 創造的・探求的態度と集団思考

知識の理解を創造的・探求的にしていくについて、集団思考こそが、真理発見の態度や習慣を養成するのに即して、重視される。学習者主体の真の集団学習の原点が、ある。

(9) 問題発展の連鎖

「知的欲求探求」の充足は、さらに「問題発展の連鎖」として位置づけられている。こゝには、真の「学力」を探究する限り必然的に本格化する単元学習が、展望されている。

以上、「仕事学習」がその推移の中で、「問題把握」へと焦点を当て、どのように実践されていき、どのような問題を浮き彫りにしてきたかを、実践に即して整理した。

おわりに

今日、改めて、「新しい」学力観が議論され、「生きる力」が求められるとき、「新教育」が一大転機を迎えようとして、苦闘の中から編み出していった「仕事学習」の理論と実践との統合された軌跡は、私たちに足下を見据えさせる。

第Ⅵ章 「新教育」の去就

(1) 「学力」観は、自らの実践の中で、切実かつ内発的に確認されているのか。「ことばを通して生きぬく」力とは、何か。指導者１人ひとりの「観」が、身近な指導者集団の中での主体的な討議を経て、確認・統一できているのか。

(2) 中で、「基礎」学力としての「知識・技能」は、「基本」学力としての「問題把握力」や「問題解決力」と、まずはどう峻別された上でこそ統合され、「生活」「経験」「動作化」あるいは「総合化」に対応しようとしているのか。

(3) いわゆる「学習者主体」の学習指導は、「学習」そのものの中に、「指導」がどう関わろうとしているのか。音声言語中心の「表現」重視の学習指導等が、そこを素通りして、似而非なる「活性化」に甘んじてはいないか。

(4) 「単元学習」は、今日、現実には、なぜ一部の先学にしか持続的・発展的に実践されていないのか。「受験」事で否定的に扱われている現実は、この「仕事学習」に学ぶところを発見できないのか、発見しようとはしないのか。

(5) 「仕事学習」の「推移」に学んだ。さらに、その「去就」に注目したい。

第4節　附属防府中学校の「自主的仕事学習」の去就

はじめに

　山口県下の「新教育」の大きな流れの1つについては、すでに①「『生活課程・研究課程』の提起と実践」（第Ⅱ章第1節参照）　②「『学習指導法』の開発と『基礎学力』の確認」（第Ⅳ章第4節参照）　③「『自主的仕事学習』の探求と展開」（第Ⅴ章第3節参照）を捉えて、紹介吟味してきた。いずれも、山口大学教育学部附属光小中学校および同防府中学校における実践研究の成果の足跡である。
　中で、③でとりあげた『祖国の再建をめざす　自主的仕事学習の方法の探求　単元学習の批判と検討を通して　後編　本論並に基底単元系列表』（第Ⅵ章第3節参照）および『続編　問題把握の指導』（第Ⅵ章第3節参照）につゞき、次の2編が、「自主的仕事学習」実践研究の去就を示す。
　A　『集団思考による　学習指導　自主的仕事学習の方法の探求　第三
　　　次発表』　山口大学教育学部　付属（ママ）防府中学校『研究報告書』
　　　11号（ママ）　1957（昭和32）年11月16日刊
　B　『自主的仕事学習の「展開」とその指導　第四次発表』　山口大学
　　　教育学部付属（ママ）防府中学校　『研究報告書』12号　1958（昭和33）
　　　年12月24日刊
　本節では、山口県下の「新教育」が、苦闘の中で編み出していった「仕事学習」が、昭和30年代に入って、どのような去就を見せるに至ったのかを、まずAで吟味し、新たな「混迷」を深める現今の国語（科）教育が拓くべき道筋に、資したい。【資料1】

第Ⅵ章 「新教育」の去就

1．集団思考による学習指導

　まず、この「序」において、渡辺唯雄校長は、積年の「自主的仕事学習」実践研究の経緯を顧み併せて本著の目的を、次のように述べている。
　すなわち、「自主的問題解決学習」にとっては、当然のことながら、「基盤」としての「集団成員の相互影響」こそが、必要であるとする。その上で、前年度研究発表された「問題把握の指導」においても、「集団成員の協力活動」こそが、求められるとする。さらに、それは、「問題把握の段階」においてのみではなくて、「各教科」や「学習指導の各相に即し」て解明されなければならないとする。本著は、その意図のもとに、「集団思考の果たすべき役割を明らかにしようとした」ものであるとする。「仕事学習」の方法は、「第三次」に至って、このように深化探究されようとしたのである。
　さて、本著の冒頭には、同じ渡辺唯雄校長の論文「集団思考による学習指導」が、次の体系で載せられている。【資料2】
　まず、渡辺唯雄校長は、「集団」においては、その「成員」は、「一定の社会的地位」を持ち、具体的な「社会的関係」を成すことを指摘し、この「集団」の内部では、人間相互の関係が、「力動的な緊張」を成して「運動」しているとする。この「運動」の醸し出す力によって影響されて促されるのが、「集団思考」だとする。すなわち、「集団成員が目的的協同的に学習問題解決に対処する際の全人的精神機能」こそが、「集団思考」であり、その中心をなすものは、「論理的推理作用」であるとしている。
　次に、渡辺唯雄校長は、「集団思考の基礎条件」を、列挙している。【資料3】
　すなわち、雰囲気としての「民主主義」、「なごやかな安定感」、「相互理解」「相互信頼」、「士気」、「集団所属感」、「全員参加」、「成員の思考活動」に亘って、「条件」が克明に示されている。これらは、「基礎」とするだけに、実態は、極めて困難であったのである。

さらに、渡辺唯雄校長は、「集団思考の指導要決」として、次の15項目を挙げる。【資料4】

私たちも、従来の指導形態が、ともすれば注入主義一点張りからくる一斉授業であり過ぎてきたことへの反省を、厳しく求められている。その結果、学習者中心の「集団思考」の場が、とかく簡単に設定されては、似而非なる「活性化」に目を奪われてきたきらいはないか。共通点の発見にのみ安住することによって、皮相な興味や関心を以て、意欲と誤解してはこなかったか。こゝに挙げられている15項目にも及ぶ「集団思考」の「要決」は、その1つ1つが、私たちの学習指導法の反省と、それを踏まえて展望すべき筋道を、具体的に示してくれている。具な吟味が、求められる。

その上で、渡辺唯雄校長は、「集団思考のねらうもの」を、「民主的社会性の啓発」と「自主創造的な個性発揮」の2点に絞った上で、説いている。

こゝには、「個性化」と「社会化」とが、それぞれ次の各段階を経て「最高の段階」に至ることによって、両者が一に帰し、「集団思考」のあるべき姿が実現する、と言う原理が、踏まえられているのである。各段階は、「個性化の原理の適用六段階」および「社会化の原理の適用三段階」に分けられて、いずれも具体的な項目が、列挙されている。【資料5】

すなわち、こゝに言う「個性化」と「社会化」とは、それぞれの最高の段階において一に帰することによって、「集団思考」の意義を保障し、その結果は、とりもなおさず「社会的人格形成」を求めることにおいて、学習指導の「方法原理」であると同時に、「目的原理」とし探究されようとしていたのである。一人ひとりがその独自性を発揮することが、すなわち「集団思考」を豊かで確かなものにするというこの理念は、知識や技能の量や速さに拘泥した学習指導に止まるかぎり、「個性の尊重」も本物にはなりえないことを、教える。この2つの「ねらい」の統合こそは、今日私たちが反省の中で、本物の「学力」を保障するための目標でもある。

渡辺唯雄校長のこの提言は、「新教育」が外発的な力によって歪められようとしていたとき、その完き理念を再確認することによって、血路を主導的に伐り拓こうとしたものとして、注目される。私たちが日常的に眼前

第Ⅵ章　「新教育」の去就

にする「集団思考」の意義も、これに倣って、まずは原理的に再吟味し、その今日的意義を「改革」に生かしていくことが、求められる。

２．国語科における「集団思考」の意義

この理論的な主導により、同校の「国語科研究部」は、「国語科における集団思考指導の実際」と題する論考を、記述している。【資料６】

まず、「Ⅰ　国語科学習指導における集団思考の意義」については、「目標」論、「方法」論、言語「機能」論、「集団思考」論に亘っている。【資料７】

中で、「目標」論では、(1)　「言語」は「社会的」であることから始まり、(4)　「国民的思考感情」養成を目指して、(5)　「個性」を重んじつゝ、(3)　「自主的」かつ「主体的」に、(2)　「人間探求の態度」を涵養するとの構造が、段階的に再確認されようとしている。【資料８】

そのうち、(1)・(2)は、すでに「新教育」出発の当初から、追究されてきた「目標」である。それらは、えてして空疎な理念止まりに終わりがちであった。その反省に立っての確認が、ひきつゞく(3)・(4)・(5)における「全体」や「国民」の強調である。それは、単に二者択一的に旧守の思想に回帰するという意味ではなくて、「自主」や「主体」あるいは「個性」や「言語技術」が強調されるがあまりに、そこでこそ、二者択一的に欠落させてしまっていた観点をも取り戻そうとするものであった。厳密に言えば、両者の統合にこそ、「国語科の教育目標」達成の道があることを、再確認するものであった。この観点は、今日にも注目されてよい。

また、「学習指導の方法」については、従来の「一つの主題」による「言語活動」や「言語経験」を「総合的に」組織する「単元学習」を否定して、学習者の自覚的・自主的発見による「問題」の自覚のもとでの「目標」こそが、「問題解決学習」（自主的「仕事学習」）だとし、その上で、学習指導過程が、具体的に強調されている。【資料９】

こゝには、「学習指導の方法」における「自主的学習」の最大限の尊重

と「集団成員による協力学習」との統合が、起死回生をとの情熱のもとに、求められている。今日、私たちが言うところの「一人一人」等の理念とその実践の実態とが、こゝに指摘されている諸項目の提起に、耐えるものでありえているのか。基本的な学力として要求されている「問題解決力」や「課題設定力」等は、これにどう応えるか。

　さらに、本項では、ことばの機能を３つに分類して【資料10】、先の「言語は社会的なもの」との認識が再確認され、「全員の努力」が、強調されている。

　この「ことばの機能」観については、今日では、「思想形成」「文化の獲得創造」については、さらに「思考・認識・創造」といった構造的な把握が、一般的である。これらの総括的な捉え方から、逆にこの構造を吟味し、「思想」「文化」の観点から、「ことば」の機能を点検してみることが、必要である。こゝでは、まず、民主主義存続のための集団思考には、「話し合い討議」が必要であることを　(1)　発言しない。(2)　発言のし方が拙劣である。断片的であったり、主題から逸れたり、用語が不正確であったりする。――事実を指摘して、この意味での「言語技能」の習得こそが、国語科の使命であるとしている。なお、この意味での「話す」は「聞く」を、それらと関連して、「読み方書き方等の技術」の必要性が、説かれている。

　この事実は、「新教育」が克服しようとして、この時期に至ってなお困難であった到達点を如実に表すとともに、「言語技術」に力点を置く指導理念、あるいは言語観の孕み持つ問題点もが、浮き彫りにされている。「発言しない」ことの意味は、「技術」のみならず、「価値」の面からこそ、吟味されなければならなかったはずである。

3．「集団思考」の「機会・方法・留意点」

　次に、「Ⅱ　国語科学習指導における集団思考の機会」では、まず、「相異なる立場や観点」を前提にして、「共通的問題意識」への「総合」が目指され、「新しい洞察」の「再体制化」が、説かれている。【資料11】そ

の上で、「読むこと」「書くこと」「文法」の３領域についての「指導」の方法が、具体的段階的に示されている。

　⑴　「読むことの学習指導」【資料12】

　こゝには、「個人的問題意識から出発して共通的問題意識にまで高められ共同の力によって、解決された問題が、今度は自分のものとしてまとめられる時、いわゆる教育における個性化の原理が高い意味において実現されることになる」との理念が、一貫している。「集団思考の機会」は、その上で、さらに「評価」「演練」「新問題の発見と発展」の段階を求めて、「連鎖」「循環」的に進行していく中にあるとする。

　⑵　「書くこと（作る）（ママ）の学習指導」【資料13】

　この項については、５点が指摘されている。

　中で、例えば、「評価」については、「自己批正、自己評価」、さらには「グループ」「学級全員」による「集団批正」「評価」の効果が、特に強調されている。

　⑶　「文法の学習指導」【資料14】

　こゝでは、「言語にたいする自覚」を、「言語活動のすべての場面」において意識させるために、「個人的問題」をも「互いの問題」として、「集団思考」によって発展させていくとしている。たとえば、⑵においては、⒜ いろいろな言語事実を集める。⒝　それを分類し整理する。⒞　これでよいか検証する。⒟　法則を発見する（問題解決）（ママ）――といった「機会」が設定され、そこには「集団思考」が中心的役割として必須である、と説いている。

　さらに、「Ⅲ　集団思考指導の方法及びその留意点」では、この方法が、「単元学習（問題解決学習）（ママ）」と切り離すことができないものである点を強調した上で、それぞれについて、実情に即した細心の配慮が、詳細に指摘されている。【資料15】

　その上で、文の「理解」の過程が、紹介される。【資料16】

　この記録から窺える「方法」の出発点には、学習指導目標としての「文の理解」の「文」が、抽象的であると同時に、この「一文」だけが抽出さ

れているという限界がある。そのために、討論内容は浅い次元にとどまってしまっていないか。この一文「理解」を目指すにしても、「集団思考」をさらに揺さぶるような、また学習者に発見の喜びを実感させることができるような「ことば」の価値の密度の濃い教材の開発が、求められよう。「新教育」における「集団思考」のよさと、同時にその限界にも、今日注目しておきたい。

　また、「集団思考」の育成は、「発問法」にかかるという、注目すべき指摘がある。「一問一答」ではなく、「共通話題」の形成によってこそ、学習者相互の「集団思考」が成り立つとする。

　先の「教材開発」力とともに、この「問う力」の錬成は、今日の「教育力」の中核としても、切に求められている。【資料17】

４．「集団思考」を中心とした詩の指導の実際

　当校では、前年度の研究において、「問題解決学習」における導入段階の指導として、「詩の創作指導」を中心に探究してきた。こゝでは、その「実際」に即して生起した問題点が、まずは10項目に亘って、列挙されている。【資料18】

　中で、とりわけ「父母の参加」については、クラスの詩集「にじ」を全父兄に配布し、感想を求めている。それは、「父兄の共同参加を要望し、又それによって子供たちへの指導上の手がかりを尚一層具体的ならしめるため」としたからである。

　次には、「集団思考の場を重んじた学習計画表」【資料19】が、「国語科（詩）における集団思考指導の場」観のもとに、一覧されている。こゝには、先の「集団思考指導の場」観の４項目に従って、徹底した「話し合う」活動のもとで、「聞く」「書き取る」「見つけ出す」「作る」「読む」「朗読する」「調べる」などの諸活動が、体系的に位置づけられている。【資料20】

　以上の「展開」については、「集団思考指導から得られる詩の学習上における利点」として、「語い（ママ）」の豊かさに始まり、「態度」や「感情」

の養成における「利点」が捉えられ、「社会的態度」として求められる諸要素の達成をも経て、「批判的能力」「言行一致」にも至る諸点が、確認されている。【資料21】その上で、さらには、指導者としての態度や人格にも及ぶ留意点が、示されている。【資料22】

　以上が、「実際の授業をやってみて、得た尊い記録のまとめ」であるとする。1つ1つから学ぶところは、大きい。

　おわりに

　今日、改めて「生きる力」を目指しての「学習者主体」の学習指導が、強く求められている。それにもかゝわらず、似而非なる「活性化」か、ないしは「切れる」寸前の「沈黙」が、混迷を生みつゞけているのは、なぜか。
　まずは、「学力観」の内発的吟味が、指導者集団の中で、充分になされていないからである。したがって、国語科としての「学習指導目標」が、曖昧なまゝの「活性化」が横行していく。さらには、「一問一答」を超えた「集団思考」こそが、1人ひとりの「自己変革」には必須の「場」である。そこでの各学習者と指導者とは、お互いの異質な「個性」からの「ことば」をぶつけ合いながら、それぞれが揺さぶられてこそ、もとの位置に止まってはいられない意欲を、かきたてられるのである。「集団思考」とは、一見どのようにさゝやかに見える存在もが、「集団」の中でその価値を認められ、その役割を果たすことを保障された場でなければならない。
　本節で吟味した「自主的仕事学習」の去就は、この原理をどこまでも貫こうとしながらも、実践の場においては生起してくる諸問題をも視野に入れて、血路を拓こうとしたものであった。

終章　「新教育」に学ぶ

第1節　桜山小学校著『単元展開の資料と手引』

はじめに

　山口県下関市桜山小学校は、敗戦直後の1948（昭和23）年4月に始まり、「新教育」の諸課題の実践的解明に取り組み、次の3つの具体的な成果を挙げていった。
　A　『生活学習研究　桜山教育プラン』1949（昭和24）年11月5日刊
　B　『生活学習の改善　桜山教育修正プラン』1950（昭和25）年12月5日刊
　C　『単元展開の資料と手引』1951（昭和26）年11月3日付け序文以外発行日未詳
中で、AおよびBについては、すでに吟味した。（第Ⅱ章第2節）本稿では、Cについて、『桜山プラン』の具体的な「展開」が、「修正」の延長線上、どのように工夫され特徴づけられているかを、吟味してみたい。すでに、この時期に至っては、県下のみならず、全国的にも、「新教育」の実際が、とりわけ外発的な「学力」観によって、社会的な批判の対象になりつゝあった。そのとき、Cの提案は、そのような状況を、当初の理念から何とか克服しようとする、真摯な営為であった。AおよびBとのつながりにおいてCを吟味することは、今日、新しい「指導要領」が求めている「各学校」における「創意工夫」への道を、具体的に照らし出すものである。
　本著の冒頭には、「"単元展開の資料と手引" の発表にあたって」の1文

がある。【資料1】

こゝには、(1) 実践のしやすさ (2) 児童の実態に即す (3) その児童には個性・個人差がある——あるいは、目指す「プラン」として、(1) 真実な人間性 (2) 自主的個人 (3) 実践人の育成——といった当初からの理念が、なおなお貫かれようとしている。と同時に、「盲点」として、(1) 単元観の困難性 (2) 資料不足 (3) 具体的方法の欠如——からくる不安定さと自信のなさとが、自覚的に対象化されてもいる。この両面は、「新教育」実践営為の中でのある意味での宿命として、真摯な営為を突き動かしていったのである。私たちは、「新しい学力観」以来の営為を省みつゝ、先学のこの「愛着」の記録に、何を学ぶのか。

以下、第3学年の場合に絞って、紹介吟味してみたい。

1．単元設定の理由と目標

第3学年9月から11月中旬にかけての単元は、「役に立つ生きもの」である。その「単元設定の理由」には、次の諸点が挙げられている。【資料2】

こゝでは、まず児童の日常生活での興味・関心の実態への現実的な認識が、踏まえられている。その上で、「人間と自然環境との相互関係」理解を目指した単元の設定は、「社会機能」をもにらんで、設定されている。今日求められている「環境」等、「問題解決学習」のための「単元学習」を再出発させるについても、この「理由」づけの構造には、学ぶべきものがある。

その上で、本著は、まず単元の「目標」を記述している。

すなわち、「利用」のためには、「保全・保護」、さらには「愛護」が必要であるとしている。敗戦直後の混乱した状況の中で、「社会機能」認識のための要点に、目配りがなされている。

その上で、本著は、7項目に亘って、「目標」の細目を詳述している。

この構造は、前著Aで詳述された「生活学習の組織」における最下位構造の項目に、改善を加えたものである。こゝには、「生活」を「社会・自

然・技術」に適応する活動と規定する考えが、なおなお貫かれようとしている。中で、⑴　社会的　⑵　言語的――を、取り上げる。

　こゝには、「役立つ」ことと「愛護する」こととの双方に、目配りがなされている。たゞし、「昔」の「利用」との比較は、「今」を「進歩」の面から捉えて理解させようとしている。今日、「自然環境」問題を、たとえば「国語（科）単元学習」あるいは「総合的な学習」において「解決」の目標とするとき、この「新教育」における「社会的」視点は、新たな目標を求めてくる。体験的に観察し、情報を主体的に取捨選択する。さらに、役立つ情報を博捜して、活用する。

　このような問題解決力・情報操作力、そしてその成果を「観察記録」として「表現」する「学力」の探究は、今日、各教科、特に国語科が受け持つべき「基礎的な学力」止まりを越えて求められている「基本的な学力」をも、指向している。「総合的な」への１つの教訓が、こゝにはある。

　次に、本著は、「目標」の体系に即して、「教育的効用」を次のように記述している。【資料３】

⑴　社会的

　『桜山プラン』Ｂでは、「学習全体構造」を、①　推進課程　②　生活律動課程　③　生活技能課程　④　生活滲透課程――に峻別して、「新教育」の弱点を克服しようとした。こゝに言う「１．」は、②のうち、「学校及学級の仕事の民主的経営」をにらんだものであり、「２．」は、「１．」における「意見の発表の仕方」という基本的能力を、生活全般にも及ぼす可能性をも、展望している。

⑵　言語的

　こゝには、「綜合学習」として位置づけられた「内容学習」即「中心学習」を豊かなものにするために設定された「基礎技能の学習」即「周域学習」のうち、「用具学習」に位置づけられた「言語」に焦点を絞って、その「教育的効果」を追究しようとするものである。この「綜合」から「周域」即「用具」への方向性は、実践上の実態においては、やゝもするとその理念に反して、「綜合」を形骸化し、「分化」へと逆行させる危険性を孕

終章　「新教育」に学ぶ

んでいる。今日、「言語的」能力の育成を目指すとき、こゝに示された１．～４．の学習活動は、むしろ「国語科」の学習活動の深化の中から、必然的に創造されるべきであり、その成果こそが、必然の「綜合」を成就させる。

　さらに、本著は、加えて、「予備調査」を次のように記述している。【資料４】

　「予備調査」

　こゝには、児童の日常生活が、学習指導「目標」とどこで接点を持つのか、持たないのかが、細部に亘って「調査」されようとしている。そこには、①　身辺の経験に基づく実態　②　社会への開かれた経験の実態　③さらには、知識としての実態――へと、配慮がされている。しかしながら、①の乏しさからくる限界、②の可能性の限界は、えてして③にのみ偏っていく危険性を、孕んでいた。今日、児童生徒の「生活実態」についての状況を踏まえた「調査」・認識は、こゝに学んで、具体的かつ総合的になされているか。求められている「各学校」「創意工夫」の視点は、この営為の長短双方に学ばなければならない。

　次に、本著は、「評価」の問題を、「評価」と「教育的効用の評価」の２点で示す。【資料５】

　(1)　社会的

　こゝには、まず課題ないしはその設定の目的が、学習者主体のものになり得ていたかが、問われている。また、問題解決学習の基本である「情報収集力」、また、集団思考による学習の深化もが、求められている。さらには、「情報操作」ないしは「情報処理」能力もが、確かめられている。これらの「評価」が、具体的にどのようになされたかは、記述されてはいない。しかし、自ずから体系をなしている「基本的な学力」探究の学習指導の成果が、このような諸点で「評価」されていることは、注目に値する。「評価」は、ついには指導者へとフィードバックされる。

　(2)　言語的

　こゝには、「話す」「聞く」「書く」の具体的な能力や態度が、「評価」の対象として、かなり構造的に列挙されている。すなわち、１．～５．では、

「聞く」ことと「話す」こととが、統合された能力ないし態度として、把握されていることがわかる。また、「書く」ことも、「聞く」からこその観点から、その能力や態度が、「継続」性をも視野に入れて、設定されている。聞くからこそ、問える。話せる。聞くからこそ、書ける。――今日の音声言語重視の学習指導も、この統合の観点から、「読む」能力や態度をも射程に入れ、「評価」の対象にしたいものである。

「教育的効用の評価」

「作品」に集約された学習の成果は、「社会的」な広がりの中で、その「評価」に耐えなければならない。えてして学習者集団の中だけでの自己満足に終始する学習の「活性化」に、この指摘は、警鐘を鳴らしている。また、その前提としての学習者集団の中での自己評価・相互評価が、まっとうになされていたかは、当然確認されなければならない。「社会的」評価が、問われる。

この２点は、先の「評価」を総合的に捉え直す観点である。「素直」と「要領」を「効用」判断の観点にするのは、やゝ形式に傾き過ぎる感がある。先の「評価」との重複をも避けて、さらに高次の「価値」において、その達成の成否が問われなければならない。学習指導目標が、このような「態度」に近い項目に収斂されるようでは、当初の「社会的」な目標が、形式に流れて終息することになってしまう。どのような思考・認識・創造の力を、経験的につけるかである。

単元「役に立つ生きもの」（第３学年）は、このような「手引」のもとに実践されていった。

２．「展開案」の構造

本著には、次に、第３学年の「展開案」が、「生活課程」「基礎技能」「表現鑑賞」の３本柱に即して、簡潔に整理されている。【資料６】

この構造に即し、「第３学年　単元　役に立つ生きもの」は、(1)　日常生活　(2)　作業単元――に分けて、詳細に記述されている。【資料７】

中で、「展開」内容については、極めて詳細に、具体的な諸項目が、つゞいている。これらについては、次節で紹介する「資料」が、これに合わせて、詳細に記述している。こゝでは、児童の「日常生活」から出発する単元学習と言い条、それが、学校行事中心に「展開」されているに過ぎず、児童の「生活」が、「単元」主題を観念的に体系づけた結果になっている。この事実は、前項で吟味した「単元設定の理由」等の段階での「生活」観に立ち返って、その指導内容の体系と、何よりも指導目標についての吟味を求めている。今日の「総合的な学習」も、この陥穽には、十分な配慮を要するであろう。問題は、「学力」観と「生活」観とに帰結する。

次に、上記の項目に即して、本著は、「生活課程」のもう１つの項目として、「関連する問題」を設定している。(1)・(2)に即した範囲には、詳細な記述がある。

「綜合」と「分化」の統合を常に考える必要に迫られていた本著の同人たちは、先の「作業単元」でこそ、真の「学力」が育まれることを、信じていたはずである。そうだとすれば、前記の「生活課程」の要は、こゝでの「日常生活」に立脚した「作業単元」であったはずである。そして、そこでは止むを得ず十分ではない「能力」や「態度」を育むためにこそ、こゝに言う「関連する問題」が、あったはずである。しかしながら、こゝに窺える範囲では、両者の連携は、必ずしも体系化されているとは言えない。別個に「教科単元」が、旧来の「教科科目」に添っていると言えよう。「綜合」と「分化」の関係は、その意味で、今にして新しい問題を提起している。

さらに、本著は、以上の内容と並行して、(1) 基礎技能 (2) 表現鑑賞 (3) 保健体育——の３つの欄があり、(1)では、「国語」の欄が、第１に挙げられている。そこには、「長問文（ママ）の読解（ふしぎな森）」「生活文の表現（山のぼり）」の２項目が、あるのみである。基礎技能としての「国語」に、どのような具体的学習内容・方法が計画されていたか、未詳である。

なお、(2)の「表現鑑賞」の「文学」を含むすべての欄は、空白のまゝに

なっている。

3．「資料」の詳述

以上の形態を持つ「展開案」一覧に合わせて、本著では、(1) 日常生活 (2) 作業単元 (3) 関連する問題——の３項に関して、詳細な「資料」が、記述されている。

「日常生活」（注　「資料１」分のみ、紹介。）【資料８】

まず、(1)の「学級作り」に関しては、「規律」を求めつゝも、児童の「負担」を考慮して、「要求」よりも「能率」による主体的な学習を、求めようとしている。こゝには、「良い学級」という課題についての具体的な目標が、示されてはいない。「規律」と「能率」という形式のみに捉われていはしないか。(2)で触れられているような実態に即して、３年次における「目標」が、「内容」や「価値」において確認されていないと、「学力」は、観念的なものになる。

「作業単元」（注　冒頭にある「資１」の「導入」の全部および「資２」の「展開の資料」の一部を、紹介吟味する。）【資料９】

こゝには、「環境」「調査」「話合」による「導入」のための「資料」が、示されている。この３つの観点は、かつて桜山小学校が、その著Ａにおいて、「本校教育の目標」の１つとして、「指導の欲求」を重視し、その上で「性格を把握し、生活の更新と文化社会建設の実力を養う」とした理念が踏まえられてはいる。しかし、それぞれの内容を吟味してみると、(1)の「環境」が先行していることが、気にかゝる。所期の理念に基づく目標に向かうならば、むしろ(3)の「話合」の中からこそ、学習目標が紡ぎ出され、(2)の「調査」と相俟って、(1)の「環境」づくりが、「導入」の役割を果たすと考えるべきであろう。こゝでは、指導者による観念的な「導入」となっている。「絵」や「写真」の、当時としての「資料」不足にも、因っている。

「展開」

終章　「新教育」に学ぶ

　この単元「役に立つ生きもの」は、「見学」から「展開」し、その構造は、「既有経験の発表」「グループに分かれて」の「話合」、「見学」、「整理」（絵・紙芝居・動物園作り）(ママ)となっている。この構造の中で、どのような動機づけがなされるのか、グループでの「話合」が、経験学習の成果を、どのように深化させるのかが、注目される。それらの成果は、多彩な「表現」活動を通して、集積されていく。この具体的な構造は、各学習者・指導者の主体的な活動を誘う。以下、「資料3」では、「動物はどのように人間の役に立っているかを調べる」の下に、さらに「話合」「グループに分かれて」の調査・「図表」へのまとめのための「資料」が、詳述される。
　「関連する問題」（注　「資1」「資2」のみ、紹介吟味する。）【資料10】
　こゝでは、「展覧」作業を通して、算数教科の「九九」の理解と練習を具体的に試みることが、計画されている。これは、「作業単元」という「中心学習」に「関連」させての学習指導計画ではあるが、むしろその「生活」としての目標よりも、「基礎技能」の習得に向けて、学習活動が、児童の活動に即して、生き生きとしていく可能性を、示唆している。理念としては、この具体的な「技能」である「九九」に見合うような「生活」に密着した「作業単元」の目標こそが、求められるはずである。それは、次の「資2」において、さらに顕著に構成されていく。
　すなわち、国語科教科書教材を規範にして、夏休み生活に即した文章表現指導を、展開しようとしている。その目標は、「簡潔」と「要点」にあり、規範についての「話合」をも重視している。児童の生活の中で、どのような「手紙文」が実践されていたかは判然としないし、それらが、具体的であり、全体の場に学習材として提供できるものか不明であるが、「国語生活を充実したものにする」具体的な方法が、模索されてはいる。さらには、語彙・用語・漢字・仮名遣い・文型等、知識・技能の面での指導を、個人レベルでどう加味していくかが、課題となろう。
　なお、「資2」には、ひきつづき、「秋に鳴く虫をしらべる」が、「理科学習指導法精説」「第二学年用（ママ）参照」という形で、さらに詳述されていく。それにひきつゞいては、「帰る鳥来る鳥を読む（ママ）」、「虫の声

の歌をうたう（文部省教科書中）（ママ）」、「秋の天気について調べる」といった単元が設定され、その指導のための詳細な「資料」が、記述されている。

4．「改善」「修正」の行方

　『桜山プラン』は、冒頭で紹介したように、A、Bを経て、本著Cに及んだ。その間、とりわけAからBへの「反省」「修正」の営為は、すでに紹介したように、それぞれ4および3点に亘る具体的なものであった。
　「反省」【資料11】
　これらの諸反省は、それぞれ経験主義・生活主義に基づく「新教育」が、孕みつゞけた問題点を、鋭く浮き彫りにしたものであった。たとえば、(1)は、「経験」という場を尊重することと、「経験」の質をそのまゝ肯定的に受け入れることとの峻別を要求して、常に新たな問題でありつゞける。本著の「展開」計画の実態も、この点をクリアーしているとは、言い難い。あの状況の中で、単元「役に立つ生きもの」が、児童の「生活」に即した「役に立つ」を、どう認識したか。
　「修正」【資料12】
　上記の「反省」に従って、確認されたのは、次の3点であった。(1)は、学習指導目標の明確化が、必ずしもしっかりとなされ難い実情を表している。この実態を克服しないかぎりは、いわゆる「雑炊学習」の批判は免れないとの認識は、すでにあったのである。このことは、(2)において、さらに深く確認されている。「価値的」という表現は、やゝ漠然としているが、学習指導目標が、えてして知識・技能・態度に傾斜しがちな実情の中で、それらが「生活力」（「生きる力」）となるためには、こゝに言う「価値」に裏打ちされた目標が、求められたのである。さらには、本著に先行する『桜山プラン』AおよびBが、「カリキュラムの構造」においては、刮目すべき調査と分析の下に、重厚な体系をなすに至っていたにもかゝわらず、本著の「展開」に見られるような「内容」に帰結した事実は、この(3)の「修正」への実践が、実際には如何に困難であったかを示している。今日求め

終章　「新教育」に学ぶ

られている「改革」にも通じる教訓である。
　以上、『桜山プラン』が、A、B、Cと創出・反省・修正の過程をへて、本著に至った実情を省みるとき、当時の「新教育」一般が孕み持っていた次の２点が、今日の「改革」の成否にも通底した根本的な問題を提起している。今日、これらはすでに自明のことであるのか。
　(1)　「綜合」と「分化」の問題【資料13】
　これは、『桜山プラン』の去就とほゞ平行して実践営為を重ねていった、いわゆる『光プラン』における現実認識の一端である。『光プラン』自身の去就については、すでに論じた。こゝでは、今日、「生きる力」という「実践的社会人の形成」を目指すとき、『桜山プラン』が示した成果と限界とに関わる根本的な問題を、鋭く提起してくれている。それは、今日、偏重が省みられた上で、なお「基礎学力」として追究されるべき「知識・技能」に相当する「文化価値の追求」との「綜合」の問題である。上の論は、「実力低下」との関連において、この問題が「本質的に随伴する」ものとして、深く確認した上で、「綜合」と「分化」を統合することへの、飽くなき追究を確認する。『桜山プラン』の到達点が提起した問題の根本の１つは、こゝにある。
　(2)　「リアルに見る」目標【資料14】
　こゝには、指導目標が、先述の「価値」において設定されているかどうかの問題が、具体的に提起されている。たとえば単元「役に立つ生きもの」の「役に立つ」が、こゝに言う「ありがたい」や「感謝」と同様に、「先生のほうにそういう意識が強くある」がために、学習者主体の「問題解決学習」「生活学習」と言い条、観念が先行してしまっていると言うのである。今日、各学校・指導者による「創意工夫」が求められている「問題解決的な学習」においても、「問題」の所在とともに、その問題が、歴史としくみの中で、どのような「価値」に関わり、それを求めているのかを、「生きる力」の実質として確認しなければならない。教訓は、こゝにある。

おわりに

　1950（昭和25）年前後の「新教育」実践は、外発的指導からの出発であったが、「各学校」の「創意工夫」では、内発的な試行錯誤の営為であった。その成果は、時の批評者側の「学力」観における偏見との相対的な関係から、隠されたまゝの五十余年を強いられてきたが、その営為が浮き彫りにした諸問題、とりわけ「綜合」と「分化」の問題、「価値目標」の認識確認の問題は、今日、改めて模索され始めた「総合的な学習」「問題解決的な学習」等の行く末に、具体的で必須の課題を、突きつけていると言えよう。

　それをさらに具体的に言えば、「綜合」と「分化」との問題は、次の諸点を提起している。

(1)　「地域や学校の特色、生徒の特性等に応じ」における「特色」「特性」は、どのような「実践力」「生きる力」を目指すのか。(「綜合」の理念)

(2)　「体験的な学習」「問題解決学習」と「知識や技能の深化、総合化を図る」との関係のもたらしがちな弱点は、確認されているのか。(「綜合」の弱点)

(3)　反復練習を要して、かつて「道具学習」と抽象化した言語活動等を、「体験的な学習」は、克服できるのか。(「分化」の発想)

(4)　(2)の「弱点」は、「分化」をのみ求めがちである。「体験的な学習」「問題解決的な学習」は、その轍を踏みはしないか。(「分化」の陥穽)

(5)　ことばを、生活や学習の「道具」とし、「情報化社会」の「影」を無視し、「光」のみを追究し、技術の修練に限定すると、思考・認識・創造は、疎外される。(「道具」観の弱点)

(6)　「綜合」を目指して反省された「分化」の「弊」そのものをこそ直視して、それを内容と方法との両面に亙って、突き抜ける「創意工夫」が求められる。(「綜合」の拠点)

また、「価値目標の認識確認の問題」も、次の諸点を提起している。

(1)　「社会的実践力」「生きる力」は、課題の発見に始まり「よりよく問題を解決する資質の育成」を求める。この「社会的」を、どう明確に捉えられるか。(問題解決学習のねらい)

(2)　社会の仕組みの中で起こってくる問題を、そこまで広げ深めて「経験」にどうつなぐのか。(「問題」の措定)

(3)　指導者の「指導」の内容・方法は、学習者主体の学習目標における「問題」を、どのように指導できるのか。(学習者主体と学習指導)

(4)　「改革」の外発的な要請を真に踏まえて、かつ指導者としての主体的な「創意工夫」は、どのように構築されるのか。(指導力の主体的構築)

(5)　学習指導目標（単元主題）が、今日求められている「学力」観に即して、「価値」として確認できるのか。(価値としての指導目標)

(6)　表面的な経験学習が陥り易い「活性化」を克服するために、「話合い」の原理を、日常的にどのように錬成するのか。とりわけ「きく」ことの学習指導が、求められる。

以上、先学の実践営為にさらに学び、今日の「改革」に生かしたい。

第2節　附属防府中学校の「自主的仕事学習」の変質

はじめに

　山口県下の「新教育」実践の大きな流れの1つには、いわゆる『光プラン』の系統があった。本著では、その濫觴（第Ⅱ章第1節）・継承（第Ⅳ章第4節）・推移（第Ⅴ章第4節）・去就（第Ⅵ章3・4節）について見てきた。そこでは、『光プラン』が、「生活課程」と「研究課程」との統合を目指して、旧態依然とした「学力」論による外発的な攻撃に対して、試行錯誤を繰り返した足跡が、尊い。

　本節では、承けて1958（昭和33）年10月24日、「第一二回研究発表大会」開催と同時に発表された『自主的仕事学習の「展開」とその指導　第四次発表』（「山口大学教育学部　付属（ママ）防府中学校『研究報告書』12号」）にその「変質」の実態を吟味する。

　こゝに言う「自主的仕事学習」とは、「第三次発表」によると、「全人格体による行動学習」を意味し、そこでは、「生きる」ことと「探求する」こととの統合における「問題解決学習」が、目指されてきた。それは、「問題」そのものに即した「系統」が、同時に「生活中心の主観的系統」と「科学的な客観的系統」とを、兼ねてその構造とする。

　今日、「新しい指導要領」が提起している「総合的な学習」や「問題解決的な学習」が、「各学校」の「創意工夫」によってどのように構築されていくかにとって、「自主的仕事学習」の辿った「去就」および「変質」の経緯は、必ず吟味しなければならない問題を提起している。

　本著の「序」で、渡辺唯雄校長は、1957（昭和32）年度文部省全国学力調査報告書（社会科・理科）による「学力」の調査結果が指摘する諸点を集約し、確認している。【資料1】

終章 「新教育」に学ぶ

1．「仕事学習」の概念と構造

　本著の冒頭には、渡辺唯雄校長の「自主的仕事学習の展開とその指導」なる論文が、掲載されている。その第一節は、「研究主題の意義」である。こゝでは、まず、「仕事学習」の概念を、説明している。すなわち、「学習」即「問題解決学習」即「単元学習」即「仕事学習」であり、この「仕事学習」は、とりわけ「目的的学習」であるとしている。【資料２】
　その上で、渡辺唯雄校長は、同校の実践研究が、次のような経過を辿って、本著での報告に至ったことを、確認している。
　(1)　仕事学習の指導法の研究　(2)　学習単元の実際的指導技術の一般的研究　(3)　具体的なその問題把握の指導法の研究　(4)　集団思考とその指導法の研究
　その結果、同研究は、次の３つの課題を抱えるに至る。
　(1)　「主題研究題目」　(2)　「集団思考」　(3)　「自主的展開」――である。【資料３】
　この３つの課題は、今日、学習指導目標が知識や技能の量や速さにおける系統性に傾斜している実態、また、「個性尊重」の名のもとに一見「活性化」しているかに見える学習者集団の実態を改革するための、視点を提起し、さらには、そのために求められる学習指導の「展開段階」の必性が希薄であることなどへの反省を、促すものとなっている。
　では、「仕事学習の指導段階」は、どのように求められるのか。渡辺唯雄校長は、「新教育」がどのように「批判」されようとも、「問題解決的単元学習」即「仕事学習」こそが学習の本道であることには、躊躇があってはならないとする。しかしながら、一方では、この理念の上に立って、初めて指導や教材の系統的「収得」も、学習の具体的実践の場の実態において検証されるべきを、説いている。そこには、まずもって、指導者間の「相互理解」が必要であるとも、説いている。
　その上で、渡辺唯雄校長は、一般的な「導入」「展開」「終結」の３段階

第2節　附属防府中学校の「自主的仕事学習」の変質

に従いつゝも、特に、「仕事学習」の主軸は「展開」段階であるとし、そこが最高潮に達し、本流となっていくことを願っている。学習者の本領は、そこで初めて発揮され、成果を豊かにするとし、「展開」段階を、次の4つの段階にさらに細分化することを、提案している。

　このようにして一般化された「自主的仕事学習」の「展開」の構造は、「問題解決的な学習」による「生きる力」としての学力が問われ始めた今日、その学習指導の内容や方法が模索されていく中で、1つの基準として、吟味してみる価値がある。「研究主題の意義」は、このような体系において、以下の具体的な提起へと突き詰められていく。

2．「仕事学習」の展開

　このような観点に立って、渡辺唯雄校長は、「仮説の確認と把握」の重要さを説く。【資料4】
　こゝには、言うところの「仕事学習」が、学習者による「自主的に自覚してたてた目標をめざして、努力して解決していこうとする」「目的的学習」であるための基盤が、学習者と指導者との関係において、周密に確認されている。すなわち、構造的には、学習指導の目標とその方法とが、学習者と指導者との関係、学習者集団における集団思考の本質にも言及して、具体的に確認されている。
　こゝに指摘されている諸項目は、今日求められている「問題解決的な学習」が成立するための必須の条件を、提示してくれている。私たちは、その「学力」観において、各教科科目がそれぞれ独自に担うべき「基礎」学力を踏まえて、それが、知識や技能や態度といった次元に止まることなく、「生きる力」として、どの教科科目もがそれを突き抜けて習熟させなければならない「基本」学力として、「問題解決的な学習」を位置づけなければならない。「仮説の確認と把握」は、そのための具体的な構造を、示してくれている。
　次に、渡辺唯雄校長は、「資料の蒐集と仮説の検証」を、こう述べる。

293

終章　「新教育」に学ぶ

　なお、こゝに言う「資料」とは、「広義のそれであって、既有の知識・観念・習慣化された技能など、問題解決に当って、問題を処理するに必要なもの一切をさす」とされている。【資料5】

　まず、「資料」の質が、確認されている。すなわち、その質は、「生徒の能力を超えたものであってはならないし、また反面、余り低い段階のものであってもならない」とし、「一面知られていて、しかも半面知られていないといったものが、最も望ましい」としている。この指摘は、今日、「基礎・基本」といった漠然とした「教材」観が、えてして「親しむ」などの名のもとに、「やさしい」のみを指向することの誤りを、端的に示している。一歩先を問うことによってこそ、「生きる力」につながる「学力」が、初めて保証されることを、教えてくれる。

　次に、「資料」の「教育的価値」の問題が、指摘されている。こゝでは、「一冊の教科書だけが、唯一の資料といったような貧弱な学習環境」は、「学習意欲」や「自発的研究」を「誘発」することがない、と断じている。それと同時に、そこでは「教育的精選」が、「従来の生活経験偏重の教育方法」批判に応えなければならない、としている。今日、つとに「基礎・基本」や「精選」が唱えられ、重ねて「厳選」がうたわれているからには、この原理に、学ぶべきである。

　しかしながら、指摘された「生活経験偏重」を確認すると同時に、一方では、「生きた現実と遊離しないことが肝要」とし、「学習が活発化」し、「身につ」くためには、「資料が生きた問題に適応」すべきことを、強調している。「基礎」学力と「基本」学力との峻別と同時に、両者の統合がどのようにしてなされるのかが、問われている。

　さらには、「問題解決学習の基礎条件」として、「資料」の「利用」と「解釈」の重要さが、強調されていく。そこには、たとえば、「グラフや索引、地図のよみ方、見方」などの「基本的な学習訓練」と同時に、「資料」を「多角的に各方面から洩れなくみる」ことの大事さもが、指摘されている。技能目標と価値目標との統合が、求められているのである。

　次には、「資料」への「客観的態度」「即物性」尊重の必要性が、強調さ

れている。「事実的真理を忠実に追う」べきだとするのである。この点も、「自発的研究」や「生活現実との関連」が陥りがちな陥穽を、反省した上での慎重な提言になっている。

　最後には、「仮説」が「観念の組織」に過ぎないことを指摘し、それを克服して「思考力・推理力」が高度かつ多面的に発揮されるところにこそ、「教育的意義」があるとしている。従って、指導者のこゝでの使命は、学習者の考察が「一方的部分的に止まることを防ぐ」にあるとする。そのためには、学習者の「推理作用を、本質的なものにむけさせ、その進行に即して訓練すること」が肝要だとしている。

　以上の6項目は、今日、どの教科科目もが担わなければならない「基本」学力のうち、「課題設定力」「問題設定力」を踏まえた「情報収集力」・「情報操作力」等を育むための要点を、示してくれている。と同時に、指導者における「教育力」の要としての「教材開発力（教材収集力・教材透視力・教材活用力）」、さらには「授業構想力」にも関わる要点をも、示してくれている。今日、この提起にどう応えているのか。仮説の検証が、このように行われて、その成立が論証されたとき、それは1つの客観的真理として存在意義を要求する。そこでは、「結論構成」が行われて、その過程の指導が、重要になってくる。渡辺唯雄校長は、留意事項を挙げる。【資料6】

　まず1つは、「検証」によって「仮説」が「真理」に至る道の「進捗」の大事さが、強調されている。すなわち、過程の重視である。私たちは、えてして指導目標をすでに自明の固定したものとしてのみ考え、それを予定調和的に注入することにのみ、必死になってはこなかったか。「問題解決的な学習」を真に目指すからには、こゝに強調されている原則に、改めて学ばなければならない。「結論を保留し延ばす態度」である。

　次に、「分担」「経験」「衆知」「討議」による「集団思考」即「協同学習」が、強調されている。私たちは、つとに「個性の尊重」を唱えて、学習活動の「活性化」を求めてきた。しかしながら、そこで個々の学習者の個々そのものが多様であること自体をのみ、尊いとしてはこなかったか。ことは、多様であることそのことにあるのではなくて、その個々同士がぶつか

終章　「新教育」に学ぶ

り合うことによって、「共々により高い次元に進んでいく」ことこそが、求められているのである。この指摘は、今日になお新しい要求を、具体的に突きつけてきている。

また、この原理は、その貫徹の成果として、必然的に「創造生産的喜び」を保証するはずである。「いうにいえない知的創造的な感激と歓喜」と説明されている。当然のことながら、知識や技能の大量にしていち速い習得のみを指導目標とする学習においては、一見「感激や歓喜」と見受けられる学習者の反応も、その目標が、主体的に自覚された課題であり、かつ「価値」としての認識がないと、一過性のものとしておっつけ色褪せてしまう。私たちは、学習者との接点を性急に求めるあまりに、この陥穽にはまりがちではないか。この原理は、そう省みさせる。

さらに、「誤り」の重視である。「仮説」「検証」の結果は、必ずしも「正しい結論」に到達しているとは、限らない。そのこと自体は、決して低く評価されてのみ、他の「仮説」の設定を性急に求めるものであってはならない。試行錯誤こそは、「解決方法」に「自覚」的に習熟していくべき最善の道でもあるわけである。それによってのみ、「一つの解決法に用いられた解決力が、類似の他の問題解決への基礎として、転移することが期せられるから」とされる。極端な場合、問題集の解答合わせで数や量のみをこなしては、点数による「評定」に学習者を追い込む学習指導が、まだまだ跡を絶たない状況の中で、「総合的な学習」を指向するからには、この提起をこそ、嚙み締めなければならない。

最後に、「要点把握」の重視である。これは、「結論」として、「真理」が成立した段階での指導者の表現力を、問題にしている。「教師の説話要領」同「概括要領」である。これは、「生徒の自主的な学習活動」を保証することが、えてしてその「活動」それのみに引きずられてしまいがちであることへの警告である。また、同時に、この指摘は、「教師中心の受動的学習」における「絶対的真理としての押しつけ」との峻別をも、求めている。今日、たとえば、授業構想力の中核であるべき「発問」の表現が、その焦点とすべき語を誤ったり、曖昧にしたり、また、学習者の反応の中

の焦点の語への理解（「き、」分ける）が粗雑であったりする実情が、そのまゝに放置されていることへの警告でもある。

こゝに提起されている「結論の構成と要点把握」は、このように、「問題解決的な学習」にも相当する「仕事学習」指導推進の要として、今日改革を求められている「国語」教育の具体的な「創意工夫」の根底に握り締められていなければならない問題を、鋭く浮き彫りにしてくれる。私たちは、この原点に再び立ち返って、「生徒の自主的な学習活動」の真の成立条件を、今日の状況に即して、確認し合わなければならない。

3．「仕事学習」の到達段階

渡辺唯雄校長は、「自主的学習の展開と指導」のまとめとして、「統合系統化」の原理を、次のように提示した上で【資料7】、その実践上の問題点を、以下3点に整理して説明していく。

すなわち、「知識」は、単に集積されストックされたものであるばかりでなく、それが「生きる力」としての「価値」を獲得するものでなければならない、とする。従って、そのような「学力」をつけるということは、そのための学習指導法もが、「構造的立体的に綜合系統化」求められる、と見るのである。今日、「生きる力」を求める私たちも、この構造的な原理を、再確認しなければなせない。

（1） 知識は体制化（ママ）されなければならない。

こゝでは、学習者によってひとたび得られた「解決法」は、まず学習者自身によって「要約」され、「既有の体系の生きた部分」となり、次に「言葉として陳述」され、さらには「一般化」されることが、求められている。「知識・原則」は、「生きたものとして体得」さるべしとの謂である。「学力」を「生きる力」と考えることに、通底している。

（2） 知識の交換が大切である。

すなわち、この意味での「知識」は、「個人的のものとしてでなく、社会的なものとして、交換され合うことが肝要である」とする。言うところ

の「体制化」も、この実現によって、初めて意味を持つとするのである。その具体的な方法としては、「口頭発表」「討議」「劇化」等があげられ、「集団成員の協同的集団的意識」に支えられたこのような「集団思考」によってこそ、こゝに言う「交換」は成立する、とするのである。この指摘は、「間接経験としての情報知の教授学習」が、えてして陥りがちな「詰込みと暗記」に、同時に警告を与えている。

　さらには、この「交換」を具体的に成就させるために、①　交渉により経験を分かち合い共通経験を持つ　②　協同作業により、各自が分担作業について語り合う——の２点が提唱されている。

（3）　反復練習がかんが（ママ）えられなければならない。

　こゝでは、右に提唱された「体制化」をもふくめて、「知識」は、「反復練習」としての「基礎練習」によってこそ、「連合学習」も「創作鑑賞学習」も、「確実化」を保証されるとする。すなわち、「問題解決学習」においては、「結論到達への過程」が重視されると言い条、「反復練習」を欠いて生きた知識として体得されない実情を、鋭く指摘しているのである。また、この指摘は、「単なる機械的なドリル」とは厳密に峻別されるべき点もが強調され、「絶えざる反省」をも要求している。

　その上で、渡辺唯雄校長は、「練習が機械的な反復ではなく、意味あるものであるため」として、①　目標の明確な認知　②　実地に即し、必要に迫られ、強く動機づけられた　③　異なった場面や材料での意識的反復——の３点を強調した上で、改めて、「自主的仕事学習」における「問題解決学習」が、「ややもすれば過程偏重に陥って、内容の客観的系統的に配慮がたらないことがある」点に、警告を発している。

　さらには、これらの成果が、「終結の段階においていかにまとめられ、応用適用され、更に同時に次の問題への伏線たり得るか」が、展望されている。「自主的仕事学習」が、「単元学習」として、以上のような理念に基づく学習指導によって、それぞれが独立しつゝも、学年あるいは今日も指向されている中高一貫のスパンにおいて、連続性が求められるとするのである。このいわば「非連続の連続」に、学ぶべき価値は重い。

4．国語科における「仕事学習」

　以上の理念を受けて、「第四次発表」は、各教科による「仕事学習」の実際を掲載している。中で、国語科は、次の序文のもとに、「読解学習における文法指導」と題し、「国語研究部」の署名で、その観点と実践およびそこでの留意点とを、次のような体系で報告している。【資料8】

　本報告は、まず「はじめに」で、「読解力不足の原因」を、(1) 国語科の時間数の不足 (2) 国語科の学習指導領域が広すぎる (3) 各学年の具体的な目標が不明瞭 (4) 教師の学習指導上の問題——の4点に整理し、中で、(4)については、以下のように詳述していく。

　すなわち、「計画性」の欠如、「知的訓練」と「練習」との混同、「直感」の域を出ない指導法や「発問」の横行、さらには、「教材研究」自体の問題等、指導者側のつまるところ「指導目標」の不明瞭さが、問われている。今日にも、具体的に省みなければならない諸点である。

　また、「読解力不足の原因」を学習者の側面からも見て、(a) 言語力の不足　個人差大（ママ） (b) 学習方法に対する未熟さと不理解 (c) 自主的な学習態度の欠如——をも指摘しているが、これらを指導者側における先の諸点と相対化しない限りは、「原因」論は不毛に終わろう。

　次に、「解決の鍵」については、この「原因」を「一挙に除去していくような方法」の追求は困難であるとし、「指導の重点」を「展開時における文法指導」に置くべきだとする。

　その上で、これまでの研究との関係について、次のように整理する。

(1) 生徒が、文法的に解決していく能力・態度・習慣を欠いている。
(2) 教師が、仮説を検証する発展段階に主力を注がねばならない。

　その上で、「第一次」以来の研究過程を整理して、今次の特徴を、「実際の言語活動に役立つ読解のための文法学習（生活単元）（ママ）」および「発展段階」の「検証指導」重視に置いた上で、ひきつづき、発表では、「Ⅰ　読解と文法」について、基本的理念を、まとめている。【資料9】

終章　「新教育」に学ぶ

　こゝには、「読解の層と能力」の段階的関係が、まず構造化された上で、絞り込んだ「読解指導即文法指導」の理念が、「ことばの社会性」につながるものであることを、強調している。

　その上で、「Ⅱ　文章における文法的事実」が、「語論」「文論」「文章論」「文体論」「文語のきまり」の五項目に分けて、その系統性が追究されている。【資料10】

　本報告は、「読解」の対象とする「文章における文法的事実」を、このように詳細かつ体系的に示した上で、「Ⅲ　指導の実際——展開——」【資料11】を、具体的に紹介している。なお、発行と同時に示された「研究発表大会要録」に、別の実践例が、「国語科学習指導略案」【資料12】として掲載されている。こゝでは、前者における「Ⅳ　指導上の留意点」の中から、注目すべき点を吟味してみたい。

　まずは、「3　表現との関係を重視する」である。

　こゝでは、「読解と作文とを切り離した指導がとかく行われ勝ち（ママ）だった」ことが、まず反省されている。その上で、「読解と表現とは本来表裏をなすものであることの認識を新たにしたい」と確認している。これは、今日言うところの「理解」と「表現」との「関連」ないし「統合」のような本質的な確認ではなくて、「文法的事実」を常に意識させることを説いた「1　不断に文法意識をたかめていく」を受けたものである。実践報告が、それを具体的に示している。

　次に、「4　文法指導がただ文法指導に終らないようにする」が、特に強調されている。すなわち、「文法をあまりに重視するため共通普遍の客観的な面にのみ目が注がれ、特殊的、主観的な面への追求がおろそかになる傾向がある」とし、「ことに詩歌や小説の類」での警戒を説いている。「文法的な指導」は、それを通して「作者の真意をとらえ、作者の感動がそのままに読者の感動にまでなる」ことを、目指している。

　以上、「読解力の不足」を直視して、「文法指導」によりその現実を克服しようとした「国語研究部」の報告は、積年の営為のある意味での行き詰まりを、論理的・具体的な方法によって克服しようとしたものであった。

それは、渡辺唯雄校長の論に代表された理念の中核にある、学習者の「自主的に自覚してたてた目標」、あるいは「問題解決学習」といった観点に、応えるものであったか。

たとえば、後に示す「Ⅲ　指導の実際――展開――」を吟味するかぎりでは、次のような点では、ぎりぎりの工夫が、貫かれている。
(1)　錬磨伸張の目標が、文学鑑賞の基礎技能を入り口にしている。
(2)　同時に、「究極の目的」を、「人生観の確立」に置いている。
(3)　教材の表現中の助詞「の」の問題が、「展開」の「発端」で終息している。
(4)　段落の「書き出し」のことばから、「段落の内容が鮮明に浮かび上がってくる」とし、小説の全体構造や構想を理解させようとしている。
(5)　その上で、第2段落の精読に焦点を当てて、小説の主題にせまっていく。
(6)　一貫して帰納的に文法事実を発見させるため、発問に苦心している。

「問題解決学習」としての「仕事学習」展開の実態が、こゝにある。しかしながら、これらの諸点を構造的に吟味すると、そこには、次のような根本的な問題が、見えてくる。

まずは、「目的」としての「人生観の確立」の具体的な内容が、教材や生活の場でのことばと、具体的に切り結んでいるかどうかである。すなわち、「文章における文法的事実」の実践では、この「おける」の内実が、どのような「価値」意識を必然的に内包していたかである。それは、とりもなおさず、「基礎技能」から「文学鑑賞」への学習指導過程が、方法とともに、どのように構造化されていたかの問題に帰結する。

すなわち、「の」から入る、「書き出し」から「精読」を通して作品の「全体構造」に迫る、といった過程での方法が、各段階で、文学のことばとどれだけ必然的な「価値」としての接点を持つ学習指導となり得ていたかである。こゝに言うところの「帰納的研究」が、恣意的な「発問」などを中

心とした旧来の方法を克服しようとしている点は、高く評価できる。しかし、「仕事学習」の理念が求めつづけてきたはずの「人生観の確立」が、抽象化された文法事項の形式論理次元での「帰納」法に止まったがゆえに、「仕事学習」の「変質」を招くことになったのである。

単元としての「目標」、学習指導過程のそこここでの「目標」の「価値」としての質と、そこへと学習者を常に一歩先へと誘うことのできる「方法」の発見は、今日も特に求められている。

以上、「文学鑑賞」を例にとった「自主的仕事学習」の「指導の実際──展開──」の実態を垣間見ることができた。それは、末尾の指導者自身の反省にもあるように、そこでの学習者自身の「自主的」とされる面の具体は、希薄と言わざるを得ない。それは、どこから来るのか。

「真の芸術とは何か」・「芸術の永遠性」・「人間はいかに生きるべきか」を指導目標とするこの学習指導は、所期の目標であった「自主的に自覚してたてた目標」に即するものであったか。「反省」の冒頭にもあるように、そこでは、この「自覚」の前提としての「読みとり」における「帰納的」な学習が、どこまでも「文法事実を発見させる」ことに終始していたのである。

この「発見」は、「義道のことば」「の意味を具体的に理解」するところには、到達したとする。しかし、この「目標」は、それ自身「読解」の限界を内包していたことを、明らかにしている。教材は、その論旨が、「正確に」押さえられたに過ぎない。

「自主的仕事学習」は、「読解力の欠如」に立ち向かう指導方法として、「欠如」における「学力」観の狭さを、露呈したことになってしまったのではないか。「いかに生きるべきか」への「自主的仕事学習」の指導は、その先にこそあらねばならない。

おわりに

かつて、1955（昭和30）年1月、同校が発表した『祖国の再建をめざす

自主的仕事学習の方法の探求　単元学習の批判と検討を通して　後編　本論並に基底単元系列表』では、「問題解決学習」か「系統学習」かの対立を克服しようと、「社会問題のみの狭義」と「厳密な学術的方法」との高次の統合を求め、「探究的問題」を指向し、さらには、「問題把握」そのものが、焦点化されていった。

さらに、1957（昭和32）年11月発表の『集団思考による　学習指導　自主的仕事学習の方法の探求　第三次発表』では、「国語科における『集団思考』の意義」に始まり、その具体的な方法として、「その第一歩は教師の発問」だとして、さらに、「一問一答ではなく共通の話題へと展開させ、生徒相互の話し合いへと導いていく」ことの大切さが強調され、統合の精神が、なお追究されていった。

しかし、2つの「実践」に表れた「統合」の実態は、むしろ後退したと言わざるを得ない。それは、外発的な旧来の「学力」観により、「変質」をもたらしたものである。「読解と文法との関係」における理論と実践との「統合」は、「学力」観と「指導目標」観との両面から、今日の「総合的な学習」や「問題解決的な学習」の去就に、重い指針を与えてくれている。すでに各章節で指摘してきたように、私たちは、「新教育」が、「受容」されるべく誠実に努力をかさねられた面に学びつゝ、同時に、「受容」を頑なに拒みつづけた外からの「阻害」の力との関係をも、改めて直視しなければならない。現実は、この2つの力のせめぎ合いの中にこそ、ありつゞけているのである。「新しい学習指導要領」の「教室」からの吟味に、生かしつゞけたい。

終章　「新教育」に学ぶ

第3節　全国諸「プラン」との比較

はじめに

　山口県下の「新教育」実践の去就の中で、終始試行錯誤の的になってきたのは、「実践的社会人の形成」と「文化的価値の追究を、いかに統合するかの問題であった。すなわち、「実践的な社会人」を作ることを目ざして「生活教育」を標榜する「新教育」が、「実力低下の非難を浴びせかけられる」といった現実に、日々どう向き合うかの課題であった。
　本節では、本県における「新教育」実践の嚆矢である◎　『光プラン』を軸にして、A　奈良女高師附属小学校　B　山形師範女子部附属小学校　C　長野師範女子部附属小学校　D　千葉県北条小学校　E　兵庫師範明石附属小学校——での「学習構造」の比較を通し、この課題を考察する。
　この課題は、「総合的な学習」「問題解決的な学習」が提唱されている今日、やがて必然的に厳しく求められなければならない。こゝに浮き彫りにされる「学習構造」の理念とその実践への展望とには、学ぶべき点が多く重い。

「各プランの学習構造の焦点」

◎	生活課程・研究課程	C	仮スタンダード
A	しごと・けいこ・なかよし	D	生活学習・分化学習・道具学習
B	中心学習・基礎学習	E	中心学習

1．軸としての『光プラン』

　『光プラン』の「学習構造」は、「生活課程」および「研究課程」の2本柱からなる。【資料1】

　同「プラン」については、第Ⅱ章第1節で、その「国語教育」の位置を中心に考察した。そこでの「生活課程」は、児童生徒の日常の生活に即して、かつ社会的実践力の養成をはかることを原理として、その「目的」「規範」「各論」に亘って、説明されている。中で、その理念は、「生活即問題解決の過程」との見地から、「経験単元」を採用して、「自由奔放な学習指導」を目的としている。それに対して、「研究課程」は、「文化の習得」とその「文化財の創造」を目的とし、いわゆる「中心教科」に対して、とかく「周辺教科」「基礎教科」とて区別される立場を批判して、両面を「相補」する立場を、特に強調している。

　さらに、《特別教育活動》については、特に「人間形成の面からは、すべて『生活科』に統合される」こと、また、《個別指導》については、特に「一人々々の児童生徒の人格形成の最後の領域として最も重要な位置にある」ことが、強調されている。その上で、この「課程」設定の効果を、次のように説く。

(1)　現実の生活における種々の問題を解決していく実力を、身につける。
(2)　問題解決過程において、種々の知識・技能・態度が、付随的に習得される。
(3)　特定の知識・技能・態度を身につける学習の動機となる。
(4)　「研究課程」における分化活動が、学習した知識・技能・態度を総合的に実生活に適用される役割を果たす。

　以上の構造からわかるように、「光プラン」では、「生活課程」における前述の《目的》の構造自体が、すべて「実践」でとじめられつゝも、一方では、次に述べる「研究課程」との相補・統合の関係が常に意識され、その上で、先の「生活課程」との関係をも視野に入れつゝ、「研究課程」の

「任務」が、(1) 経験の組織化 (2) 原理の経験化――亙って、確認される。【資料2】

さらに、以上の2本柱の各論および関係論を踏まえて、なお両者の《関連》についても、確認していく。すなわち、「生活課程」は、「動機づけ」や「応用」に、「研究課程」は、「純粋な価値探求」や「用に備えた保留」に、その使命が確認されている。【資料3】

このように、「光プラン」における「学習構造」の特徴は、「生活に即して」の「社会的実践力」と、創造としての「文化財」の習得との、峻別および統合に、双方向からの細心の考慮が払われている。

しかしながら、「小一年　単元1　たのしい学校」【資料4】や具体的な「年間計画表」【資料5】の示すところは、必ずしもこの崇高な目標に適っているとは言えない。とりわけ後者では、教科書・副読本との対照関係を一覧するに止まってしまっている。

この「設定の根拠」によると、児童を「未分化で自己中心的」と考え、これを「修正し遊びのにも仕事らしいものの分化」を目指そうとしている。また、その「目標」では、「きまりや規則」を認識させることによって、「秩序が保たれ共同生活が楽しく出来る」「他人に迷惑をかけず」に学習を「工夫」することが、設定されている。その結果、「感謝し親しくする態度」が目指され、その意味での「自分の考えをはっきりと言葉や動作に自由に表現できる態度技能」となる。

このように、「新教育」における「実践」上の課題は、理論的に厳しく突きつめられていった成果が、学習指導においては、どのように具体化されるかに、収斂される。他の諸「プラン」における営為は、この課題をどのように克服し得たのか、比較吟味してみたい。

2．奈良女高師附属小学校「学習研究会」の場合

奈良女高師附属小学校には、「学習研究会」による「プラン」が、「しごと」「けいこ」「なかよし」の3本柱を特徴として、その学習構造を明らか

にしている。【資料６】

「たしかな教育の方法」

こゝでは、まず、「生活の組織化」を目標にした学習「指導」が、現実には、「問題」や「しごと」を見出すにおいて、「抵抗や障害」に直面する事実を、直視している。その上で、その「解決や処理の技術」を与え導くために、「生きた知識や思考や技術をおのずから身につける」ための「生活さながらの形態」が、求められていく、としている。「技術」と「生きた」とが、「さながら」によって、統合されようとしている。

「教育形態についての統一見解」

こゝでは、まず、「学校は、教職員と子どもと両親とによって、各自の創意を十分に生かして営まれる民主社会でなくてはならない」を前提にして、「生活の中には、全身全霊を打ち込み共同してしごと（遊び）（ママ）をする部面がなくてはならない」と規定し、次の３項目が、指摘されている。

その上で、「光プラン」が「生活課程」と「研究課程」の統合に腐心したのと同じ原点を、次のように認識している。すなわち、「生活」には、「身体を作っていく生活」と「系統的に発展させていく生活」とがあるとし、この２つの「生活」の統合が、図られていく。

「学習研究会」のプランは、このような理念の上に、「しごと」「けいこ」「なかよし」の３本柱からなる学習指導の構造を説いている。

このように、この「プラン」の特色は、「光プラン」と同様の認識に立ちながら、「能力別編成」にまで踏み込みつゝも、一方では、「なかよし」の学習構造において、さまざまな「奉仕」グループの設定を通して、社会的な自立をも目指している。しかしながら、「主題設定の心」として具体化されている「しごとのめあて」から窺い知ることのできる「工夫」には、指導目標への具体的な展望が、十分ではない。今日の学習指導の構造は、この轍を踏まないで済むのか。

3．「山形女附小プラン」の場合

　「山形女附小プラン」は、その学習構造設定の前提として、「教育目標」および「教育方法」について、次のように説いていく。【資料7】
　「教育目標」「教育方法」における「基本的見地」
　この「プラン」でも、その「目標」において、まずは「従来の系統的知識」を、「再定義」による「実践」によって「統合」しようとすると同時に、「系統的論理的統一」の欠如に配慮がなされている。また、「方法」においては、「中心学習」と「基礎学習」との関連のもと、「作業単元」が、それらを統合するとともに、「知識」「人格」「事項」の「綜合適な発達」が、求められている。
　その上で、本「プラン」は、「学習範囲(Secope)(ママ)」および「Sequence (ママ)」の決定について言及し、前者においては、「社会生活の主なる側面」の網羅を、後者においては、「中心学習」における「基礎知識や技能の発達段階や指導の時期を的確に知る」ことの必要性を強調し、「能力表」や「学年別一覧表」、さらには、「基底単元」の設定により、基礎学力の的確な工夫を、求めている。
　以上の理念に基づき、各学年ごとに「単元の展開」例を示している。中で、「第一学年　私たちの学校」は、まず「目標」を、「学校の楽しさ」から「規律ある生活態度」に至る7項目に亘って整理し、さらに、「中心学習」における学習内容を、具体例で示している。
　また、「基礎学習」については、「国語」を初めとする各教科別に、教科書教材の体系にほゞ即しての内容が、示されている。たとえば、「国語」の場合は、「返事のしかたお話のしかた」等と「ひらがな習得状況の調査」とに分けて、先の2つの「課程」の実践を目指している。
　以上、「山形女附小プラン」も、「中心学習」と「基礎学習」の関連統合を求めつゝ、その「判然と区別」することの困難から、「綜合的な指導」に収斂するに止まっている。

4．長野師範女子部附属小学校「指導の実践記録」の場合

次に、長野師範女子部附属小学校の「指導の実践記録」における「学習構造」は、一般に広く設定された「スコープ」と「シーケンス」との関係の中に、独自に「仮スタンダード」という概念を導入した点に、特色がある。【資料８】

すなわち、「社会生活の主要なる機能」としての「スコープ」と、分析的に捉えないと単元の設定が困難になる「一般的な児童の心身の発達と経験の範囲」としての「シーケンス」の設定の中に、前者には、「自然環境の理解」を、後者には、「スタンダード」なる項目を加えているのである。そこには、児童の「生活環境」（自然的・社会的）こそが、単元設定を具体的に行う最初の手がかりとなる、との謂である。さらには、児童の興味や欲求に照応させながら、しかも、学習目標を明確にしようという意図が、鮮明に表れている。

さらに、具体的には、その構造が、次のように把握されている。

すなわち、一般的な「基礎的課題」を児童の「生活環境」との関わりで照応させると同時に、「統一ある経験」と「連続的系統」との両面からの吟味もがなされ、その上で、「評価基準」との関わりにおいても、勘案がなされている。この「学習構造」の特色である「スタンダード」は、このような位置において、単元設定と具体的につながっている。

このように設定された単元の学習活動は、「中心学習」とされ、生活課題を解決し、生活経験を拡充発展させるべく機能する。一方、「中心学習」は、基礎的に不可欠な力、すなわち、「基礎学習」の修練による成果によって、「円環的に」高められるべく、常に包まれては助長されるともする。その意味で、「中心学習」と「基礎学習」とは、不即不離にして有機的統合の結果、実のある「生活経験」を成立させるとする。

さて、このような「学習構造」の中で、特に設定されている「仮スタンダード」については、「類型化された知識」ではなく「行為を完成する能

終章　「新教育」に学ぶ

力」を、「教科書」よりも「生活」の中の「問題」での「活動」の「統合」を、「知識や技能」は「生活」で、「民主社会」に必要な「知識・技能・態度」を、「系統的な修練」を、「目標」としての「スタンダード」をと確認し、実情の中で、「仮スタンダード」の必要性を、説いている。

その上で、「評価」についても、即して「仮スタンダードに対する評価」、「単元」に対する評価、「学習」に対する評価に分けて、具体的な説明を加えている。

しかしながら、中で、たとえば、「学校の美化」という「課題解決」を目指した学習「箒の使い方」での展開によると、以上の理念は、曖昧なまゝに終わってしまっている。

この「指導の実践記録」にまとめられている「学習構造」は、「具体的な特殊的な現実に処し、合理的に事態をつかんで行為を完成する能力」を目指して、とり分けてその「学習目標」の明確化とて、「仮スタンダード」を設定したはずであった。この「記録」は、自覚を反映していない。

5．千葉北条小学校「コア・カリキュラム」の場合

こゝでは、まず「教育の全体構造」を、(1)　生活学習　(2)　分化学習　(3)　道具学習　(4)　自由研究　(5)　学友会——の５項目に分けた上で、その体系を説明している。【資料９】

その上で、この「プラン」は、「学習構造」を次のように説く。

「学習構造の律動」

(1)　「教科や学習の分類」ではなく、「内からの構造的興味」　(2)　「自然な流れとしての行動化」と「アクティビティーとしての展開」　(3)　「単元」と「課題」　(4)　周辺課程の構造　(5)　周辺課程の学習内容——の５項目が、まず体系的に説明されている。

さらに、本「カリキュラム」は、「基礎能力」について、次のように分類し、説明している。

(1)　「生活能力」の３要素　(2)　「生活学習の基底」　(3)　「道具学習

の基底」

　このような「学習構造」を明らかにした上で、本「プラン」は、「カリキュラム」の実際上での「展開」について、次のように強調している。

　すなわち、「生きた社会的な仕事を完成していく過程」として、まず「生活学習」を構成し、そこから派生して「分化学習」が構成される。「統合経験」では十分ではない、との謂である。したがって、「技術練習」を目指す「場」をも、必要とする。

　このように、本「プラン」では、「学習構造」を、「生活」学習の達成を目指しながら、そこから必然的に求められる「分化」さらには「道具」へと、「基礎能力」を関連づけている。そこには、「経験」にも「要素」を求め、そこから「基礎」を「抽象化」「論理的体系化」していこうとする努力が、なされている。

　さらに注目されるのは、このようにして構成された「カリキュラム」と実際の学習指導の場との関係を、次のように説いている点である。

　すなわち、「コアのための基底単元」「分化学習の基底」「道具学習の基底」は、あくまでも「予備的」である。「実際のカリキュラム」は、児童各自の具体的な「問題環境」の把握を前提にした児童の活動であるとする。したがって、実際には、各学校で決定される「作業単元」としての活動によるとする。

　こゝでは、北条小学校が、その独自の営為によって編み出していった「学習構造」とそれに基づく「カリキュラム」とが、「予備的な性質をもっているに過ぎない」、とされる。

　今日、私たちが、新「指導要領」の示す「総合」ないしは「問題解決」の学習指導を、「各学校」の「創意工夫」に基づいて実践しようとするとき、さらに突き詰めるべき方向を、鋭く指し示していると言える。

6．「明石附属プラン」の学習構造

　本「プラン」では、まず、「学習構造」を、「小学部・幼稚園」「中学部」

に分けた上で、まず中学部「個性探求」について、次のように特記して、体系的な説明をしていく。【資料10】

その1つは、「個別課程」の重視である。そこでは、従来の「一定」「一斉」の「知識や技能」ではなく、「興味」や「適性」を伸ばすことを目指した学習分野としている。また、2つには、学習の「機会」は共通であっても、「指導の着眼」は、「興味」や「適性」を強調し、「個別選択」分野を、重視している。

次に、「中心学習の計画」には、A　「地域社会」の課題を主題により概括した「作業単元」と、B　「社会」の要求と「児童」の要求との交点を、「調査」により設定する「単元」の2類型があるとしている。その上で、いずれもが批判されるのは、「諸活動」を「形式的な概括」で済まそうとする点にあるとしている。したがって、「単元」とは、「綜合的プロジェクト」でなければならない、「要素のつぎはぎ」では単元の構成にはならない、ともしている。「翻訳」することと「まじわる」ことと、「主題」によることと「かみ合わせる」ことの峻別がなされ、その違いは、次のように説明し分けられている。

まず、Aは、「児童性を没却」し、Bは、「モザイク式ユニット」という点で、いずれも「形式的な概括」である、と指摘している。その意味、単元は、「生活上の問題を解決」するための「綜合的プロジェクト」であるとする。「要素のつぎはぎ」ではない、の謂である。

その上で、「中心学習単元構成の順序」は、「目標の体系」に始まり、その段階的な「順序」が、「排列」「設定」「吟味」「確認」「決定」「修正」を繰り返しながら確認し、「活動分析」の「基準」を、「プロジェクト性」の有無にまず置いた上で、「中心学習立案の基準」を、説いていく。すなわち、「包括的」や「児童の興味」や「共同」といった「形式的な単元選択基準」に止まらず、「安定性」のためには、「実質的な基準」が必要である、と説いている。

本「プラン」は、以上のように単元立案に至る過程を詳述した上で、「経験領域」は発展的かつ分化的であるがゆえに、「生活化した教材単元」な

いしは「いわゆる教材単元」を採る方が、学習の能率的効果のためには必要であるとし、各領域別に「生活単元」を採ることの矛盾や欠点が、無用な試行錯誤を生んでいる、と指摘している。

ちなみに、第1学年の単元「めだかすくいや貝ひろいをしよう」の「教育案」は、「立案の基準」「学習指導目標」「本時の目標（例）」からなり、「プロジェクト性」が、示されている。

以上、本「プラン」は、「要素」主義を排し、「綜合的プロジェクト」としての単元を、このように追究していった。

おわりに

これら諸「プラン」における「学習構造」設定のあり方には、共通して、「綜合と分化」の問題が見据えられている。すなわち、「生活経験即問題解決学習の場」として、「社会的実践力」を涵養する「単元学習」は、「経験の組織化」と「原理の経験化」との間で、いずれも揺れ動かざるをえなかった。その結果、現実には、「分化」の発想が目的を見失い、「分化」の弊に陥る宿命を、常に背負っていたのである。すなわち、当初の目標であった「社会的実践力」が、見失われていったのである。

中で、本節で「軸」にした「光プラン」がつとに提起していた「生活課程」と「研究課程」との2本柱による「綜合と分化との並進」の理念と、それに基づく実践上での「相補」の関係としての把握は、同時期における1つの先見性として、注目に価する。

今や、改めて「綜合的な学習」ないしは「問題解決的な学習」が求められているとき、すでに私たちが陥ったとされている「分化」の弊を直視しつつも、「分化」そのものの深化の中から、内発的に求め得るものこそが、真の「綜合」であることを、これらの「新教育」実践における足跡に、学ばねばならない。その焦点は、学力観の再検討であり、その成果に基づく学習指導の「価値」としての目標でなければならない。指標とすべきである。

第4節　「新教育」における「国語（科）単元学習」の評価

はじめに

　先日、ある「研究大会」の分科会では、いわゆる「総合的な学習」に、実践者がどっと押し寄せた。教科別の会場は、それにひきかえ閑散としていた。かつて、1949（昭和24）年の晩秋、同じ会場では、「単元学習」構築の情熱に燃えた先学たちが、「講堂の窓にまで鈴なりになって」固唾を飲んだと言う。この半世紀の教育は、何をしてきたのか。

　1947（昭和22）年、教育基本法とともに公布された学校教育法第21条第2項には、「教材」は、学校と指導者との判断で、教科書以外の「有益適切」なものが、主体的に開発活用される必要性を、説いている。さらには、同年初めて出された『学習指導要領［試案］一般編』の「序論　一　なぜこの書はつくられたか」も、「画一的」、「創意工夫」の「余地」の無さを反省した。【資料1】

　一方、1999（平成11）年3月告示の『高等学校学習指導要領』第4款「総合的な学習の時間」の「1」は、「横断的」「総合的」な「創意工夫」を説いている。【資料2】

　戦後「新教育」における「創意や工夫」は、捨て石だったのか。現在からの内発的な再検討が、待たれている。

1．教科と経験との狭間で

　1950（昭和25）年、山口県萩市立第二中学校の磯部千尋校長は、新カリキュラム構成の成果を多としながらも、「経験を重視するの余り、文化の構造を無視しようとする傾向」を憂えて、「各教科内容を生活経験に即して取扱い、各教科の連絡を保つならば、新教育の目的はりっぱに達せられ

る」とし、「統合は人格としての自我がする」、と喝破している。【資料3】

　こゝには、生活経験に根ざしたコアカリキュラムの実践が陥りつゝあった陥穽を直視しての、厳しい省察がある。

　当時、山口県下では、生活経験を総合的に発展させるためには、各教科をこそ別々の立場で指導すべきであるとする揺り戻しが力を持ち始めていた。また、一方では、各教科の分担する要素の経験が高まらなくては、全体としての経験は高まるはずはない、との論が支配的でもあった。すなわち、指導者に教科としての教育力がなければ、全体としての生活能力は向上することはない、との見解である。

　すなわち、こゝでは、当時としての生活経験に根ざした総合的な「生きる力」を育むという点では一致していながらも、各論となると、旧来の学力観から、「教科」重視に傾きがちであった。この現実の中で、この後者の論が追究したように、要素的経験を有効・能率的に身につけさせるために、教科の系列を考える道が、模索されていった。

　それは、「教科」か「経験」かとの二律背反による曲解から「新教育」の王道を何とかして守りぬこうとする営為であった。先の磯部千尋校長が指摘したように、分化の弊が自覚されたとき、弊そのものを直視して、「教科」そのものの内容を改革することなしには、外発的な「経験による統合」は、児童生徒の「生きる力」を育みはしない。

　今日、「クロスカリキュラム」や「総合的な学習」が外発的に一世を風靡しようとしているとき、まずは、従来の私たちの「教科」指導の営為そのものが、謙虚に直視されなければならない。そこからのみ、必然の「総合」が、あるいは「体験的な学習」をも求めてくるはずである。

2．「個性尊重」の実際

　先年、「新しい学力観」が推進されようとしたとき、「子供の側にたつ国語科の教育」は、「個性重視」の原則を踏まえ、たとえば「子供一人一人の内発的な学習意欲と思いや願いなどに基づいて、そのよさや可能性をい

かしながら、自分のことばでものの見方や考え方を深めたり表現したりする学習活動を展開することが大切である」などの通底した理念で、(1) 一方的な教え込み (2) 指導内容や方法の一定効率化 (3) 教科書中心 (4) ペーパーテスト中心の評価——への厳しい反省を促してきた。また、現行の「指導要領」でも、「一般方針」の冒頭で、先述の「創意工夫」に即して、「個性を生かす教育の充実に努めねばならない」と強調している。それほど、「個性尊重」の実際は、成果をあげてこなかったのではないか。そこには、根本的にどんな隘路があったからか。

　1952（昭和27）年・1953（昭和28）年度、山口県研究指定校として全校挙げて試行錯誤を繰り返していた吉敷郡小郡町立小郡小学校は、『学級における　個性尊重の教育の実際　第一集』を刊行している。「新教育」の一転換期でのことであった。中で、時の末廣源吉校長は、「野性的な生活」の消失を憂え、「躍動」を求め、「児童憲章」の理念の実現を、展望している。【資料4】これは、かつて1946（昭和21）年11月15日、文部省より刊行された『教育指針　第三分冊　第一部　後編　新日本教育の重点』の次の理念を忠実に実践してきた末の試行錯誤の中での苦渋の発言であった。【資料5】

　私たちは、1人ひとりの学習者から「個性」を「汲む」ことには力を注いできた。しかし、そこでは、こゝにいう「社会的連帯」において、やはり「試行錯誤」の域を出ていないのではないか。学習指導目標の再検討が、要る。

3．「基礎学力」観

　このような問題点を孕みながら、「新教育」は、昭和20年代の終わり（1954（昭和29）年）にさしかゝって、「基礎学力」問題を中心にして、大きな転換を外発的に迫られてくる。山口県では、たとえば、山口大学教育学部附属防府中学校の石井遠景教官が、「国語科における　基礎学力とその指導の一断面」と題する論を発表し、実践人の立場からそれに応えよう

とした。

　同教官は、まず、国語科の学力を、総括的にこう示す。【資料６】(第Ⅳ章第４節参照)

　その上で、同教官は、「学力」を、⑴　行為的実践的能力と⑵　基礎学力とに峻別した上で、「基礎学力」を、Ａ　個別的知識・技能と　Ｂ　概括認識能力とに分けて説明する。たとえば、領域「聞くこと」のＡが、「語い」である場合、Ｂは、「話されることがらを確実に聞きとる」他６項目を具体的に提示している。そこには、「言語の要素」としての「語い」が、言語経験の営為において、それを内面的に支持し、経験を遂行させるものであるとする。

　こゝには、旧来の学力観に立った「基礎学力低下」の論に対して、「学力」をその構造において把握し直そうとする努力が、厳しくなされている。すなわち、「言語要素」なる断片個別的な知識技能は、「概括的認識」に内在されて、あらゆる言語経験を処理遂行していくとする。さらには、このような基礎学力の上にたってこそ、「行為的態度」が実現するとするのである。

　一方、玖珂郡本郷中学校では、1954（昭和29）年度の実践を通して、『昭和二十九年度　本校の学習指導――基礎学力の指導――』を著し、「学力の層構造」を簡潔に一覧して、共通理解とした。(第Ⅳ章第２節参照)

　今日、「単元学習」と言い、「総合的な学習」と言い、それが、もし必然的内発的探究の成果として、学習者主体の学習指導の実をあげようとするならば、まずもって、先学たちの汗の結晶としてのこのような「共通理解」に学び、「基礎」学力止まりから「基本」学力開きへと脱皮することこそが、焦眉の急として求められている。

４．「修正」営為

　このような厳しい外発的な批判に対して、カリキュラムの「不断の改造」の必要性を説いて、「修正」営為が、具体的に試みられてもいく。山口大

学教育学部附属（山口）小学校では、「基底単元」での「社会科優位」を否定し、指導者の「最大限の自由」を確認する。【資料7】（第Ⅴ章第2節参照）

さらには、実践上の問題として、各教科の目標が「具体的」であって、初めて「生活基盤」に基づく「学習活動」が展開できる。つまり、「生活」と「価値」との統合こそが、児童の「活動」を保障するの謂である。その結果、「父母の理解」が得られる点をも、指摘している。

その上で、こゝにいう「修正カリキュラム」が、いわゆる「教科カリキュラム」と「生活カリキュラム」との双方の特色を合わせ持つ点について、「過渡的」なのか「止揚」なのか、という根本的な問題提起をもした上で、この方法こそが、従来の教科別学習指導で培われてきた指導力にとっても、その一歩先を示し、児童自身にとっても、「総合的学習」と「教科的学習」との統合として偏ることがない、としている。

一方、同学部附属防府中学校では、いわゆる『光プラン』の実践的克服を目指して、1954（昭和29）年12月、『祖国の再建をめざす　自主的仕事学習の方法の探求　単元学習の批判と検討を通して　前篇』を、翌年1月、その「後篇」を、翌々年10月、その「続編」を刊行し、「仕事学習」を、「課題」の「自主的解決」としての「一切の学習を包含するもの」、と改めて確認している。【資料8】（第Ⅳ章第3・4節参照）

その上で、解決すべき問題を「日常」と「社会」と「学術」の3種に区別して、「生活」が、「生きること」と「探求すること」との2面から捉えられ、即して「生活単元」と「探求単元」との目的別の柱が、確認されている。しかしながら、同時に、実践上の覚悟として、「問題解決学習即系統学習」が、より高次の「問題解決学習」自体の中で成立しなければならない、とも指摘している。

このように、山口県下の「新教育」実践における「単元学習」の営為は、「各校」の真摯な「創意工夫」の中から、内発的に、「修正」されていった。それは、「新教育」の理念を外発的な力からなんとかして守り抜こうとする血の滲むような営為であった。

第4節　「新教育」における「国語（科）単元学習」の評価

おわりに

　今日、私たちは、「新しい」「指導要領」を前にして、とりわけ「総合的な学習」に血路を拓かねばならないとて、足下を忘れかけているのではないか。本節冒頭紹介したような各地の研究大会での「実情」は、この10年の「新しい学力観」に基づく実践営為が、私たち自身の「国語」教室の中で、どのような成果や結果を生んだことを示しているのか。内発的に吟味しないかぎり、展望は生まれない。

　それは、上に学んだように、学力観の再検討を前提にした　①　教科と経験　②　「個性尊重」の実際　③　「基礎学力」観──の具体的な吟味を求める。と同時に、それは、「新しい」「指導要領」が求めている「各学校」や「創意工夫」、さらには、「問題解決的な学習」を、真に学習者主体のものにするかどうかと、1つことである。

　そのとき、こゝに学んだ敗戦後の「新教育」における先学の実践営為の実態は、半世紀を経た今も、否、今こそ、再評価されなければならない。それは、その具体的な営為を、そのまゝ「使える」「使えない」といった次元で受けとめるのではなくて、まずは、その血の滲むような内発的な追究の精神にこそ、学ぶべきである。教育の内実そのものが、風化と自己規制とによって空洞化を余儀なくされていくかに見える今こそ、「新教育」における先学の営為を、捨て石にしてはならない。

初出誌一覧

第Ⅰ章　「新教育」の受容

　第1節　戦後「新教育」出発における国語教育の課題──『学校教育』・『教育研究』両誌を中心に──『国語教育攷』第16号　「国語教育攷」の会　2001（平成13）年4月
　第2節　戦後「新教育」の動向に学ぶ──『全国優良小学校に於ける最新カリキュラムの実践』を通して──『山口大学教育学部研究論叢』第50巻　第3部　2000（平成12）年12月
　第3節　山口県下の「新教育」実践に学ぶ(1)──戦後国語単元学習史研究序説──『山口国語教育研究』第4号　山口国語教育学会　1994（平成6）年7月
　第4節　戦後「新教育」における「修正」営為に学ぶ──山口県光市三井小学校の場合──『月刊国語教育研究』No.284　日本国語教育学会　1995（平成7）年12月

第Ⅱ章　「教科」か「経験」か

　第1節　山口県下の「新教育」実践に学ぶ(2)──『光プラン』単元学習における国語教育の位置──『国語教育攷』第10号　「国語教育攷」の会　1995（平成7）年3月
　第2節　山口県下の「新教育」実践に学ぶ(3)──『桜山プラン』の構造と国語教育──『山口大学教育学部研究論叢』第44巻　第3部　1994（平成6）年12月
　第3節　山口県下の「新教育」実践に学ぶ(4)──「阿武郡国語同人会」の場合──『山口大学教育学部附属教育実践研究指導センター研究紀

要』第6号　1995（平成7）年3月
第4節　山口県下の「新教育」実践に学ぶ(21)――手嶋倫典著『表現学習の進め方』の場合――『山口大学教育学部附属教育実践総合センター紀要』第10号　1999（平成11）年3月

第Ⅲ章　「個性尊重」の実際

第1節　山口県下の「新教育」実践に学ぶ(5)――『生野教育の建設』における国語科「学習誘導案」の場合――『山口国語教育研究』第5号　山口国語教育学会　1995（平成7）年7月

第2節　山口県下の「新教育」実践に学ぶ(7)――高水小学校著『本校の国語指導計画』の場合――『山口大学教育学部附属教育実践研究指導センター研究紀要』第7号　1996（平成8）年3月

第3節　山口県下の「新教育」実践に学ぶ(10)――小郡小学校著『個性尊重の教育の実際』の場合――『山口大学教育学部研究論叢』第46号第3部　1996（平成8）年12月

第4節　山口県下の「新教育」実践に学ぶ(16)――もうひとつの「光プラン」の場合――『山口大学教育学部附属教育実践総合センター研究紀要』第9号　1998（平成10）年3月

第Ⅳ章　「基礎学力」の探究

第1節　山口県下の「新教育」実践に学ぶ(8)――阿武郡福賀小学校著『国語教育研究　読解力伸長の方法』の場合――『国語教育攷』第11号　「国語教育攷」の会　1996（平成8）年3月

第2節　山口県下の「新教育」実践に学ぶ(9)――玖珂郡本郷中学校における「基礎学力の指導」場合――『山口国語教育研究』第6号　山口国語教育学会　1996（平成8）年7月

第3節　山口県下の「新教育」実践に学ぶ(11)――萩・大津地区高等学校

研究会著『基礎学力の実態と対策』の場合――『山口大学教育学部附属教育実践研究指導センター紀要』第8号　1997（平成9）年3月
第4節　山口県下の「新教育」実践に学ぶ⑿――附属防府中学校における国語科「基礎学力」探究の場合――『国語教育攷』第12号　「国語教育攷」の会　1997（平成9）年3月

第Ⅴ章　「修正」営為

第1節　山口県下の「新教育」実践に学ぶ⑹――「教育研究会」著『観察・参加・実習の手引き』の場合――『山口大学教育学部研究論叢』第45号　第3部　1995（平成7）年12月
第2節　山口県下の「新教育」実践に学ぶ⒁――附属（山口）小学校における「生活カリキュラム」の場合――『両輪』第24号　両輪の会　1998（平成10）年2月
第3節　山口県下の「新教育」実践に学ぶ⒂――附属（山口）小学校における「修正教科カリキュラム」の場合――『山口大学教育学部研究論叢』第47巻　第3部　1997（平成9）年12月
第4節　山口県下の「新教育」実践に学ぶ⒅――「光プラン」の推移と国語教育――『国語科教育研究論叢』第2号　九州国語教育研究懇話会　1993（平成5）年3月

第Ⅵ章　「新教育」の去就

第1節　山口県下の「新教育」実践に学ぶ⒀――光附属小中学校における尾崎家連教官の場合――『山口国語教育研究』第7号　山口国語教育学会　1997（平成9）年7月
第2節　山口県下の「新教育」実践に学ぶ⒄――「学習指導上の問題点とその指導」の場合――『国語教育攷』第13号　「国語教育攷」の

　　　　会　1998（平成10）年3月
　第3節　山口県下の「新教育」実践に学ぶ⒆――「自主的仕事学習」の推移――『山口大学教育学部研究論叢』第48巻　第3部　1998（平成10）年12月
　第4節　山口県下の「新教育」実践に学ぶ⒇――「自主的仕事学習」の去就――『国語教育攷』第14号　「国語教育攷」の会　1999（平成11）年3月

終章　「新教育」に学ぶ

　第1節　山口県下の「新教育」実践に学ぶ㉒――桜山小学校著『単元展開の資料と手引』の場合――『山口大学教育学部研究論叢』第49巻　第3部　1999（平成11）年12月
　第2節　山口県下の「新教育」実践に学ぶ㉓――「自主的仕事学習」の変質――『山口大学教育学部附属教育実践総合センター研究紀要』第11号　2000（平成12）年3月
　第3節　山口県下の「新教育」実践に学ぶ㉔――諸「プラン」との比較を通して――『国語教育攷』第15号　「国語教育攷」の会　2000（平成12）年4月
　第4節　昭和二十年代の国語教育――「新教育」における「単元学習」は、捨て石だったのか――『月刊国語教育研究』No.326　日本国語教育学会　1999（平成11）年9月

あ と が き

　1990（平成2）年、私は、山口に赴任して、国語（科）教育の実践と研究での新しい地平を伐り拓くべく、模索を始めていた。
　その秋のこと、初めて訪れた山口大学教育学部附属光中学校で、偶然私の心を捉えたのは、「山口大学山口師範学校光附属中学校沿革史Ⅰ　昭和二十二年度」に始まり、同「二十六年度」に至る草稿の束であった。これらは、後、1966（昭和41）年11月3日に発行の『付属（ママ）光小五十年のあゆみ』や、とりわけ1969（昭和44）年12月1日に発行の『山口大学教育学部　附属光中学校史料二十年史』にまとめられたものであった。
　中で、注目したのは、この草稿が、後者発行当時同中学校山本利行教頭の収集・整理になる資料であり、敗戦直後からの同校における「新教育」模索の足跡である事実であった。そこには、とりわけ「光プラン」と呼ばれつゞけてきた実践研究体系が、脈々として踏まえられてきていた。中でも、その主導者であった益井重夫主事（教育学部教授）の「生活課程」と「研究課程」との統合の理論は、「新教育」実践の現実を厳しく踏まえた研究の成果であって、今日の「学力」論をも照らし出すものであった。
　この出会いを契機に、私は、これらの資料に登場される指導者を、県下に尋ねては、「新教育」実践での営為の重厚な理論と精神とに、教えられた。また、学習指導の場に参入した学校で、独自の「新教育」実践研究営為の足跡に、触れる幸いをも得た。そこでの今日の指導者の探究の姿勢や児童生徒の瞳の輝きに、私は、戦後半世紀のとりわけ国語（科）教育のしくみと歴史とに、如何に学ぶべきかを、豊かに教えられつゞけた。
　この間、1993（平成5）年、私は、広島大学教育学部大槻和夫教授のもとに、「内地留学」を許された。そこでは、吉田裕久助教授（当時）にも導かれ、大学院生の厳しい演習の場をも、ともにさせていただゞいた。そこでの「新教育」についての私の発表は、目的・内容・方法についての至ら

なさばかりを、露呈するものであった。学恩には、未だ応えていない。
　爾来、突き動かされては、学会・研究会・学会誌等、機会を求めて発表しながら、この貴重な県下の「新教育」実践研究の視点から、今日の混迷を極める国語（科）教育の採るべき指針を、明らかにしようと決意した。顧みると、この間、まとめることのできた論考は、28編になっていて、相互の関係は、荒削りながら、ほゞ1つの体系をなしていると見えた。
　この間、野地潤家先生からは、六甲の坂道でのお励まし以来の身に余るお導きを、賜りつゞけてきた。とぼとぼとした私の歩みに、この遥かなる灯火は、常に奮起を促しつゞけてくださった。
　また、故稲賀敬二先生は、ご逝去の寸前まで、お励ましのことばで、じっと見守りつゞけてくださった。改めて、墓前に深謝を捧げたい。
　長谷川孝士先生からは、「土曜会」以来、「国語教育攷の会」を通し、私の「新教育」についての発表に、具体的なご指摘を賜りつゞけた。
　浜本純逸先生には、「新教育」研究の今日における意義を通して、折々節々に、貴重な資料をも賜り、励ましつゞけてくださった。
　また、渡辺春美、山元悦子、河野智文各氏の研究姿勢やその成果には、多くのことを、学ばせていたゞいた。
　なお、県下「新教育」の実践・研究に精根を傾けてこられた次の方々には、折々節々、随所で、ことばには尽くせない学恩を、忝くしてきた。末筆ながら、その営為には、改めて敬意を表したい。
　小河正介、山本房雄、木原孝行、皆元正造、山部章、河本新太郎、福本幸夫、藤沢博、河村龍弌、尾崎家連、貝出政男、佐竹英夫、大楽義人、柳野恒夫、山本利行（敬称略。順不同。）
　関わって、故益井重夫教授のご子息益井清紀氏には、尊父のご蔵書・ご遺稿に触れる貴重な機会を、忝くした。深謝申したい。
　このとき、野地潤家先生からは、是非刊行を、との過分のおことばを、賜った。ひとたびは、上記の体系でのまとめに踏み切ろうとした。野地潤家先生は、全体を整理し、(1) 本文編　(2) 資料編　(3) 説述編——の3編にまとめるよう、切々と説いてくださった。それから、不遜にも、1年

あ と が き

　の月日が、便々と流れた。今、ようやくお応えすることになった。
　顧みると、私が敗戦を京都で迎えたのは、小学校（国民学校）２年生のときであった。爾来、「新教育」の受容とその去就の歴史は、私が国語(科)教育への道を歩み始めるまでの学習歴と、ほゞ重なる。この「歴史」に学ぶことは、重ねて、私自身の国語（科）教育学習個体史の骨子をもなすはずである。野地潤家先生のお導きに、奮起せずにはいられない。
　私事にも、及びたい。詩人故兄研一は、同じ広島で学び、敗戦の歳、卒業の春徴兵され、米軍迎撃をとの無謀な訓練に、阿蘇大矢野原で耐えた。後、兄は、1966（昭和41）年８月、長詩「大矢野原」を、こう結んでいる。
　○　そのまゝ小さく痩せていってはならぬ兵のために　／　大矢野原の
　　月あかりの下に渺々と蒼い数日の静寂があった
　私は、この決して「痩せていってはならぬ」戦後に、教育が握り締めるべき拠点を、兄に学んだ。今、本著を墓前に捧げる。
　末筆ながら、本著刊行に際し、こまやかな指導を賜った溪水社の木村逸司社長と同社寺山静香氏とに、厚くお礼を申し上げる。
　なお、本著刊行に際しては、所属の宇部フロンティア大学当局からの支援をも賜った。記して、感謝の意を表したい。

　　2005（平成17）年　初夏に　　妻夏子、息子太郎と次郎とに、支えられて。
　　　　　　　　　　　　　　　　　　　　　　　　　加　藤　宏　文

事 項 索 引

あ行
明石プラン 212, 311
新しい学力観 10, 22, 30, 42, 47, 48, 50, 56, 78, 97, 115, 116, 120, 123, 130, 137, 140, 150, 154, 161, 162, 164, 166, 168, 170, 180, 185, 187, 202, 206, 208, 210, 217, 225, 226, 237, 238, 244, 246, 258, 269, 315, 319
新しい教育観 88
阿武郡国語同人会 86, 87, 95, 96, 97, 246
阿武郡同人会 97
暗記 266
意義 45, 190
生きぬく力 263
生きる力 3, 4, 6, 10, 149, 150, 170, 193, 226, 245, 250, 251, 258, 259, 269, 278, 288, 290, 293, 297, 315
生野教育 115, 116, 117, 118, 119, 121
意識 266
一問一答主義 183
一覧表 46
五日制 63
一貫基礎教育 61
一斉授業 43
イデオロギー教育 55
イメージ 266
意欲 96
　——・関心・態度 204
ヴァージニア・プラン 208
歌 243
運用力 254
絵日記 136

か行
演出力 233
横断的 40, 149, 150, 314
　——・総合的な学習 150
応用 306
小郡小学校 131, 139, 316
覚え書 25
音声 19
　——・文字 4
音声言語 124
　——重視 233
　——中心 270
音読 125, 204

か行
概括 121
　——的な能力 165
　——的能力 7, 163, 167, 254
　——認識能力 191, 317
　——認識力 186
　——能力 176
概括的認識 186, 251, 317
　——能力 165, 166, 168, 169, 249
　——力 165, 166, 167
ガイダンス 52, 197
下位問題 267
会話や討議 66
科学教育 16
科学性 154
科学精神 17
科学的 22, 34, 43, 161
科学的解釈 175
　——研究 225
　——精神啓培 16
　——な調査 58
　——能力 35
書き方 223, 247
書き出し 240, 301

329

書取　166
　──ドリル　167
書き取り練習帳　167
書き取る　277
書く　83, 94, 125, 144, 165, 167, 203, 282
　──こと　24, 25, 26, 101, 119, 124, 125, 249, 276
画一　29, 31
　──教育　16
　──主義　7
　──性　115
　──的　314
各学校　4, 10, 20, 150, 279, 282, 289, 291, 311, 319
学習　93, 106, 270
　──意欲　177, 178, 223, 234, 294
　──過程　257, 260
　──経過　53
　──形態　33, 53, 107, 118, 234, 251
　──研究会　306, 307
　──効果　225
　──成果　143
　──全体構造　81, 281
　──態度　299
　──段階　143
　──内容　33, 46, 93, 185, 190, 213, 222, 232, 257, 258, 310
　──能率　55
　──能力　35
　──場面　208
　──範囲（Secope）　6, 67, 75, 78, 80, 82, 208, 222, 308, 309
　──プラン　35
　──法　84, 173
　──方法　266, 299
　──目標　36, 58, 59, 94, 101, 104, 118, 251, 252, 285, 309
　──誘導案　115, 120, 121
　──領域　74

学習課題　190, 208
　──設定　190
学習活動　37, 38, 39, 41, 84, 110, 118, 119, 120, 124, 138, 143, 144, 185, 190, 213, 220, 222, 231, 253, 258, 261, 267, 295, 297, 316, 318
　──展開案　118
　──例　200, 223, 224
学習（教）材　3, 16, 20, 21, 59, 91, 94, 99, 105, 120, 124, 137, 156, 157, 173, 175, 178, 185, 200, 201, 210, 219, 233, 234, 240, 251, 257, 301, 314
　──化　138
　──開発自在　258
学習計画　34, 94, 107
　──案　80
　──表　73, 75, 76, 78, 277
　──力　226
学習経験　46, 48, 180
　──内容　37
学習構造　304, 306, 309, 311
　──設定　308
学習指導　52, 120, 140, 153, 156, 162, 165, 166, 173, 174, 175, 177, 183, 185, 197, 201, 202, 231, 237, 246, 248, 251, 257, 263, 270, 271, 272, 274, 276, 278, 298, 303, 313, 317
　──案　197
　──過程　94, 301
　──記録　82
　──計画　94, 116, 136, 286
　──細案　231
　──実施計画　70
　──内容　190
　──の細目　70
　──法　52, 136, 161, 185, 252, 255, 271
　──目標　3, 20, 27, 37, 40, 118,

事項索引

123, 125, 130, 202, 210, 266, 278, 287, 290, 292, 313
学習指導要領 4, 10, 11, 31, 40, 45, 83, 95, 170, 199, 209, 248, 303, 314
　——及能力表　95
　——一般編［試案］　31, 70, 213, 220
　——国語科篇［試案］　9, 18, 29, 44, 45, 67, 70, 72, 90, 98, 115, 119, 122, 125, 153, 182, 244, 314
学習者　160, 190, 257, 265
　——集団　293
　——主体　59, 71, 115, 143, 149, 172, 194, 208, 218, 258, 270, 278, 288, 290, 317
　——主体と指導　30
　——中心　11, 62, 145, 147, 177
　——の関心　231, 232
学習単元　190, 204, 261, 263
　——展開案　257
学習展開　141, 147
　——案　80, 83, 216
学習問題　263, 267
　——解決　272
学術的方法　265
学年別一覧表　308
学問体系　221
学問的体系　171, 173
学問的系統的研究　201
学友会　310
学力　3, 4, 6, 10, 22, 39, 48, 58, 62, 105, 106, 108, 111, 127, 144, 145, 145, 149, 151, 159, 163, 165, 166, 170, 172, 173, 175, 176, 177, 178, 184, 186, 193, 194, 210, 218, 225, 226, 234, 238, 240, 250, 253, 268, 269, 273, 281, 284, 291, 293, 297, 317

　——観　4, 7, 9, 27, 34, 35, 40, 47, 48, 105, 109, 112, 145, 150, 150, 163, 173, 173, 233, 249, 253, 258, 263, 270, 278, 279, 284, 290, 303, 313, 315, 317, 319
　——向上　177
　——構造　254
　——調査　184
　——低下　164, 172, 184, 186, 248
　——テスト　166, 167
　——の層構造　317
　——の低下　172
　——不振　171, 176, 178, 184
　——不足　233
　——論　226, 245, 246, 291
　——論争　7
課題　110, 123, 264, 310
　——意識　262
　——設定力　226, 265, 275, 295
　——発見力　211, 214
　——表　80, 82
課題解決　310
　——学習　32
　——の単元学習法　75
　——力　226, 265
価値　3, 6, 9, 19, 20, 22, 27, 37, 47, 59, 97, 109, 110, 111, 113, 122, 185, 251, 266, 275, 287, 288, 296, 301, 302, 306, 313, 318
　——学習　211
　——的高度化　213
　——目的　19
　——目標　252, 289, 290, 294
学級　135
　——新聞　129, 129
学校教育　18
　——法　314
学校新聞　127
学校図書館　247

331

活性化　259, 270, 278, 283, 290, 295
活動　66, 262
　──能力　66
過程　25, 27, 190
紙芝居　39, 69, 70, 120, 147, 223, 286
　──化　106
カリキュラム　29, 30, 31, 35, 36, 37, 38, 39, 40, 41, 45, 46, 50, 56, 59, 60, 63, 64, 73, 81, 98, 125, 198, 207, 208, 218, 220, 223, 228, 255, 287, 310, 311, 317
　──計画案　214
　──構成　34, 210, 314
　──構造　89
　──評価　214
仮スタンダード　304, 309
カリフォルニア・プラン　208
考える学習　160
環境実態調査　117
環境要因　156
観察　27, 196, 198, 205
　　──記録　281
観察・参加・実習　196, 197
　　──の手引き　196, 218
漢字　157, 166, 167, 204
鑑賞　69, 174, 239
　──力　165, 233
感情　277
関心　35, 150, 216
　　──・意欲・態度　59, 151, 178, 192, 203, 253
感想文　243
漢文理解力　176
関連　23, 26, 71, 81, 116, 118, 141, 269, 286, 300
　　──学習　91
　　──課程　118, 119, 121
　　──指導　70
帰依考　116

聞き方　103, 252
聞く　11, 65, 83, 94, 103, 119, 125, 126, 127, 144, 156, 165, 203, 247, 249, 277, 282
記述　25
技術　74
　──能力　239
　──練習　311
基準　51, 69, 170
　──性　48, 85
基礎　20, 30, 78, 81, 136, 157, 164, 168, 238, 272
　──課程　209, 215
　──・基本　47, 59, 103, 115, 162, 163, 164, 170, 187, 193, 208, 210, 234, 245, 259, 294
　──教科　305
　──知識　308
　──調査　101
　──的　153, 154
　──的課題　309
　──的・基本的　96, 162, 168, 170
　──的技能　190
　──的知識技術　53
　──的知識技能　54, 171, 172
　──的知識・技能・態度　164
　──的（道具的）訓練　77
　──的読解能力　158
　──的な言語活動　232
　──的な知識　75
　──的な能力　70, 77, 187
　──能力　310
　──読み　156
　──練習　298
基礎学習　33, 34, 51, 52, 141, 147, 209, 216, 304, 308, 309
　　──課程　51, 52, 56, 57
基礎学力　4, 7, 8, 10, 11, 20, 30, 32, 33, 34, 35, 40, 41, 51, 53, 54, 55, 57, 109, 121, 122, 150, 153, 162, 163, 164, 165,

事項索引

166, 167, 168, 169, 170, 171, 172, 173, 174, 175, 176, 177, 178, 179, 182, 183, 185, 186, 187, 191, 192, 193, 194, 209, 226, 238, 239, 240, 244, 247, 249, 251, 253, 254, 255, 258, 270, 271, 288, 293, 294, 316, 317
　──一覧表　186, 249
　──観　249, 319
　──低下　187, 317
　──能力表　174
　──批判　181
　──不振　177
基礎技能　74, 85, 88, 111, 156, 217, 233, 235, 283, 284, 286, 301
　──学習　74, 76, 281
基底　141, 145, 263
　──表　200, 225
基底単元　141, 142, 147, 190, 193, 224, 262, 308, 311, 318
　──一覧表　189
　──表　142, 144, 145, 222
基底単元系列　257
　──表　256, 271, 303
技能　31, 35, 37, 69, 103, 110, 145, 148, 149, 156, 189, 252, 258, 286, 308
　──課程　83
　──目標　294
機能主義的学力観　194
機能的主題　124
基盤方式　80, 81, 82
基本　20
　──学力　7, 11, 20, 109, 150, 226, 258, 265, 268, 270, 294, 317
　──技術　197
　──的活動能力分析表　63, 64, 66
　──的段階区分　264
　──的能力　101, 251

　──分析表　64
基本的活動分析　65, 67
　──表　63, 65, 66
客観的系統　261
教案　204
教育案　313
教育課題　153, 154
教育課程　4, 29, 45, 46, 48, 50, 51, 52, 59, 63, 80, 82, 87, 88, 89, 90, 117, 122, 131, 149, 162, 170, 182, 193, 194, 200, 220, 235
　──審議会　149, 162
　──表　63, 64, 67, 229
　──論　245
教育基礎調査　39
教育基本法　179, 212, 220, 314
教育計画　37, 57, 82
教育形態　307
教育研究　18
教育指針　316
教育的価値　294
教育的効果　84
教育的効用　283
教育的精選　294
教育内容　170, 173, 256
　──分析表　263
教育範囲　88
教育方針　50, 51
教育方法　294, 308
教育目標　29, 33, 34, 50, 51, 63, 64, 76, 80, 81, 82, 91, 189, 212, 214, 218, 219, 220, 256, 257, 274, 308
教科　8, 10, 37, 38, 41, 85, 100, 111, 112, 113, 118, 119, 153, 171, 172, 173, 177, 185, 188, 209, 217, 220, 222, 243, 255, 260, 314, 315
　──学習課程　221, 224
　──科目　284, 295

333

──カリキュラム　45, 46, 48, 61, 64, 73, 77, 88, 89, 195, 218, 222, 318
　　──主義　199, 207
　　──単元　284
　　──単独の課程　117
　　──的学習　219, 318
　　──的指導　195
　　──と経験　4, 6, 30, 319
　　──内容　219, 314
　　──の生活化　73, 195
　　──別学習指導　318
　　──別指導　219
　　──別年間計画　221
　　──別能力表　221
　　──や学習　310
教科課程　29, 39, 100, 102, 120, 121
　　──国語科　120
教科中心　144
　　──のカリキュラム　122
教（学習）材　21, 22, 27
　　──開発　10, 21, 55, 70, 277
教科書　10, 16, 21, 22, 27, 44, 46, 48, 55, 59, 60, 75, 90, 93, 95, 98, 100, 157, 174, 200, 201, 217, 220, 226, 233, 240, 241, 268, 294, 310, 316
　　──学習（教）材　67, 78, 84, 205, 217
　　──中心主義　10, 48, 115, 130
共感的支援　10
共感的評価　115, 258
教材開発力　295
教材活用力　295
教材カリキュラム　96
教材研究　238, 252, 299
教材収集力　295
教材単位　188
教材単元　124, 125, 188, 219, 232, 257, 312
教材透視力　295

教師中心　132
教授能率　179
教授法　177
共通経験　298
共通単元　264
共通的問題意識　275, 276
郷土　47, 116, 117
　　──教育　16
　　──資料　55
協同　129, 192, 193
　　──意識　215
　　──学習　6, 43, 93, 148, 163, 295
　　──作業　298
　　──的集団的意識　298
　　──奉仕　17
興味　35, 150
　　──的要因　155
興味・関心　35, 40, 41, 145
　　──・意欲　170
　　──・態度　48, 71
記録文　129
口ことば　105
クラブ活動　58, 209
グループ　44, 105, 136, 276, 286, 307
　　──学習　55, 105, 131
　　──指導　132
クロス　224
　　──・カリキュラム　208, 315
計画　262
　　──案　210
　　──と構成　45
　　──表　205
経験　8, 10, 30, 32, 36, 37, 38, 53, 77, 80, 81, 85, 95, 100, 106, 108, 111, 112, 113, 120, 137, 143, 153, 163, 165, 181, 183, 215, 217, 221, 224, 227, 248, 249, 254, 270, 287, 290, 295, 311, 314

事項索引

——化 68
——学習 56, 60, 106, 132, 139, 146, 147, 149
——カリキュラム 44, 45, 46, 48, 61, 62, 64, 73, 88, 221
——単元 92, 98, 188, 257, 305
——的な単元 221
——的要因 155
——の組織化 68, 234, 235, 306, 313
——要素表 80, 82, 83
——領域 92, 312
経験主義 4, 55, 64, 96, 102, 103, 115, 125, 153, 172, 173, 187, 188, 203, 226, 240, 244, 248, 249, 251, 253, 257, 287
——国語教育 62
——単元学習 132
——的 233
経済的生活単元 260
形式教授 132
系統 21, 57, 261
——化 193, 227, 297
——学習 188, 189, 257, 260, 264, 303
——主義 4
——性 58, 126, 130, 140, 150, 168, 178, 190, 300
——的 10
——的個別的指導 217
——的指導計画 209
——的知識 220, 308
——的な学習 201
——的論理的統一 308
系列 55, 262
劇 99, 120, 136, 157
——化 38, 39, 69, 70, 71, 106, 217, 298
研究科国語 65, 66
研究課題 139
研究課程 8, 11, 63, 64, 65, 68, 70, 88, 228, 232, 234, 240, 255, 260, 271, 291, 304, 305, 307, 313
——各教科教材単元発展一覧表 229, 232
——各教科年間計画表 63, 67, 228, 229, 232, 233
研究課程国語科 68
——学習指導案 69, 240
——単元 69
研究・教科 7
研究協議 135
研究授業 57, 135
研究主題 256
研究動機 136
研究目標 135, 137
言語 17, 74, 76, 77, 95, 98, 101, 113, 165, 187, 226, 249, 274, 276
——化能力 146, 147
——観 112, 275
——感覚 19, 170
——技術 65, 124, 274, 275
——技能 190, 191, 263, 275
——教育 27, 112, 206
——経験 46, 93, 99, 102, 112, 122, 124, 180, 186, 187, 191, 249, 250, 263, 274, 317
——行為 104, 107, 108
——作品 45, 46, 129
——事項 168, 187, 239, 254
——使用力 165
——能力 44, 65, 84, 90, 123, 165, 186, 187, 191, 200, 204, 246, 249, 250, 252, 263
——の学習 111
——の教育 26, 27, 58, 59, 206
——の要素 317
——発達段階 92
——発表 66
——文化 254

335

――力　299
言語活動　65, 66, 67, 100, 102, 104,
　　105, 106, 120, 128, 129, 183,
　　206, 232, 233, 268, 274, 276,
　　289, 299
　――力　121, 254
言語機能　102, 104, 155
　――主義　123
言語生活　101, 110, 123, 203, 244
　――単元　101
言語要素　90, 129, 186, 187, 191,
　　249, 250, 252, 268
言行一致　278
健康課程　83
健康教育　209
検証指導　299
厳選　131, 170, 194, 210, 268, 294
現代文解釈力　176
憲法　179
原理の経験化　234, 306, 313
個　48, 51, 52
語　167
コア　188, 205, 311
コアカリキュラム　62, 64, 77, 98,
　　127, 153, 197, 199, 205, 207,
　　210, 222, 310, 315
　――委員会　199
語彙　3, 156, 166, 167, 239, 242,
　　247, 249, 277, 317
行為的態度　249, 250, 317
合科　208, 224
構成活動　55
構想　123
構造的興味　310
行動　80, 211
　――学習　261, 291
　――的学習　188, 259
　――の目標　80
　――場面　267
高等学校学力検査　174
口頭発表　298

公民　17
　――学課程　16
広領域教科カリキュラム　62
語学主義　123
五箇条ノ御誓文　17
国語　74, 76, 78, 79, 84, 85, 88,
　　89, 98, 102, 103, 104, 108, 111,
　　118, 127, 137, 144, 147, 154,
　　157, 165, 166, 170, 186, 188,
　　189, 193, 194, 206, 217, 222,
　　232, 258, 284, 297, 308, 319
　――学力　166
　――カリキュラム　95
　――環境　125
　――教育　76, 106, 123, 125, 153,
　　182, 183, 188, 248, 305
　――教科書　87, 88, 89, 92, 93, 94
　――生活　286
　――能力表　126
　――標準学力テスト　158
　――力　237, 244
国語科　83, 101, 102, 108, 112, 117,
　　118, 122, 127, 135, 137, 153,
　　164, 165, 166, 167, 171, 173,
　　174, 176, 183, 185, 186, 189,
　　191, 192, 197, 200, 201, 204,
　　206, 228, 233, 246, 248, 262,
　　265, 268, 274, 277, 278, 282,
　　299, 303, 315
　――基礎学力表　181
　――基底単元系列表　269
　――教育単元学習　180
　――教科書教材　286
　――主題単元学習　5
　――能力表　115, 119
　――の基底　190
国語（科）学習指導　90, 91, 97, 116,
　　128, 138, 153, 156, 178, 183,
　　200, 204, 244, 247, 248, 274
　――案　197, 204, 247
　――の計画　126

事項索引

──法　153, 183
──略案　300
──力　116
国語（科）教育　76, 78, 82, 83, 84, 87, 90, 99, 112, 113, 116, 119, 125, 170, 178, 180, 182, 184, 193, 196, 207, 210, 217, 228, 235, 237, 241, 244, 246, 248, 252, 254, 255, 265, 271
　──課程　45, 48
国語（科）単元　181, 223, 262
　──学習　62, 77, 92, 93, 94, 112, 153, 181, 189, 201, 218, 224, 225, 281, 314
国語学習　118, 156
　──指導の具体的展開例　127
　──指導目標　125, 127
　──の範囲と目標　68
国語基礎学力　165
　──一覧表　166
国語指導　159
　──計画　104
国際化　131
　──社会　3
　──・情報化社会　10
国際協調　17
国際平和　16, 17
国際理解　59
国体護持　16
国定教科書　17, 204
心の教育　16
個人　66, 118, 192, 264
　──差　101, 103, 133, 156, 157, 159, 160, 182, 183, 202, 234, 252, 299
　──指導　180, 181, 241
　──的問題意識　276
　──の自覚　17
個性　18, 23, 29, 34, 42, 43, 47, 48, 59, 60, 61, 62, 64, 86, 96, 102, 106, 108, 113, 121, 132, 133, 134, 135, 138, 139, 162, 164, 168, 170, 186, 187, 193, 194, 202, 204, 273, 274, 278, 316
　──化　52, 133, 273, 276
　──教育　132, 133, 139
　──・個人差　280
　──重視　315
　──尊重　6, 8, 10, 18, 30, 115, 122, 131, 132, 133, 134, 135, 136, 138, 139, 292, 315, 316, 319
　──的　161
　──的表現力　226
　──の完成　16, 47
　──の伸張　27, 28, 59, 131
　──の尊重　4, 6, 10, 24, 130, 131, 135, 137, 140, 144, 151, 232, 244, 252, 258, 259, 264, 273, 295
ごっこ　55, 143, 144, 147, 148, 149
　──学習　55
古典　232
ことば　21, 44, 58, 59, 66, 106, 120, 147, 151, 157, 165, 200, 202, 275, 278
　──の機能　26
　──の力　66, 115, 116, 120, 121
古文解釈力　176
個別　191
　──化　52, 183
　──学習　131, 134
　──課程　312
　──指導　58, 132, 137, 139, 167, 177, 205, 234, 305
　──的知識・技能　249, 317
　──補導　58
語法　125, 166
語論　300

さ行

細案 231
作業課程 100, 102
作業教育 207
作業単元 37, 39, 45, 46, 85, 92, 93, 106, 195, 283, 284, 286, 312
　　——構成 95
作文 69, 70, 101, 103, 110, 119, 223, 300
　　——教育 242
　　——指導 26
　　——力 237, 238, 241, 242
桜山教育修正プラン 72, 279
桜山教育プラン 72, 86, 98, 279
桜山小学校 279
桜山プラン 8, 72, 73, 75, 76, 77, 78, 79, 81, 83, 84, 85, 88, 287, 288
参加 196, 198
詩 132, 137, 139, 223, 233, 243, 277
試案 126, 127, 128, 130
支援 11
自我意識 215
自学 117
　　——自習 181
シークェンス 6, 67, 75, 78, 222, 308, 309
思考 275
　　——活動 272
　　——能力 246
　　——力 96, 149, 156, 170
思考・認識 40, 58
　　——・創造 3, 6, 27, 166, 283
自己学習能力 194
自己学習力 24, 28, 62, 94, 146, 170, 187, 208, 211, 234, 254
自己実現 47, 96, 97, 115
しごと・けいこ・なかよし 304, 306, 307
仕事（単元） 130, 189, 193, 260

　　——学習 8, 11, 185, 188, 189, 190, 191, 192, 193, 194, 256, 259, 262, 264, 268, 269, 271, 274, 292, 293, 297, 299, 301, 318
自己反省 253
自己批評 25
自己評価 70, 110, 134, 146, 192, 253
自己表現 250
自己変革 146, 264, 278
自作テスト 168
視写 252
自主的学習 185, 259, 297
自主的活動 192
自主的協同 163
自主的思考活動 259
自主的仕事学習 185, 188, 191, 255, 262, 271, 278, 291, 293, 298, 302, 318
自主的・実践的研究 226
自主的展開 292
自主的問題解決学習 191
自然学習 74
自然発生単元 213
自然発生的の単元 199
視聴覚 161
　　——教育 163
　　——教材 55
しつけの系統 57
実習 196, 198
実生活 201
実践記録 53, 136, 138, 210, 214, 216, 217
実践研究（授業研究） 135, 139
実践国語教室 248
実践的社会人 304
実践的能力 7, 163, 165, 176, 253
実践能力 165
実態 75, 109, 154, 174, 244, 251
　　——調査 31, 32, 34, 35, 41, 45,

事項索引

　　　47, 50, 63, 64, 66, 84, 90, 123,
　　　136, 143, 147, 158, 159, 164,
　　　174, 213
　　──把握　159, 167
実力低下　45, 304
実力養成　87, 98, 228, 255
指定学習誘導案　119
指導　270
　　──案　69, 222, 238
　　──活動　253
　　──過程　38, 85, 240
　　──技術　238
　　──計画　69, 71, 107, 123, 183,
　　　190, 203, 210, 219, 230, 240
　　──形態　273
　　──系統表　57
　　──体系　178, 190
　　──段階　138
　　──の実践記録　309
　　──方法　4, 131, 149, 157, 160,
　　　210
　　──目標・内容　10, 11, 38, 46,
　　　53, 83, 84, 105, 113, 143, 147,
　　　148, 166, 193, 200, 213, 226,
　　　240, 262, 264, 288, 299, 303,
　　　307
　　──要領　41, 50, 61, 85, 125,
　　　150, 154, 162, 186, 279, 291,
　　　311, 316, 319
　　──力　180
指導者　237, 270, 288, 290
　　──集団　39, 59, 60, 106, 108,
　　　135, 139, 150, 169, 180, 210,
　　　212, 237, 255, 278
指導内容　4, 57, 230, 316
　　──・計画・方法　217, 224
　　──と方法　185
児童憲章　316
児童中心　132, 139
児童の興味　44, 312
児童の行動　81

児童の実態　280
児童の生活　219, 224
児童の要求　81, 195
自発的研究　294, 295
社会　47, 66, 118
　　──化　273
　　──学習　74
　　──課題　265
　　──活動　36
　　──機能　33, 208, 280
　　──教育訓練機関　16
　　──協同性　188
　　──性・批評性　26, 28, 35, 120
　　──的課題　265
　　──的環境　196
　　──的関係　272
　　──的共同性　259
　　──的協同性　185, 258
　　──的経験　246
　　──的実践的関心　163
　　──的実践力　290, 306, 313
　　──的責任　113
　　──的態度　278
　　──的要求　64, 111, 122
　　──の秩序　47
　　──の要求　44, 81, 229, 231, 232,
　　　312
社会科　30, 31, 34, 36, 37, 38, 197,
　　　224
　　──的単元　175
社会生活　148
　　──機能　34
社会連帯　64
　　──性　61
周域学習　31, 74, 75, 76, 78, 79,
　　　83, 88, 281
周域課程　199, 205
集会活動　58
習慣態度　239, 250
自由研究　32, 70, 74, 100, 174, 175,
　　　209, 310

339

習字　232, 233, 247
習熟　56
修正　8, 10, 11, 51, 52, 52, 53,
　　56, 57, 60, 153, 186, 207, 214,
　　218, 224, 228, 287, 317
　　──カリキュラム　195, 199, 225,
　　318
修正教科　206
　　──カリキュラム　11, 196, 197,
　　198, 199, 202, 204, 205, 207,
　　218, 219, 221, 223, 225, 227
集団　34
　　──学習　134
　　──批正　276
　　──変革　264
集団思考　170, 192, 211, 217, 256,
　　269, 271, 272, 273, 276, 278,
　　282, 292, 293, 295, 303
　　──指導　274, 277
　　──能力　192
　　──の場　192
　　──力　139
周辺　77
　　──課程　310
　　──教科　64, 305
主観的系統　261
授業形態　134
授業構想の力　11
授業構想力　295, 296
取材帳　25
主題　3, 9, 180, 183, 223, 240,
　　266, 274, 307, 312
　　──意識　210
　　──研究題目　292
　　──単元学習　3, 62, 266
主体的・能動的活動　194
手段　112, 113
受動的学習　296
準拠資料　207
小学校学習指導要領　10
小学校国語科教育課程　246

小説　243
情操　74
　　──の学習　74, 76, 83
小中学校一貫基礎教育　228
情緒性　35
情報化　131
　　──社会　3, 170, 289
情報収集力　226, 265, 282, 295
情報処理　282
情報操作　282
　　──力　226, 265, 281, 295
小問題連鎖型式　266
書写　69, 70, 124
調べる　155, 224, 277
資料（学習材）　55, 84, 94, 294
事例研究　155, 156
人為的単元　199, 213
人格　18
新学習指導要領　42, 48
新カリキュラム　141
　　──の設計　141
新教育　76, 251
　　──指針　17, 29, 42, 47, 61, 72,
　　86, 207, 244
　　──思潮　65, 73, 195, 203
新教科書　50, 89
新国語　16
　　──教科書　246
真実性　18
新指導要領　48, 90
新単元学習　10, 227
滲透課程　83
新聞　243
人文科学　16
人類愛　17
推敲　242, 250
随順考　116
推進課程　81, 83, 281
スタンダード　309
性格的要因　156
生活化　233, 235, 312

事項索引

生活科　68, 229
　——学習単元年間計画表　63, 67
　——学習単元発展一覧表　63, 67
　——と研究科　68
生活拡充　57
　——課程（生活学習）　51, 52, 53, 54, 56, 57
生活学習　31, 51, 52, 53, 55, 72, 74, 75, 76, 80, 81, 98, 214, 216, 280, 304, 310
　——研究　72, 86, 279
　——単元　53
生活課題　35, 68, 162, 189, 309
　——解決　50, 163
　——表　73, 75
生活活動　66
生活課程　8, 11, 63, 64, 65, 68, 70, 88, 209, 228, 231, 232, 234, 235, 240, 255, 260, 271, 283, 284, 291, 304, 305, 307, 313
生活課程生活科学習単元　230
　——展開計画表　228, 230
生活課程生活科単元　69, 231
　——の学習指導細案　228
生活カリキュラム　34, 73, 74, 75, 103, 111, 127, 195, 207, 209, 210, 214, 217, 218, 220, 225, 318
生活環境　309
生活技能課程　81, 281
生活教育　50, 51, 52, 73, 304
　——の計画　52, 60
生活（経験）　26, 37, 53, 54, 76, 77, 98, 103, 106, 111, 118, 119, 124, 153, 211, 213, 269, 270, 284, 306, 307, 310, 318
生活・経験　7
生活経験　25, 31, 39, 44, 47, 74, 103, 119, 125, 127, 162, 199, 252, 294, 309, 314
　——学習　54, 65, 87

　——即問題解決学習　313
生活現実　81, 295
生活語　24
生活構造　103
生活行動　74, 214
生活実践　53, 57, 87, 98, 228, 255
　——課程　51, 52
　——力　40
生活実態　75, 265, 282
生活指導　26, 27, 182
　——即学習指導　230
生活主義　173, 287
生活滲透課程　81, 81, 281
生活綜合　32, 33, 34, 35, 40
生活体験　24
生活態度　231
生活単元　34, 99, 216, 219, 221, 231, 257, 259, 268, 299
　——学習　34, 73, 79, 83
生活単元学習実践　79
　——記録　73, 75, 76, 78, 79
生活調査　39
生活綴り方　242
生活能力　310
生活の組織化　73, 307
生活の要求　208
生活発生的カリキュラム　209
生活場面　127, 208
生活文　243
生活律動課程　81, 281
生活領域　74
生活力　80
生産主義教育　260
精選　120, 294
生徒の関心と要求　229
生理心理的要因　155
世界観（イデオロギー）　55
説明的文章教材　58
説明文　243
全我活動　113
全級学習　104

341

全国平均　174
戦時教育令　15
全人的学習　258
全人的精神機能　272
選択　210, 224
創意工夫　4, 10, 21, 40, 145, 150,
　　279, 282, 288, 289, 291, 297,
　　311, 314, 316, 318, 319
総括的能力　168
相互依存　44, 47, 148
総合　26, 30, 41, 76, 112, 113, 116,
　　143, 183, 221, 224, 289, 315
　　——化　111, 233, 234, 235, 268,
　　270
　　——学習　34
　　——課題　133, 134, 135
　　——課程　111, 217, 281
　　——カリキュラム　36
　　——主義　153, 248
　　——単元　144
　　——的　40, 129, 133, 149, 150,
　　248, 274, 281, 314
　　——的な学力　94, 219, 318
　　——的プロジェクト　312
　　——と分化　78, 284, 288, 313
総合教育　207
　　——課程　207
総合的な学習　23, 41, 42, 59, 291,
　　296, 303, 304, 314, 317, 319
　　——の時間　4, 7, 10, 16, 40,
　　48, 150
層構造　7, 121, 163, 176, 254
相互批評　25
相互評価　146, 168, 192
創作活動　139
創作鑑賞学習　298
創作指導　277
創作力　233
創造　275
　　——活動　105
　　——性　137

　　——力　170
相対評価　10
組織　21
　　——化　74
素読　252

た行

大学入学試験　180
体験　105
　　——的な学習　131, 315
大綱化　150
題材　104
　　——手帳　242
態度　31, 32, 37, 81, 101, 111, 143,
　　144, 145, 146, 148, 149, 153,
　　162, 165, 199, 268, 277, 284
　　——・方法・関心・技能　230
大問題分析型式　265
対話　4, 151
　　——文　217
探求単元　189, 259, 260, 268
探究的問題　303
単元　38, 84, 93, 128, 205, 258,
　　262, 265, 284, 286, 310, 312
　　——一覧表　80, 82, 83, 223
　　——計画　84, 92, 128, 130, 190
　　——構成　37, 46, 103, 105
　　——主題　190, 290
　　——設定　79, 94, 142, 143, 145,
　　204, 215, 229, 230, 284, 309
　　——（題材）学習　89
　　——的学習　123
　　——の意義　128
　　——名一覧　118
　　——目標　6
　　——類型　189
単元学習　4, 62, 85, 86, 87, 89,
　　91, 98, 102, 103, 105, 108, 109,
　　110, 112, 115, 118, 121, 143,
　　144, 145, 147, 149, 151, 166,
　　171, 180, 182, 185, 188, 189,

事項索引

　　191, 193, 194, 202, 211, 213,
　　216, 218, 219, 223, 225, 226,
　　233, 234, 252, 253, 255, 257,
　　258, 264, 267, 270, 271, 274,
　　292, 298, 303, 313, 314, 317,
　　318
　——過程　264
　——指導案　180
　——（推進課程）　81
　——体系　228
　——誘導案　119
単元展開　72, 112, 216, 279
　——案　94, 261
　——の過程　261
弾力化　150
談話力　239
地域　21, 29, 31, 33, 36, 38, 40,
　　41, 45, 51, 54, 96, 289
　——社会　179, 312
知識　30, 37, 103, 110, 143, 168,
　　170, 199, 258, 297
　——能力態度　240
　——や思考や技術　307
知識・技能　3, 6, 22, 33, 55, 58,
　　59, 162, 163, 165, 186, 191,
　　270, 288, 312, 317
　——・態度　75, 287, 305
　——中心　4
知的活動能力　65
知的要因　155
知能　35
　——テスト　158
千葉県北条小学校　304, 310
中央教育審議会　56, 131, 149, 162,
　　170, 193
中核　36, 37, 38, 40, 41
中学国語学力検査　174
中学校単元学習　228
中教審答申　180
中心　77
　——課題　208, 215, 217
　——課程　205, 207, 211, 215
　——教科　64
　——単元　111
　——的単元課程　100
　——目標　238
中心学習　31, 32, 33, 74, 75, 76,
　　78, 83, 85, 88, 127, 281, 286,
　　304, 308, 309, 312
　——単元　312
注入主義　226, 273
注入の指導法　183
調査法　159
聴写　69, 70, 252
長文　108
　——読破　121
勅語　15
直接経験　137
直感・記憶・内省・表現　27
治療単元　101
月別基底表　221
作る（作文）　83, 103, 125, 247, 277
綴り方　26, 68, 132, 137, 138, 139
　——教育　21, 24
　——指導　26, 27
ティーム・ティーチング　131
手紙文　157
テスト　156, 158, 160, 166, 173,
　　204, 205, 234
展開　142, 143, 223, 285, 287
　——案　94, 219, 221, 222
　——例　39, 128, 146, 147
伝達　3
伝統的教科カリキュラム　62
統一的知性　163
討議　23, 163, 231, 298
　——法　181
動機づけ　184, 234, 306
東京高師附小第三部プラン　212
道具　289, 311
　——学習　304, 310
　——的　153

343

統合　3，8，9，11，46，48，64，
　　71，106，113，133，303，310，315
　　——学習　217
　　——経験　311
　　——系統化　297
同行考　116
動作化　270
到達点　25
童話　243
読後感　263
独自学習　161，163
　　——法　160
読書　100，154，155，204
　　——活動　190
　　——困難児　155，156
　　——心　44
　　——指導　204，247
　　——障害　155
　　——能力　107，155
　　——力　44
　　——レディネス　155
特別活動　51，52
特別教育活動　199，305
独立教科　153
度数分布　174
　　——表　176
読解　23，69，99，100，104，159，
　　299，303
　　——機能　158
　　——指導　24，100，104，107
　　——中心主義　4
　　——能力　155，156，158
読解力　144，154，156，157，158，
　　160，165，167，181，187，237，
　　238，239，241，242，299，302
　　——伸長　154，155，156，159，160
ドリル　53，54，57，168，177，178，
　　180，251，266，298
　　——学習　129

な行
内的経験　137
内容　262
　　——学習　111，281
長野師範女子部附属小学校　304，309
奈良女高師附属小学校　304，306
奈良プラン　212
難語　157
難語句　240
日常経験　75，81
日常生活　84，200，265，283，284
　　——課程　141，147，205，215，216，
　　221，224
　　——指導要素表　57
日記　25，99，103，108，109，110，
　　112，157
　　——指導　132，233
日誌　108
日本語　21
入学試験　181
二領域・一事項　239
人形芝居　69，70
人間教育　186
人間形成　75，263，265
人間性　18，195，258
人間の尊重　17
認識　143，275
年間計画表　68，232，306
年間指導計画　57
年間単元計画表　53
年次計画　51
能動的学習　259
能動的な力　163
能力　32，77，81，111，125，126，
　　127，128，139，143，144，148，
　　163，174，177，178，179，186，
　　199，222，227，284
　　——差　136，180，181
　　——主義　4，189
　　——・態度・習慣　299
　　——表　50，57，91，93，95，122，

125, 126, 127, 130, 166, 180, 207, 209, 213, 222, 231, 239, 308
　——別　136, 166
　——別学習　70
　——別学級組織　178
　——別学級編成　178
　——別指導　132, 135, 136, 137, 139
　——別等質集団　178
　——別ワーク　136
ノート　238

は行
場　100, 278
把握　266
媒材　104
配当時間　46
発音　129, 165, 239, 241, 249, 252
　——指導　247
発声練習　252
発達過程　160
発達段階　168
発展系列　55
発展段階　299
発展的系列　260
発表会　243
発問　258, 262, 266, 299
　——法　277
　——力　9, 11
話し合い　40, 94, 103, 104, 119, 128, 137, 138, 143, 147, 217, 275, 277, 286, 290
話し方　103
話すこと　83, 94, 101, 103, 105, 119, 125, 156, 165, 203, 247, 249, 282
場面　106
範囲　45, 123, 124, 126
班学習　104
反省的思考　259

判断力　96, 149, 156
反復学習　34
反復練習　75, 76, 289, 298
光市小学校教育課程構成委員会　141, 142, 147
光プラン　8, 11, 44, 61, 62, 63, 64, 65, 66, 67, 68, 69, 70, 71, 72, 141, 150, 188, 228, 231, 232, 234, 237, 245, 260, 288, 291, 304, 305, 307, 313, 318
筆写力　176
批判的思考　259
批判的能力　278
批判読み　156
批評　25
　——力　174
評価　45, 47, 52, 69, 84, 86, 89, 93, 94, 101, 107, 110, 111, 129, 134, 135, 136, 138, 145, 146, 148, 149, 151, 166, 178, 190, 200, 204, 205, 214, 215, 223, 225, 227, 231, 233, 240, 247, 253, 258, 262, 263, 276, 282, 310
　——観　149, 150
　——基準　57
　——法　134, 149, 190
　——方法　10, 145
　——力　258
表現　3, 4, 26, 28, 39, 70, 71, 74, 104, 105, 106, 107, 112, 121, 143, 168, 191, 211, 262, 270, 281, 286, 300
　——意欲　25
　——学習　98, 99, 104, 106, 107, 108, 112
　——活動　33, 111, 112, 120, 138, 146, 147, 184, 213
　——鑑賞　85, 283, 284
　——技術　105
　——教科　78

——形式　26
　　——構成活動　33
　　——指導　26, 27, 69, 108
　　——生活　138
　　——と理解　9, 26, 217, 238, 300
　　——の学習　74, 76, 88
　　——法　108, 201
　　——力　21, 23, 96, 149, 262, 265
評語　242
兵庫師範明石附属小学校　304
標準学力テスト　166
標準テスト　117, 171, 172, 173, 174, 177, 181
標準能力　180
標準の評価　45
標準力　45
評定　145, 146, 205, 226
評点化　253
フィードバック　282
福賀小学校　153, 154, 160, 161
複数教材　191
附属（山口）小学校　318
父母の要求　72
プラン　228, 244
プロジェクト性　312
プロジェクト法　33
分化　221, 225, 289, 315
　　——学習　304, 310, 311
　　——活動　305
文化価値　233
　　——追求　265
文化社会　73
文化生産単元　260
文化的　192
　　——価値　304
　　——生産単元　189
文　74, 76, 85, 111
　　——鑑賞　301
　　——教材　58, 263
　　——作品　17, 190, 263
　　——主義　123

文学史　175
　　——理解力　176
文型　240
文語のきまり　300
文集　137, 243, 250
文章表現　66
　　——指導　286
文章理解力　158, 204
文章論　269, 300
分析主義　153, 248
分析表　64, 231
分節的全体　211
文体論　300
文表現　24
文法　83, 94, 192, 239, 242, 249, 263, 268, 276, 299, 303
　　——指導　247, 299
　　——理解力　176
文法学習　299
　　——指導　268
　　——体系　268
文論　269, 300
平易性　18
米国教育使節団　4, 29
　　——報告書　17, 29, 43, 207
米国プラン　31
ペーパーテスト　316
　　——中心主義　115
偏差値　174, 176
変質　11
忘備録　25
防府中学校　169, 185, 193, 194, 271, 291, 316, 318
方法　23
　　——的指導　261
補助　37, 40, 41
　　——的　36, 37
ホームルーム　243
本校経験要素表　82
本郷中学校　162, 164, 166, 167, 169, 175, 317

ま行

三井教育修正プラン　57
民主国家　17, 18
民主社会　310
民主主義　22, 29, 36, 144, 208, 272, 275
　——教育　4
民主的社会性　273
民主平和国家　17
明晰性　18
メタ認知的能力　194
目的　23, 39, 112, 259, 261, 266, 314
　——学習　191, 260
　——確認　258
　——達成　258
　——的学習　292, 293
　——的協同的　272
　——把握　257, 264
　——・目標　190
黙読　125, 158, 159
目標　3, 44, 45, 54, 72, 80, 81, 82, 89, 94, 96, 97, 99, 100, 102, 108, 109, 110, 118, 120, 122, 123, 124, 126, 128, 142, 143, 145, 148, 183, 186, 202, 204, 221, 224, 231, 233, 238, 251, 261, 262, 267, 274, 280, 302, 312
　——設定　35
　——・内容・方法　11
モザイク式ユニット　312
文字　166, 239, 242, 249
　——言語　124
　——指導　132, 137
　——力　247
模式的な型　23
物語　157
　——文　240
問題　266
　——意識　54, 55, 190, 191, 266
　——感情　266
　——状況　267
　——発展の連鎖　269
　——領域法　141, 147
問題解決　33, 54, 58, 121, 149, 163, 165, 199, 221, 223, 259, 266, 276, 311
　——過程　305
　——的思考　259
　——的・総合的な学習　21
　——的な学習　42, 59, 131, 288, 291, 293, 297, 303, 304, 319
　——能力　265
　——の学力　7, 168, 176, 253
　——力　7, 270, 275, 281
問題解決学習　4, 10, 54, 55, 56, 122, 141, 147, 188, 189, 192, 257, 260, 261, 264, 268, 274, 277, 280, 282, 294, 298, 301, 303, 318
　——即系統学習　318
問題設定　191
　——力　295
問題把握　191, 192, 193, 256, 258, 264, 268, 269, 271, 292, 303
　——力　270
問答　23, 66
文部省訓令　17

や行

山形師範女子部附属小学校　304
山形女附小プラン　308
山口県阿武郡国語同人会　45, 47, 88, 90
山口県教育研究所　153
融合　37, 38
誘導　109, 110, 121
　——案　118, 120
　——観　119, 120
ゆとり　131, 170
用具　74

——教科　78, 106, 111, 122, 188
　　——的使命　233
　　——の学習　74, 76, 79, 83, 88, 111, 281
要素　121, 311, 313
　　——単元　199
　　——的能力　7, 163, 167, 168, 254
　　——能力　165
要約　158, 238
要領［試案］　126
予備調査　84, 101, 142, 143, 205, 282
読み　123, 132, 135, 136, 137, 139, 154, 155, 156, 157, 158, 167, 223, 224
　　——合い　103
読み方　22, 24, 26, 43, 103, 204, 223
　　——書き方　275
　　——教育　23, 136
読む　65, 83, 87, 94, 103, 105, 106, 107, 125, 155, 157, 165, 203, 277, 283
　　——活動　155, 160
　　——こと　101, 119, 155, 247, 249, 276
　　——能力　155, 156, 160

ら行

理解　3, 4, 11, 27, 28, 32, 38, 39, 65, 69, 70, 71, 74, 103, 105, 106, 121, 145, 147, 148, 149, 166, 168, 224, 231, 233, 276
　　——活動　38, 40
　　——テスト　166
理解力　23, 167
　　——テスト　166
律動　310
律動課程　83
　　——基準表　80, 82, 83
リポート　243
領域　33, 118, 249
レポート　181
連関　37, 38, 93
　　——的学習　209
連合学習　298
連鎖系列　266
練習　110
　　——教材　107
　　——問題　134
錬磨主義的教育　260
朗読　233, 277
ローマ字　17, 83
　　——教育　132, 137
論理的系統性　195
論理的推理作用　272

わ行

ワークブック　44, 97
和の生活　116
　　——教育　117

人名索引

あ行

芦田恵之助　130
石井遠景　186, 187, 189, 316
石川幸子　137
石森延男　20, 21
石山脩平　61, 85
磯部千尋　314
今石光美　26
岩松文彌　44
梅本直一　147
大岡昇平　44
大西久一　26
小川利雄　21, 22
尾崎家連　238, 242, 243

か行

海後宗臣　61
金田単次　117
倉澤栄吉　88, 96
小河正介　45, 95, 246, 253
児島忠治　25

さ行

佐藤茂　84
志賀直哉　191
嶋田友二　120, 121
末広源吉　133
末本博司　130
末廣源吉　60

た行

高樹昌三　42
高村光太郎　15
竹井彌七郎　195, 219
田中豊太郎　19
田中行成　137
手嶋倫典　98, 99, 100, 101, 102, 103, 104, 105, 106, 107, 108, 109, 110, 112

な行

中井美智子　135, 139
野地潤家　97

は行

花田哲幸　22, 23
波根治郎　161, 238
広岡亮造　186
藤井圀彦　226
藤岡敏雄　69
藤田博文　72
藤間孝　137, 138, 139
藤原与一　23, 24
堀田要治　179, 180, 182

ま行

益井重夫　8, 61, 70, 185, 188, 189, 191, 255, 262
増淵恒吉　182
皆元正造　44, 47, 68, 69
三宅久蔵　118, 119
村上康秀　155, 159, 160
村田繁樹　132
百田宗治　138
森下巌　18, 93

や行

安田正夫　185, 186
矢次昌子　155
山部章　69

わ行

渡辺唯雄　272, 273, 291, 292, 295, 297, 298, 301

〈著者紹介〉

加 藤 宏 文　（かとう・ひろふみ）

1938（昭和13）年、京都市に生まれる。
1962（昭和37）年、広島大学文学部文学科（国語学国文学専攻）卒業。
京都府立加悦谷（かやだに）高等学校、大阪府立豊中、池田両高等学校教諭を経、1990（平成2）年4月、山口大学教育学部助教授、1993（平成5）年10月、同教授、2001（平成13）年3月、同停年退官。その後、山口大学教育学部、同人文学部、福岡教育大学、北九州市立大学文学部、山口県立大学国際文化学部非常勤講師を経る。2005（平成17）年4月、宇部フロンティア大学人間社会学部児童発達学科教授、現在に至る。

著書
『高校文章表現指導の探究』1983（昭和58）年8月　渓水社刊（単著）
『源氏物語の内と外』1987（昭和62）年11月　風間書房刊（共著）
『高等学校　私の国語教室――主題単元学習の構築――』1988（昭和63）年6月　右文書院刊（単著）
『たのしくわかる高校国語Ⅰ・Ⅱの授業』1990（平成2）年9月　あゆみ出版刊（共著）
『国語単元学習の新展開　Ⅵ　高等学校編』1992(平成4)年8月　東洋館出版刊(共著)
『源氏物語作中人物論集』1993（平成5）年1月　勉誠社刊（共著）
『小学校国語科教育の研究』1993（平成5）年2月　建帛社刊（共著）
『生きる力に培う「主題」単元学習』1999（平成11）年4月　明治図書出版刊（単著）

戦後国語（科）単元学習の出発とその去就
――山口県における実践営為を中心に――
〈本文編〉

2005年10月11日　発行

著　者　加　藤　宏　文
発行所　株式会社　渓　水　社
　　　　広島市中区小町1－4（〒730－0041）
　　　　電　話（082）246－7909
　　　　FAX（082）246－7876
　　　　E-mail:info@keisui.co.jp